한국어로 내려온
New Bible

새로운
성 경

제34권

3부 | 총10부

하얀마음

하나님 말씀 중에서

1. 사랑의 하나님

- 세상을 창조하신 하나님은 모두를 사랑하신다. 인간만 특별히 더 사랑하지 않고, 우주 만물을 다 똑같이 사랑하신다. 그러니 하나님이 창조하신 천지 만물과 화친하고, 미물까지도 소중히 대하라.

- 하나님은 특정 종파나 민족만을 더 사랑하지 않으신다. 자기 자신만 구원받겠다는 욕심을 버리고, 자기 종파만 구원받는다는 편협한 교리에서 벗어나야 한다. 종파를 초월해서, 모두를 사랑하라.

- 원수까지 사랑하라 했으니, 이 세상에 사랑하지 못할 자가 누가 있겠는가? 종파가 다르다고 해서 부모 형제와 원수처럼 지내는 자는 인간의 근본을 모르는 자다. 가장 가까운 가족부터 사랑할 때 남도 진심으로 사랑할 수 있다.

- 한 사람을 원수같이 생각하던 마음에서 사랑하는 마음으로 돌리면, 자기 자신의 마음이 가장 기쁘고 행복하다. 하나님께서는 인간의 마음속에 무거움이 없이 기쁘고 행복한 삶을 살기를 바라신다.

- 이웃을 "내 몸처럼" 사랑하라 했으니, 마지막 한 장 남은 천국의 티켓도 이웃에게 양보하라. 자기 중심적인 신앙에서 벗어나서 남을 위해 살아야 한다.

- 독초도, 약초도, 이단도 사탄도 천사도 다 필요하기에 존재한다. 독초일지라도 극소량을 사용해서 생명을 살릴 수 있고, 약초라 하더라도 남용하면 생명을 잃을 수 있다.

- 세상 모든 것을 명약으로 활용하는 것은 인간의 지혜에 달렸다. 어떤 것이든 어떤 사람이든 적재적소에 꼭 필요한 명약으로 승화시키라.

- 사탄도 이단도 천사도 모두 하나님의 주관하에 존재한다. 진정한 하나님의 백성은 사탄과 마귀까지도 감화시켜서 천사로 거듭나게 한다.

2. 기도

- 하나님은 인간의 생각까지 모두를 다 알고 계신다. 우리의 소원도 이미 알고 계시기에, 소원의 기도를 할 필요가 없다. 우리가 받을 자격이 되면 내려 주신다.

- 죄를 짓고 아무리 회개를 해도 용서받지 못한다. 도둑질한 자는 용서해 달라고 기도하고, 도둑맞은 자는 도둑을 잡게 해 달라고 기도하면, 공의의 하나님은 누구의 편에 서시겠는가?

- 자기가 잘못한 것은 그 사람에게 직접 갚고 용서를 구하라. 그가 용서하면 하나님도 용서하신다. 땅에서 매면 하늘에서도 매이고, 땅에서 풀리면 하늘에서도 풀리는 이치다.

- "회당에서 기도하지 말고 골방에서 기도하라" 했다. 눈에 보이는 골방이 아니라, 골방과 같이 고요한 마음이다. 잡념을 버리고 하나님을 향해 마음을 집중하며, 사랑하고 용서하는 아름다운 생각만 나오도록 하라.

- "두드리면 열릴 것이다." 하는 것은 육의 소원을 위해 두드리라는 것이 아니라, 진리의 깨달음을 얻기 위해 두드리라는 것이다.

- 기도하는 방법: 생활 속에서 수시로 기도하는 삶을 살아야 한다.

- "저의 죄를 용서하여 주옵소서." 하는 회개의 기도를 하라.
- 범사에 "하나님! 감사합니다." 하라. 현재 가진 것에 감사하며, 과욕하지 말라. 자기 노력 이상의 것을 더 갖고자 기도하는 것은 도둑놈심보다. 공의의 하나님은 각자 노력한 만큼 주신다.
- "하나님 뜻대로 살아가겠나이다." 하며 마음의 각오를 다지라.

- 기도는 하나님의 말씀을 받아서 "행하는 것"이다. 하나님이 계심을 굳건히 믿고, 하늘을 향하여 한 점 부끄럼 없이 사는 삶 자체가 가장 위대한 기도이며, 삶이 곧 예배다.

3. 지도자

- 똑같이 사랑한다는 말을 해도, 순수하게 하는 말은 천사의 말이지만, 사기 쳐서 재산을 가로채려고 하는 말은 사탄의 말이다.

- 종교 지도자가 아무리 훌륭한 설교를 해도, 신도의 재물을 거둬서 더 큰 교회를 짓고 자기의 부귀영화를 바라며 설교하면 사탄의 가르침이 된다.

- "저희 교회는 만원사례요, 믿음은 다 같으니 이웃의 개척 교회에 가서 예배를 드리시오." 하며, 이웃 교회의 부흥을 먼저 생각하여 제 신도를 보내는 종교 지도자가 있다면 그를 따르라. 그가 하나님의 사랑을 실천하는 자다.

- "부자가 천국에 들어가는 것은 낙타가 바늘구멍을 통과하는 것보다 더 힘들다" 하였거늘, 지금의 교회에서는 부자가 되기만을 기도하고 소원하니, 이는 곧 천국을 포기하고 지옥 행 열차의 티켓을 사는 것과 같다.

- 예수는 빈손이었다. 종교 지도자가 예수보다 더 호화롭고 편안하게 살아간다면 잘못된 것이다. 부귀영화와 명예를 바라는 자는 절대로 갈 수 없는 좁고 협착한 길이 종교 지도자의 길이다.

- 종교 지도자는 유리로 비춰 봐 한 점의 부끄러움이 없이 살아야 한다. 의식주도 직접 일해서 해결하고, 예수의 가르침과 행함을 그대로 따라야 한다.

- 종말은 없다. 지금의 잘못 가는 종교 집단에게만 종말이 있다. 보이지 않는 하나님은 보이는 육의 종말은 관여하지 않으신다. 환경 파괴로 인간이 스스로 멸망을 자초하는 것이다. 종파끼리 싸우기 전에, 무너진 인성을 바로잡고 지구의 몸살을 해결하는 데 뜻을 모으는 게 급선무다.

4. 성전이란

- 이 세상 자체가 하나님께서 만드신 성전이다. 자연보다 더 아름다운 성전이 있는가? 보이는 건물이 성전이 아니라, 성스러운 마음가짐이 성전이다.

- 반석 위에 교회를 지으라 했다. 지상의 단단한 돌은 인간이 쪼갤 수 있으나, 마음속의 굳은 결의는 세상 무엇으로도 쪼갤 수 없다. 바르고 굳건한 믿음으로 성경의 가르침을 실천하는 것이 마음의 반석 위에 교회를 짓는 것이다.

- 손으로 지은 건물의 교회에 모여서 복음을 전하는 것이 아니라, 교회를 개인과 가정에 심어 주어야 한다. 무너지고 부서지는 건물을 짓지 말고, 마음속에 영원히 불변하는 참진리의 교회를 지으라.

5. 십계명

- 십계명은 인간이 죽어서 반드시 통과해야만 하는 열 개의 관문이다.

- 부모를 공경하지 아니한 자는 "네 부모를 공경하라." 하는 제5계명의 관문이 열리지 않으니 구원받을 수 없다.
- 살인, 간음, 거짓, 우상 등의 나머지 계명도 마찬가지다.

- 십계명은 하나님의 친필이다. 모기소리만 한 하나님의 음성이라도 들어 보겠다고 여기저기 찾아 헤매지 말고, 십계명부터 암송하고 지키라.

- 십계명은 영혼을 구원하는 양식이며, 십계명을 지키는 것이 구원을 받는 길이다. 인간이기에 지키고자 노력하고 또 노력한다면 지킬 수 있다.

- 십계명을 지키고 천사처럼 아름답게 살아가는 그 마음 하나면 세상에 이루어지지 않는 것이 없다.

6. 보물

- 하나님은 재물이 아니라 우리의 마음을 받으신다. 사랑을 실천하며 천사처럼 변하는 마음이 하나님께 바치는 보물이다.

- 보이지 않는 하나님께 재물을 바치려 하지 말고, 너희를 길러 준 부모에게 용돈 드리고, 찾아뵙고, 효성을 다하라. 그것이 하나님께 효도하는 것이다.

- 하늘에는 선과 악의 창고가 있다. 자기 창고에 선이 많으면 천국으로 구원을 받고, 악이 많으면 심판받아 지옥으로 간다. 그것이 바로 "선한 일을 행한 자는 생명의 부활로, 악한 일을 행한 자는 심판의 부활로" 나오는 것이다.

- "선악과를 따먹지 말라"는 것은 양심을 지키라는 것이다. 선과 악을 구분할 수 있는 양심을 최초에 인간에게 주셨다. 선한 열매는 취하고, 악한 열매는 버리며, 양심에 비추어 부끄럼 없는 삶을 살아가라.

- 가장 작은 거짓말을 하지 않고, 가장 작은 죄를 짓지 않으며, 가장 작은 선행을 하고, 가장 작은 악행을 멀리하는 것이 율법의 일점 일획도 빠뜨리지 말고 다 지키는 삶을 사는 것이다.

7. 우상

- 박물관에 있는 불상은 하나의 예술품이다. 그 조각품에 대고 제 소원을 빌 때 우상숭배가 된다. 십자가라 하여도 그 앞에서 소원을 빈다면 우상숭배하는 것이며, 하나님께 소원을 빈다면 하나님을 우상으로 전락시키는 것이다.

- 지금 기복신앙에 젖어 있는 모든 사람이 우상 앞에 절을 하고 있다. 조각품을 우상이라며 파괴하지 말고, 네 마음속에 있는 욕심의 우상을 무너트리라.

- 생수를 약초가 먹으면 약을 만들고 독사가 먹으면 독을 만든다. 같은 성경을 봐도 선한 지도자는 신도를 천사로 만드는 데 활용한다. 그러나 욕심이 가득한 지도자는 재물을 거두어들여 제가 부귀영화를 누리는 데 악용한다. 그가 바로 성경을 우상숭배의 도구로 전락시키는 거짓 선지자다.

- 성경을 한 획도 빼거나 더하지 말라는 것은, 그 가르침을 빠트리지 말고 온전히 지키라는 것이다. 성경 속에서 자기에게 유리한 구절만 보는 것은, 자기에게 불리한 구절들을 빼 버리는 것이다. 믿음이 제일이요, 행함은 구원과는 관계없다는 것은 자신에게 유리한 쪽으로 성경을 악용하는 것이다.

- 진정한 종교 지도자는 종파에 관계없이 어떤 종파든 어떤 책이든 접하고 보고 깨우쳐 견문을 넓히도록 인도한다. 참진리를 모르고 자신이 없는 자가 남을 이단이라며 배척하고, 신도들의 눈과 귀를 가린다.

8. 예수

- 예수의 재림은 없다. 예수가 다시 온다 해도, 과연 누가 그를 예수라고 믿겠는가? 예수와 같은 삶의 행함이 곧 예수의 재림이다. 각자 모두가 "재림 예수"가 되는, 차원 높은 믿음으로 가야 한다.

- 예수는 "주여 주여 하지 말고, 아버지의 뜻대로 행하라"고 했다. 예수가 전한 하나님의 뜻이 곧 "길이요, 진리요, 생명"이며, 그 가르침이 예수의 보혈처럼 소중한 것이다. 예수를 믿는 것은, 예수의 가르침을 믿고 따르는 것이다.

- 예수는 낮은 자로서 만백성을 섬기고자 했다. 만나는 모든 사람을 다 하나님이라 생각하라. 돈을 벌수록 겸손하고, 높은 지위를 얻을수록 낮아지라.

- 예수는 종파를 만들지 않았다. 인간이 만든 종교와 인간의 교리를 따르지 말고, 예수를 통해 전한 하나님의 참진리를 연구하고 따르라.

- 예수가 2천 년 전에 만백성을 위해 죽었으니, 지금 이 땅에는 예수의 가르침대로 사는 천사만 존재해야 한다. 예수가 죽어 가면서 바란 것은 만백성이 천사가 되어 예수의 자리를 채워 주는 것이지, 지금과 같이 재물을 바치면서 중언부언 제 소원만을 비는 백성들을 바란 것이 아니다.

9. 구원

- 천사가 사는 천국에는 천사만 갈 수 있으니, 천사 같은 마음을 길러야 한다.

\- "천국 열쇠를 네게 주리니 땅에서 무엇이든지 매면 하늘에서도 매일 것이라" 했다. 땅에서 천사같이 사는 자가 하늘에서도 천사가 되어 천국에 들어간다. 모든 사람에게 천사같다는 말을 듣는 삶을 살아야 한다.

- 천사의 곱고 아름다운 마음은 부모를 공경하고 어른을 어른으로 대접하는 데에서 출발한다. 효도하는 자는 형제와 화목하게 지내기에 가정이 화목해지고, 이웃과 화목해지고, 국가가 화목해지고, 온 인류가 화목해진다.

\- 그러므로 지상의 아름다운 소왕국은 가정에서부터 이루어야 한다.

- 선택된 14만 명만 구원받는 것이 아니라, 천사처럼 변하고자 하는 14만 명을 기초로 온 인류가 천사처럼 거듭나는 영적인 개혁이 시작되는 것이다.

- 천 년에 걸쳐서 하늘에서 이루어진 것같이 이 세상을 낙원으로 만들어, 만백성이 지상의 천국에서 살다가 죽어서 그대로 하늘의 천국으로 들어가는, 영원한 지상 낙원을 건설하는 것이 하나님의 계획이다.

- 이것이 구약과 신약에 이어 "새로운 성경"으로 역사하시는 하나님의 창조의 완성이다.

- 지금의 믿음으로 구원받을 수 있다면 그 길을 가라. 그러나 자신이 없다면 하나님께서 직접 내리신 160권의 "새로운 성경"을 읽고 구원의 길을 보라!

하나님 머리말씀

이 새로운 성경을 읽는 너희 모두는
이 율법에 따라 행하면 영원히 구원받을 것이니라.

너희 인간이 수년, 수십 년, 평생
성서를 공부하고 기도하는 것은
하늘나라 나의 곁으로 오고 싶은 소망일진대,

몇천 년 전의 너희 인성과 생각이
지금의 너희와는 판이하게 다르니,

꺾여 가고 병들어 가는 너희를 고칠 수 있는 길은,
오늘 내가 선지자에게 내리는 새로운 성경과 같이
너희가 변화되는 것뿐이니라.

나의 예수가 태어난 것처럼
내가 아들 선지자를 선택하여
나의 새로운 성경을 온 세계에 전하고자 하니,

묵은 것은 버리고 새로운 것은 취하여,
너희 모두는
'여호와 하나님! 저의 죄를 용서하여 주옵소서.'
하는 기도문으로 기도하고, 죄를 뉘우치라.

이 새로운 성경은
수천 년간 내려온 성서를 요약한 것이니,
너희는 이 책을 정독하여 쉽게 깨달음을 얻고,
이대로 실천하여 하늘에 오르라.

대역자 머리말

■ 하나님의 율법을 지키는 선지자로 선택을 받도다.

저는 남들처럼 그저 열심히 살아온 평범한 사람이었습니다. 그러나 50대 중반에 사업에 실패하여 많은 부채에 시달렸으며, 건강도 악화되어 눈이 잘 안 보이고, 걷기도 어렵고, 두통이 심해서 잠을 이룰 수 없는 고통의 나날을 보냈습니다. 그때 제가 선택할 수 있는 것은 육의 삶을 끝내는 길뿐이었습니다.

죽기 직전에 그동안에 죄를 지은 이들에게 용서를 빌고 인생을 끝내기로 작정하였습니다. 어려서부터 지은 죄를 빌고 빌다 보니 끝이 없었고, 죽음으로도 그 많은 죄를 용서받을 길이 없다는 생각에 하염없이 눈물이 흘렀습니다. 그 순간 '재래식 화장실의 구더기는 죄를 짓지 않는데, 나는 인간으로서 구더기만도 못한 삶을 살았구나.' 하는 생각이 들면서 괴로움에 몸부림칠 때, 갑자기 하나님의 음성이 들렸습니다.

"나는 여호와 하나님이니라. 너는 십계명을 암송하고 내가 내려 주는 메시지를 받아 책으로 만들어 만백성을 구하라." 하시며, 제 눈을 손으로 문지르게 하시고, 아픈 머리와 다리를 손으로 두드리게 하셨습니다. 그러고 나니 눈도 잘 보이고 걸을 수 있었으며 머리의 통증도 말끔히 낫게 되었습니다. 그때부터 십계명을 암송하고 나면 들려주시는 말씀을 기록하였고, 1999년 8월부터 2004년 7월까지 권당 288쪽, 총 160권을 받아서 "새로운 성경"이라는 책으로 펴내게 되었습니다.

그러한 저에게 죽기보다도 힘든 길이 시작되었습니다. 모든 교인들이 저에게 사탄이요, 이단이요, 악마요, 마지막 시대에 온 거짓 선지자라 하면서 공격하였고, 저를 짐승을 보듯이 대하는가 하면, 편협한 종교 지도자들의 선동으로 신도들이 이 책을 직접 읽어 보고 평가할 기회마저 막아 버렸습니다. 그래서 하나님의 말씀을 세상에 내는 데 많은 어려움을 겪으며, 피를 토하는 심정으로 책을 전하고 있습니다.

그러나 아무리 인간의 힘으로 막으려 해도, 하나님의 뜻이 세상에 전해지는 위대한 역사는 계속될 것입니다. 책으로 전해지는 "하나님의 말씀"은 세상 끝날까지 항상 우리와 함께하실 것입니다. 사람은 죽어도, 책에 기록된 말씀은 영원히 남으니까요.

■ 따뜻한 실천

하나님께서는 어려운 사람들에게 삶의 터전을 마련해 주고, 미래를 열어 주는 것을 기뻐하십니다. 어려운 이웃이 스스로 자립할 수 있도록 이끌어 주는 것이 진정으로 이웃을 돕는 것이라고 말씀하셨습니다. 그래서 일자리가 없는 제자들에게 작은 사업장을 만들어 주는 "달란트 사업"을 하고 있습니다. 식당, 반찬 가게 등을 차려 주고, 기존의 어려운 사업장이 자립할 수 있도록 돕고 있습니다(커피숍, 미용실, 의상실 등).

하나님께서는 교회에 나와서 모든 시간과 재물을 쏟기를 원하지 않으시고, 그 시간과 재물을 교육에 투자하여 스스로 미래를 열어 가기를 원하십니다. 그래서 제때 공부하지 못한 제자들에게 학업을 이어 가도록 하였습니다. 중화요리 주방장을 하며 초등학교 검정고시부터 공부하여 2012년에 방통대를 졸업한 36세 남성, 만학도들의 2년제 중학교에 입학해서 2007년에 명지대학을 졸업한 38세 여성, 중학교 검정고시를 시작으로 숭의여자대학을 졸업한 47세 여성 등이 있습니다. 그밖에도 많은 제자들에게 나이를 초월하여 배우고 깨우쳐서 사회 속의 당당한 일원이 되도록 인도하고 있습니다.

학자금 대출로 힘겨워하는 젊은이들을 위해 "따뜻한 바람 장학회"를 발족하여(2016년 12월) 대출받은 학자금 전액을 매월 갚아 주고 있습니다. 또한, 다문화 가정을 위해 "다문화 가족 랜드"를 조성하여, 각종 시설을 무료로 활용하도록 하고 있습니다.

이러한 따뜻한 실천이 아직은 미약합니다. 그러나 책의 수입이 늘고, 저와 뜻을 같이하는 분들이 늘어나면 계속 확대할 것입니다. 지도자로서 신도의 재물을 헌금으로 거둬들여 착복하는 것이 아니라, 하나님께서 기뻐하시는 일에 사용하도록 중매 역할만 하며 살아가고자 합니다. 이런 제가 과연 사탄이고 이단인가요? 하나님께서 기뻐하시는 일이라면, 저에게 사탄이라 하든 거짓 선지자라 하든 굽히지 않고 실천해 나갈 것입니다.

끝으로, 일상의 삶 속에서 "지금 내가 하는 행동이 과연 하나님께서 기뻐하실까, 슬퍼하실까?" 생각하고, 매사에 하나님께서 기뻐하시는 길을 택하기 바랍니다. 교회에 모여서 집단적으로 예배 드리는 것이 아니라, 개인이나 가정 단위로 새로운 성경을 읽어 스스로 깨우치고 그대로 행하면 충분합니다. 그것이 마음속에 성전을 짓고, 신령과 진정으로 예배 드리는 길입니다. 그러면 천국의 문에 들어서게 됩니다.

2017. 2. 1.

하나님 말씀 대역자 김용철

차 례

십 계 명

이 책은 십계명을 암송하고 나면 내려 주시는 "하나님의 음성"을 듣고 그대로 받아쓴 기록입니다. 하나님께서 십계명을 모세에게 내려 주셨지만, 그것은 만백성에게 내려 주신 것입니다. 마찬가지로 이 책의 모든 말씀도 저에게 내려 주셨지만, 만백성 각자에게 들려주시는 말씀입니다. 여러분도 이 책을 접할 때마다 십계명을 암송하고 나서 정독해 주시기 바랍니다.

제일은, 너는 나 외에는 다른 신들을 네게 있게 말지니라.
제이는, 너를 위하여 새긴 우상을 만들지 말고, 또 위로 하늘에 있는 것이나, 아래로 땅에 있는 것이나, 땅 아래 물 속에 있는 것의 아무 형상이든지 만들지 말며, 그것들에게 절하지 말며, 그것들을 섬기지 말라.
제삼은, 너는 너의 하나님 여호와의 이름을 망령되이 일컫지 말라.
제사는, 안식일을 기억하여 거룩히 지키라.
제오는, 네 부모를 공경하라.
제육은, 살인하지 말지니라.
제칠은, 간음하지 말지니라.
제팔은, 도적질하지 말지니라.
제구는, 네 이웃에 대하여 거짓 증거하지 말지니라.
제십은, 네 이웃의 집을 탐내지 말지니라.

나 여호와가 존재함을 믿는 그 자체가 구원의 길에 들어서는 기본이요, 근본이며, 나의 새로운 성경을 가슴에 안고 정독하는 자, 반석 위에 서서 하늘에 오르는 찬란한 빛을 보게 되는 영광을 얻게 됨이니라. 진정 나를 따르고 믿는 자는 감히 사탄이나 마귀도 근접하지 못하느니라.

〈하나님 말씀〉

2002년 7월

2,543 번째 하나님 말씀

2002년 7월 5일 01시 34분

1 사랑하는 나의 아들아!
2 "네, 아버님! 말씀하옵소서."
3 구약의 역사와 신약의 역사가 흘러 지금 심판의 시대가 도래하였음이니, 이는 오로지 나의 피조물 만백성 너희들이 그와 같은 역사가 이루어지도록 그리하였다 내가 말하였느니라.
4 나의 아들 예수가 나의 성령을 들어 전하며, 그 제자들이 복음서라 하여 전하였으며, 그를 만들어 신약 성서라 말하였음이니, 그걸 가지고 나의 피조물 만백성을 하늘로 인도하며 구원하는 길이라 하여 지금 종교 지도자들이 그들을 이끌어 가고 있는 것이니라.
5 그러나 지금의 종교 지도자들은 저희 자신이 어떠한 길을 가고 있는 것인지 그 자체를 깨우치지 못하고 있음이니라.
6 오로지 그들은 저희들의 믿음만이 바른 믿음이요, 옳은 믿음이요, 하늘에 오르는 그 길의 믿음이라는 착각 속에서 지금 살아가고 있음이니,
7 수천 년 동안 흘러오는 그 속에서 종교 지도자들이 성서의 깊이도 모르며, 그 뜻도 모르며, 내가 원하고 이루고자 하는 것도 모르면서 그저 나에게 기도하며 저희들이 말로써 만들어 모든 사람들에게 복을 주며 영광과 축복을 다 주는 양 세 치의 혓바닥으로 나의 피조물 만백성을 현혹하여 재물을 거둬들이며 시간을 빼앗으며 그들을 노예와 같이 부린다 내가 하였음이니라.
8 그러나 지금은 그들 스스로 저희 자신이 영광된 길이요, 축복된 길이요, 하늘에 오르는 길이라 믿고 있음이니,
9 정녕 그와 같은 길이 아니요, 그와 같은 자를 따라가는 것이 바로 지옥으로 가는 길이며, 그들이 지금 지옥으로 나의 피조물 만백성을 인도하는 형국임을 알아야 될 것이니라.
10 저희들은 바로 믿으며 곧바로 믿는다 하여 그리 가는 줄 아나, 지금의 이끌고 가는 그들이 잘못 가며 잘못 이끌어 가고 있음을 알아야 될 것이니라.
11 그러나 나의 법전을 읽고 깨우쳐 그를 바로 중단하며 곧바로 나의 법전에 쓰여 있는 그 내용을 정독하여 만백성을 돌려세워 하늘에 오르는 길로 인도하는 자만이 구원을 받을 수 있거늘, 그들은 그렇지 아니하느니라.
12 그들 자신이 지금 바르며, 저희들이 가는 길이 정녕 구원의 길이며 하늘에 오르는 길이라 그리 착각하고 있기 때문이니, 그 착각과 환상에서 그들이 깨어날 수가 없음이니라.
13 그들은 지금 지옥으로 이끌고 가고 있음이니, 나의 피조물 만백성이 시간과 재물과 금화와 은화 그 모두를 다 바쳐, 하늘에 오르는 구원의 길이 아니요, 지옥으로 가는 티켓을 사고 있다

면 이는 얼마나 너희들에게 당혹스러
운 일인가를 알아야 될 것이니라.
14 너희들은 지금 금화와 은화와 시간과
그 모두를 바쳐 하늘나라에 그득히 쌓
으면 그 복이 몇 배로 내려오며, 너희
들이 바치면 그것을 창고에 그득히 쌓
아 준다는 그 허무맹랑한 그들의 말을
들어 너희들의 모두를 다 아낌없이 갖
다 바침이니,
15 그게 너희들이 하늘에 오르는 축복과
영광의 길이요, 내가 기억해 주어 너
희들을 구원하는 것이 아니라, 지옥
불로 가고 있는 그 티켓을 사며 지옥
불로 가기 위하여 공을 쌓는 형국임을
알아야 될 것이니라.
16 내가 나의 아들을 통하여 너희들의 잘
못 가는 그 형상을 다 가르쳐 주거늘,
너희들이 지금도 깨우치지 못하여 그
러한 잘못 가르치는 종교 지도자를 따
라 죽음으로 가는 그 티켓을 사고,
17 너희들이 육신으로써 지은 그 죄를 다
감당을 못하거늘 너희들은 하늘에 오
르는 길이라 하여 지옥 불로 가는 너
희들의 그 죄목을 너희들 앞에 쌓아
놓음이니,
18 너희들이 정신적으로, 육신적으로 지
은 잘못된 죄 속에 재물을 바쳐 또 그
죄를 하나하나 쌓아서 너희들의 지은
죄 위에 더 얹어 놓는 그와 같은 형국
으로 가고 있는 것을 깨우쳐야 될 것
이니,
19 이 대목을 듣고 머리털이 쭈뼛쭈뼛 서
며, 지금까지 살아온 것이 억울하며,
지금까지 잘못 간 그 믿음을 깨달아
구원의 길을 보는 자만이 구원받을 수
있음을 알아야 할 것이니라.

2,544 번째 하나님 말씀

2002년 7월 5일 01시 38분

1 사랑하는 나의 아들아!
2 "네, 아버님! 말씀하옵소서."
3 너희들은 만물 중의 영장이며, 너희들
은 모두를 다 통제하며 너희들이 유지
하여 이 세상을 지배하도록 하였으며,
4 너희들 한 생명을 세상에 내보내며 너
희들이 먹고살 수 있는 그 모두를 내
가 다 주었음이니, 너희들이 그 속에
서 노력하는 만큼 거둬들이며 영화와
영광이요, 육의 삶의 부귀와 영화를
누릴 수 있는 모두를 내가 너희들에게
주었다 말하였음이니라.
5 나 여호와가 너희들에게 그리 내려 주
었으며, 내가 너희들에게 바라는 것은
그 속에서 너희들이 나의 계명을 지키
며 천사와 같은 삶을 살라 하여 내가
너희들에게 그와 같은 영광을 주었음
이니라.
6 너희들은 알아야 될 것이니라.
7 나 여호와가 너희들에게 요구하는 진
정한 그 뜻을 알아야 될 것이니라.
8 지금 종교 지도자들에게 네가 물어보
라, 나 여호와가 정녕 너희들에게 바
라는 것이 무엇이며 내가 요구하는 것
이 무엇인가.
9 그저 성령에 따라서 저희들이 지은 성
전에 와 재물을 바치면 무조건 구원을
받는 것이며, '아멘! 할렐루야!' 소리
지르며 광란의 기도요, 눈물의 기도
요, 저희들이 재물을 거둬들이기 위하

여 너희들에게 복을 준다, 하늘에 오
르는 티켓을 준다, 재물을 바치면 구
원을 받는다 그리 가르치는 그들에게
과연 내가 원하는 것이 무엇인지 아는
가 물어보라.
10 내가 오늘 나의 아들을 통하여 내가
원하는 그 뜻을 너희들에게 전하니,
이는 하늘의 비밀, 천기이니라.
11 내가 너희들에게 모든 동식물 중에 가
장 높은 지혜를 주며, 너희들이 모두
를 지배하는 통제자라 하였으며, 모두
를 너희들이 관리하며 그 속에서 취하
고 얻어 살도록 그 모든 영화와 은혜
와 영광을 너희들에게 주었음이니,
12 그리하며 내가 너희들에게 바라는 것
은 천사와 같은 삶을 살라 함이니라.
13 너희들이 천사와 같은 삶을 살면서 나
여호와를 닮아 가는 그와 같은 삶을
살게 하고자 내가 그 모든 축복을 내
려 주었음이니라.
14 그 모든 축복을 내려 준 나 창조주 여
호와가 너희들에게 원하는 것은 너희
들이 천사와 같은 삶을 깨우쳐, 인간
으로서 태어나며 인간으로서 변화되
며 인간으로 깨우쳐 나와 같은 모습으
로 살아 나에게 올 수 있도록 하는 것
이 내가 바라는 것이며 너희들에게 요
구하는 것임을 알아야 될 것이니라.
15 이것이 바로 내가 너희들에게 바라는
것이며 내가 원하는 것이거늘,
16 이와 같은 나의 뜻도 모르면서 나의
피조물 만백성에게 재물을 쌓으면 축
복을 받으며 저희들이 지은 성전에 와
기도하면 하늘에 가는 그 영광을 얻으
며 구원을 받는다 그리 가르치는 자
들, 내가 원하는 그 뜻도 모르면서 어
찌 그들이 구원과 영광을 받았다 하는
가?
17 나의 피조물 만백성이 천사로 변하며
천사로 변하여 나 여호와같이 변화되
는 마음으로 너희들을 만들고자 하는
것이 나의 뜻이니, 그와 같이 되는 자,
스스로 하늘나라에 오를 수 있음을 알
아야 될 것이니라.
18 나에게 근접하는 자, 나와 닮아야 될
것이니,
19 모든 너희들의 심성이요, 모든 마음이
요, 모든 너희들이 가지고 있는 욕심
이요, 시기와 질투하는 마음을 다 버
려 나 여호와를 닮으라 함이 나의 뜻
이니, 이를 너희들이 깨우쳐야 할 것
이며 이게 나의 뜻이니라.

2,545 번째 하나님 말씀

2002년 7월 5일 01시 42분

1 사랑하는 나의 아들아!
2 "네, 아버님! 말씀하옵소서."
3 너희들은 나로부터 선택되어 인간의
형태를 가지고 이 세상에 나오게 됨이
니라.
4 너희들은 인간의 형태로 이 세상에
나오는 그때부터 너희 마음속에 욕심
이라는 것이 도사림이니,
5 너희들이 나로부터 생명을 받아 세상
에 나올 때 천사와 같은 그 마음이 너
희들이 세상에 태어나 성장하면서 욕
심을 버리지 못하는 그와 같은 인간으
로 자리를 잡아 감이니,
6 내가 가장 아름다운 모습으로써 너희

들을 세상에 창조하였거늘 너희들이
나의 뜻대로 살지 아니하며 너희들이
세상에 나오면서부터 그 욕심을 버리
지 못함이니, 너희들이 짐승의 생각과
다른 점이 무엇이 있다 말하겠는가?
7 욕심을 버리지 못하는 자, 욕심으로
충만되어 있는 자, 사랑을 베풀지 못
하는 자, 너희들이 인간의 형태로써
인간의 모형을 갖고 사나 마음은 짐승
만도 못한 생각을 가지고 사는 것이
내가 사랑하는 나의 피조물 만백성인
것이니라.
8 내가 인간의 형태로써 가장 아름다운
모형으로 만들어 너희들을 세상에 내
보냈음이니, 너희들이 나의 계명을 지
키며 나의 율법에 따라 살아 하늘에
오르는 그 영광을 얻으라 하였거늘,
9 너희들은 태어나서 죽을 때까지 너희
들 가슴속에 그 욕심이라는 것을 버리
지 못하며 육의 생활의 부귀와 영화를
위해 너희들 자신을 버리지 못하고 살
아감이니,
10 나 창조주 여호와가 너희들에게 지키
라는 그 길이 있으며, 너희들이 그 길
을 지켜 하늘에 오르는 그 영광을 얻
도록 가르치고 전하며, 그 길만을 너
희들이 두 주먹 불끈 쥐고 달려왔을
때 영광을 얻을 것이라 그리 말하였거
늘,
11 욕심이요, 사행심 그 모두를 버리지
못하여 내가 원하지 않는 다른 길로
달려가는 너희들의 모습이 무엇인지
알겠는가?
12 인간의 형태를 가졌으나 짐승과 하나
도 다름이 없는 그와 같은 삶을 사는
형국인 것이니 그를 알아야 될 것이니
라.
13 욕심을 버리며, 마음을 비우며, 나의
계명이요, 나의 법전의 내용대로 살아
가는 자는 하늘에 오르는 길을 얻는
것이며,
14 내가 너희들에게 아름답게 살다 하늘
에 오르라 생명을 준 그 뜻을 저버리
고 욕심이라는 것으로써 너희들 가슴
을 채우고 있을 때, 바로 무엇이더냐?
15 너희들은 짐승과 다름이 없는 삶을 추
구하며, 그와 같은 삶을 엮어 가며 달
려가고 있음을 알아야 할 것이니라.

2,546 번째 하나님 말씀

2002년 7월 5일 01시 50분

1 사랑하는 나의 아들아!
2 "네, 아버님! 말씀하옵소서."
3 내가 너희들에게 일렀느니라.
4 네가 나의 성령을 받아 만백성이 천
년에 걸쳐 지상의 낙원을 이루도록 그
역사를 이루라 하였음이니,
5 그 속에서 나의 법전을 읽으며 나의
성령을 듣고 변하여 깨우쳐 가는 그
순수하고 깨끗한 백성들을 통제하는
지상의 왕은 너희들 인간 중에서 선택
되어 그를 명하여 그가 변하는 나의
피조물 만백성을 통제하도록 하며,
6 그 통제 속에서 질서와 규범을 지키고
살아가는 나의 피조물 만백성이 법전
을 깨우치고 또 깨우쳐 그 마음이 깊
고 굳어짐으로 인하여 너희들의 후손
이 또 후손을 낳아 그리 연결하는 너
희들의 왕국을 이루도록 하라 그리하

였음이니라.
7 이는 내가 너희들에게 그리 명하여 나
의 법전을 읽고 깨우치는 백성들이 그
나라를 이룩하라 하였음이니,
8 그리하여 그와 같은 나라의 백성이 온
세상을 다 덮는 그 시대까지 그는 존
속하여 간다 그리 내가 너희들에게 일
깨워 주었음이니라.
9 이는 너희들이 나의 법전을 전하며 나
의 뜻을 전할 수 있는 능력을 나 여호
와가 너희들에게 줌이나,
10 너희들이 인간 사회의 그 조직이요,
그 조직 속에서 방대한 힘의 영향에
일순간에 불이 되어 일어날 수 있는
그와 같은 역사를 이루고자 함이니라.
11 너는 내가 왜 너희들을 통제하는 왕을
만들고자 하는가를 여기서 너의 제자
들에게 일깨워 주어야 될 것이니라.
12 나의 아들 예수가 왕자요, 왕으로 세
상에 태어나 나의 법전을 그리 전하고
자 했다면, 과연 그 시대의 백성들은
나의 아들을 살해할 수 있으며 그리
참혹하게 죽게 할 수 있었겠는가?
13 그가 그와 같은 속에서 태어났다 하면
그를 그리 해하지는 아니하였을 것이
니라.
14 그리하여 지금은 내가 나의 피조물 만
백성 중에 깨우친 자요, 내가 천 년의
역사를 이루는 데 그 근본이요, 뿌리
가 되는 나에게 선택된 그 백성들을
통제하는 왕을 그 속에서 만들어 그로
하여금 모든 인간관계에 이루어지는
역사를 다스리도록 하고자 하는 것이
나의 뜻이라 하였음이니라.
15 그리하여 새로운 나라를 건설하라 하
는 뜻이 여기에 있음이니라.
16 너희들 세상의 그 나라에서 굳건히 지
켜 가는 그 속에서 어떠한 형태로든
너희들을 핍박해도 존속할 수 있는 그
와 같은 힘을 너희 스스로 길러,
17 사탄이요, 사악한 자들이 너희들을 이
지상에서 궤멸시키려 할 때 너희들이
버티며 견딜 수 있는 그것은 깨우친
백성이 이루는 그 왕국의 힘이 아니면
그를 역사할 수 없기 때문이니라.
18 그리하여 내가 너희들에게 너희들을
통제하는 왕을 만들고자 하는 뜻이 여
기에 있음을 알아야 할 것이니라.
19 인간 너희들의 깨우친 자의 그 능력과
깨우쳐 하늘에 오르고자 하는 나의 백
성의 그 조직된 힘은 누구도 그를 넘
어트릴 수 없으며 깰 수도 없음이니
라.
20 지금 잘못 가는 종교 지도자들, 저희
들이 하늘에 오르며 나의 아들 예수의
피로써 구원받아 천국에 올 수 있는
저희들의 이름 석 자의 명함이 하늘에
가 있으며 저희들은 구원받는 백성이
며 그리고 구원을 받았다 그리 가르치
는 종교 지도자들의 그 힘도 너희들이
지금 세상에 나갈 때 너희 동방의 이
작은 나라를 지상에서 없앨 수 있는
그와 같은 방대한 힘을 가진 자들이라
하였음이니라.
21 하물며 그들도 그와 같은 능력과 힘을
발휘함이니, 정녕 나의 뜻을 깨우친
나의 백성이며 나로부터 선택된 백성
이며 내가 너희들의 가는 길을 인도하
는 그와 같은 나의 백성들이 이 지상
에 뿌리를 내리기 시작할 때, 그 힘은

누구도 깰 수 없는 방대한 역사가 이
루어질 것이며,
22 그들로 하여금 그 아들이 아들을 낳고
또 그 아들이 아들을 낳음으로 내가
천 년에 걸쳐서 악의 씨를 뿌리 뽑고
지상에 낙원을 이루는 그 근본의 시초
를 이루고자 함이니, 이를 명심하여
행하여야 될 것이니 그리 알라.

2,547 번째 하나님 말씀

2002년 7월 5일 09시 11분

1 사랑하는 나의 아들아!
2 "네, 아버님! 말씀하옵소서."
3 수천 년 역사 동안에 수만, 수억의 나
의 백성들이 하늘에 오르고자 구원의
길을 원했으며, 그들이 정녕 구원을
받았다 그리 생각하며, 지금 가르치는
종교 지도자들의 그 수법에 의하여 저
희는 구원을 받았다, 그리고 구원된
백성이라 그리 믿고 살다가
4 저희들이 심판을 받을 때 그게 다 잘
못된 길이었으며, 깨우쳐 하늘에 오르
고자 하는 너희들이 나 여호와에게 오
르는 길을 역행하며 살았음을 스스로
깨달을 때는 이미 때가 늦음이니라.
5 너희들은 나의 뜻을 따라 나의 성령에
의하여 깨우쳐 가는 백성이 된다 하
면, 너희들이 변하는 그 모습과 변하
는 자세만이 나를 정녕 믿으며 나를
향하여 오를 수 있는 그 길에 들어서
있음임을 알아야 될 것이니라.
6 나의 법전을 읽고 깨우치는 만백성 너
희들은 알아야 될 것이니라.
7 한 권을 읽은 자, 열여섯 권을 읽은
자, 그중에 하나를 보고 깨우치는 것
은 너희들 각자의 깨우침에 따라 다르
나,
8 너희들은 나의 법전을 읽고 또 읽어
그 속에 있는 모든 내용들을 하나하나
가슴속에 깊이 뿌리를 내리도록 심는
것이 중요함을 알아야 될 것이니라.
9 그와 같이 나의 성령을 가슴속에 심고
나의 성령이 너희 가슴속에 임했을 때
너희들 자신이 변화되어 가는 것을 스
스로 알게 될 것이니라.
10 나의 법전을 많이 읽고 깨우친 자, 자
신이 스스로 변하는 그것을 알아야 될
것이며,
11 저 자신이 변화되는 것을 모른다 하면
그는 정녕 나의 법전을 겉으로 읽은
것이며, 정독하여 속의 뜻을 음미하며
내가 존재함을 깨닫고 느끼고 읽은 자
가 아님을 알아야 될 것이니라.
12 정녕 나의 법전이 나의 성령이요, 나
의 뜻이요, 마지막 제3의 시대에 너희
들을 심판하는 가장 소중한 법전이라
너희들이 생각한다면, 그를 정독하여
너희 것으로 하나하나 깊이 음미하며
읽는 자는 변해 가느니라.
13 이는 곧, 자신이 나의 법전을 읽고 깨
우쳐 살아가는 방법과 하늘에 오르는
길이 무엇인가를 깨달으니,
14 인간의 육의 삶에서 그를 위배하고 어
겼을 때 그 스스로 고통스러움을 견디
지 못하며, 저 스스로 자신을 저주하
고 원망하며, 스스로 자기가 이 모든
육신을 다 바쳐 죄를 사할 수 있는 그
길을 선택하고자 하는 마음에까지 도
달하게 될 것이니라.

15 그리하여 기나긴 세월을 살며 너희들
이 육의 욕심을 위하여 죄를 짓고 사
는 그것보다 지금 이 시점에서 나에게
모두를 다 바쳐 용서를 받을 수 있는
길이 있다면 그 길을 선택하고자 하는
그러한 마음에 도래해야 될 것이며,
16 예수보다도 더 고통스러운 방법으로
죽음으로써 그 죄를 사할 수 있다면
그 길을 선택하고자 몸부림치며, 너희
들의 몸속에 그러한 변화가 소용돌이
치게 되어 있음이니, 그리되지 아니하
는 자, 정녕 깨달음을 위하여 전진하
는 자가 아니니라.
17 자신이 잘못하는 것을 스스로 단죄하
며, 자신이 잘못하는 것 때문에 스스
로 괴로워하며, 스스로 괴로워서 그
잘못을 행하지 않는 그와 같은 굳은
결의의 마음이 너희들 가슴속에서 싹
이 트기 시작할 때, 그것이 나의 성령
이 너희들에게 임한 것이며,
18 그러한 자가 나에게 선택된 백성이며,
너희들은 변해 가 내일을 향하여 하늘
에 오를 수 있는 그 영광의 길을 보게
되며, 영원히 사는 나의 나라에 오를
수 있음을 알아야 될 것이니라.
19 변하지 아니하는 자는 나의 백성이 아
니니라.
20 그리고 스스로 제가 변하는 것을 알
며, 그 변하는 속에서 그를 위배하고
어겼을 때 제 목숨을 내놓고 그를 바
로잡고자 하는 불과 같이 일어나는 정
열의 그 마음과 확고한 신념과 믿음이
없이는 너희들이 바로 설 수 없음을
알아야 될 것이니라.
21 이것이 바로 변하는 자의 모습이며,
그리되었을 때만이 나의 성령이 너희
가슴에 그득히 임하였음을 알아야 될
것이니라.
22 즉, 나의 성령이 임한 자는 수시로 변
해 감을 알아야 될 것이니라.
23 아름답게 변하지 아니하는 자는 나에
게 구원을 받을 수 없음이니 그리 알
라.

2,548 번째 하나님 말씀

2002년 7월 5일 09시 23분

1 사랑하는 나의 아들아!
2 "네, 아버님! 말씀하옵소서."
3 너희 인간들이 살아오면서 구원을 받
고자 하며, 하늘에 오르고자 하며, 정
녕 나 여호와의 곁으로 오는 것이 너
희들의 가장 큰 소원이며 가장 갈망하
는 것이니라.
4 그렇다면, 너희들이 지금 어찌 그 길
을 가야 하는가?
5 내가 내린 십계명을 철저히 지키며 그
를 목숨을 바쳐 지키는 그와 같은 자
세로써 나의 율법을 따라오는 자, 그
리하여 인간 세속에 살면서 계명을 철
저히 지켜 그 계명을 지키고 사는 노
력에 의하여 내가 하늘의 문을 열어
줌이니,
6 너희들이 하늘의 세계에 사는 이치요,
그 뜻을 알게 됐을 때, 그를 보았을
때, 너희들은 구원의 빛을 보게 되는
것이니라.
7 그리하여 나에게 선택된 지도자요, 나
에게 선택된 백성이 나의 성령을 받아
가르치는 것을 따르는 것만이 하늘에

오르는 길이요, 그 이치를 알게 됨이
니라.
8 스스로 저희들이 종교 지도자요, 저희
들이 지도하는 자요, 그리 저희들이
만들어 스스로 제 이름 앞에 명함을
붙이는 자, 그러한 자들이 가르치는
것은 육의 세상을 벗어나지 못함이니,
9 영의 세계를 보지 못하는 그 믿음 속
에서 허우적거리다 너희들이 편한 대
로 인생을 살다 죽어 지옥으로 가는
그와 같은 삶을 지금까지 너희들이 살
고 왔음을 알아야 될 것이니라.
10 내가 오늘 나의 아들을 통하여 너희들
에게 깨우쳐 줌이니, 인간에게 60점
이라는 육의 세상에서 살아갈 수 있도
록 정해 주었음이니라.
11 모든 것은 너희들이 그곳에서 취하고
얻고 너희들이 노력하는 만큼 얻어 살
수 있도록 그 한계를 내가 만들어 주
었음이니,
12 믿음으로 그 인간의 세속에서 이루어
지는 그것을 깨우치고 나오는 자만이
하늘의 빛을 볼 수 있는 것이니라.
13 지금의 모든 종교 지도자들이요, 또는
성인이라 하는 자들이요, 나의 피조물
만백성을 깨우쳐 인도한다는 그들은
인간 세속의 60점의 그 속을 벗어나
지 못하며 그 속에서 다람쥐 쳇바퀴
돌듯이 너희들을 돌리고 또 돌려 고달
프고 힘든 그 생활의 삶으로 그저 끌
고 가다,
14 저희들 스스로 나로부터 명을 받은 사
실이 없으며 나의 음성을 직접 들은
일이 없으며 나에게 명받은 자가 없기
때문에,
15 저희들이 그리 살다 육신이 죽어 갈
때는 '언제 내가 너와 인연이 있었느
냐?' 하듯 팽개치고 저 자신도 두려우
며 저 자신도 가누지 못하는 그와 같
은 형국으로 달아나는 것이 종교 지도
자이니, 그들 역시 저 자신도 모르고
있는 자들이니라.
16 저 자신의 미래의 변화를 모르는 자가
남의 생명을 어찌 구원한다 말할 수
있겠는가?
17 내가 너희들에게 명하여 일렀느니라.
18 죄를 백 개 지은 자가 열 개를 짓고 사
는 자를 위해 기도해 준다는 것은 세
상이 다 웃을 일이라 그리 말하였음이
니라.
19 지금 바로 너희들이, 육의 세상에서
육의 그 삶 속에서 벗어나지도 못한
너희들과 똑같은 위치에 있는 자요,
나로부터 성령이요, 나로부터 내가 전
하고자 하는 그 뜻을 들어 만백성에게
변화의 길을 열어 주는 가르침을 가지
못하는 자가 이끄는 것은 정녕 하늘에
오르는 길로 이끄는 것이 아님을 알아
야 될 것이니라.
20 바로 너희들은 알아야 될 것이니라.
21 지금까지 너희들이 믿음의 세상이라
고 달려온 그것은 인간으로서의 그 한
계를 벗어나지 못하면서 인간을 깨우
치고자 하는 믿음에 불과하였다 함을
알아야 될 것이니라.
22 나의 성령을 공부하는 것은 인간 세계
에서 깨우치는 그 인간의 깨우침을 위
한 것이 아니라, 영의 세계요, 하늘나
라에 올 수 있는 그 하늘나라의 이치
를 깨닫는 것이니라.

23 그러나 너희들은 지금까지 인간을 깨
우쳐 가르치는 것에 불과하였음을 알
아야 될 것이니라.
24 이제 내가 나의 아들을 통하여 너희들
의 지금까지의 믿음이 무엇이며, 믿음
의 길을 온 너희들의 위치와 너희들이
어찌 되어서 지금까지 존재하며 어찌
가고 있는지를 가르쳐 주었음이니, 너
희들은 바로 깨우쳐야 할 것이니라.
25 너희들은 정녕 육의 세상을 벗어나 성
령의 변화를 이루는 하늘나라의 그 빛
을 보는 것이 너희들이 바로 서게 됨
임을 알아야 할 것이니라.
26 너희들은 나의 계명을 지켜 마음에 성
령의 변화가 일었을 때, 하늘나라의
그 빛을 보게 되며 하늘나라의 이치를
알게 됨이니,
27 하늘의 뜻과 하늘의 이치를 아는 성령
의 변화가 왔을 때, 너희들은 두렵고
무서우며, 어찌 살아가야 될 것인가를
알게 됨이니,
28 숨소리 한 번, 발걸음 한 번, 너희들이
음식 하나 먹는 것, 남들과 대화하는
것, 모든 일상생활 속에서 너희들이
얼마나 조심스럽고 무섭게 살아가야
하는가, 그리고 남을 위해 살아가며
사랑을 베풀며 살아가며 남을 도우며
살아가는 것이 어떤 것인가를 알게 될
것이니라.
29 너희들이 육의 세상의 깨우침을 벗어
나 영의 세계의 성령의 변화가 너희들
에게 이루어졌을 때, 성서에서 기록된
내용들을 알게 될 것이니라.
30 그리하여 그 성서에 기록된 내용 중에
내가 지키며 살라는 내용의 구절구절
의 그 뜻이 너희들 가슴속에 와 닿음
이니,
31 너희들은 성서라는 것의 뚜껑을 열기
도 두려울 것이며, 그를 한 줄 한 줄
읽어 갈 때, 그 무서운 이치를 깨닫게
될 것이니라.
32 너희들이 나의 법전을 읽고 마음의 변
화를 이루며, 하늘에 오르는 그 길을
보며, 이 성령이 나의 모두를 태워 나
의 아들을 통하여 너희들을 구원하기
위하여 내려보내는 즉, 제3의 시대에
마지막으로 심판하는 심판의 법전이
라는 것을,
33 너희들이 성령의 변화가 있어야만 이
를 볼 수 있음을 알아야 될 것이니라.
34 너희들이 이를 알게 될 때, 너희들 자
신이 얼마나 두렵고 무서운 세상에서
살아가며 너희들이 얼마나 조심스럽
고 어렵게 살아가야 되는 것인가를 알
게 될 것이니라.
35 그래야만 성서의 무서움을 알며, 성서
의 내용을 알며, 나의 법전의 내용을
알 수 있다는 이치를 너희들에게 깨우
쳐 줌이니,
36 너희들은 성령의 변화를 이루는 데 모
두를 다 바쳐야 함을 잊지 말라.

2,549 번째 하나님 말씀

2002년 7월 5일 11시 33분

1 사랑하는 나의 아들아!
2 "네, 아버님! 말씀하옵소서."
3 내가 나의 피조물 만백성 너희들에게
높은 지혜를 주었으며, 깨달음을 주었
으며, 세상의 변하는 역사를 만들도록

하였으며, 너희들의 노력에 따라서 못
이루는 것이 없을 만큼 너희들에게 지
혜를 내려 주었음이니라.
4 그러나 너희들이 온갖 것을 다 지배하
며 역사를 이룬다 해도 내가 너희들에
게 한 가지 주지 아니한 것이 있음이
니, 이는 곧 무엇이더냐?
5 너희들의 미래를 알 수 있는 그 능력
을 주지 아니한 것이니라.
6 너희들이 인간사에 모든 것을 다 이루
며 역사를 창조하며 새로운 것을 만들
어 변화하는 것은 이룰 수 있으나, 너
희들의 지난 살아온 삶과 지금 현재의
삶을 들여다보고 그를 거울삼아 또 깨
우쳐 살아갈 수 있는 그와 같은 미래
를 열어 갈 수 있으나,
7 너희들의 미래를 알 수 있는 그 지혜
는 내가 주지 아니하였음이니라.
8 내가 너희들에게 모든 것을 다 주었으
나 미래를 볼 수 있는 것을 주지 아니
하였음은, 너희들이 오로지 미래를 알
지 못하는 그 속에서 나 여호와가 존
재함을 깨달으며 나에게 구원의 그 길
을 올 수 있도록 하기 위함이니라.
9 너희들은 오로지 나를 향하여 믿음을
깨우치며 계명에 따라서 하늘에 올 수
있는 그 길을 바라보고 그 길을 위하
여 살아올 수 있도록 그리 너희들을
이끌어 가고자 너희들에게 미래를 볼
수 없도록, 그 하나의 상을 내가 내리
지 아니하였음이니라.
10 내가 너희들에게 미래를 보여 주었을
때 너희들은 믿음이라는 것을 행하지
아니하였을 것이며, 나를 향하여 오르
고자 하지 아니하였을 것이니라.
11 오로지 너희들은 미래를 모르게 내가
만들었음이니, 이는 곧 너희들이 나에
게 오를 수 있는 그 길을 위하여 노력
하며 그 길만을 위하여 살아올 수 있
도록 너희들을 깨우치고자 그리 만들
어 놓았음이니라.
12 그러나 너희들은 알지도 못하며 너희
들이 느끼지도 못하는 그 미래에 대해
서 확실한 신념을 갖지 못하고 있음이
니라.
13 그리하여 미래를 볼 수 없는 그 지혜
를 주어 너희들이 하늘에 오르는 그
길을 위하여 노력하며 살도록 너희들
을 만들었으나, 이를 믿으려 하지 않
는 것이 너희들의 지금의 현 상태의
마음가짐이니라.
14 그리하여 너희들에게 내가 모든 지혜
를 다 주어 영광된 삶을 살 수 있으며
육이 노력하는 만큼 부족함이 없이 살
며, 너희들이 그 속에서 나의 계명을
지키면서 하늘에 올 수 있도록 모두를
다 너희들에게 내려 주었으나,
15 너희 스스로 미래를 볼 수 있는 그 능
력과 권능을 주지 아니하였음을 오늘
너희들은 알아야 될 것이니라.
16 너희들에게 미래를 볼 수 있으며 미래
를 예측할 수 있는 그와 같은 권능을
주지 아니한 것은 오로지 나를 향하
여, 하늘을 향하여, 구원을 받는 그 길
만을 위하여 너희들이 매진할 수 있도
록 그리하기 위함임을 오늘 내가 나의
아들을 통하여 너희들에게 일깨워 줌
이니,
17 이 대목을 읽고 나의 성령이 나의 뜻
에 의하여 세상에 내려가는 것이라는

것을 믿지 아니하는 자, 영원히 구원
을 받을 수 없음을 알아야 될 것이며,
18 오늘에 나만이 알 수 있는 그 하나의
하늘의 비밀을 너희에게 알려 줌이니
라.
19 미래에 너희들이 역사하는 것은 천사
도, 사탄도, 그 누구도 모르느니라.
20 모두를 아는 것은 나 여호와뿐임을 알
아야 될 것이니, 그리하여 내가 너희
들에게 오늘의 깨우침을 전하노라.
21 너희들 스스로 깨달아 하늘에 오르는
그 길을 바라볼 수 있도록 그리하라.

2,550 번째 하나님 말씀

2002년 7월 6일 09시 11분

1 사랑하는 나의 아들아!
2 "네, 아버님! 말씀하옵소서."
3 너희들은 비가 내리며 눈이 내리며 바
람이 불며 태풍이 불며 천지조화의 그
변화 속을 보면서 과연 무엇을 생각하
는가?
4 벼락과 천둥이 쳐 너희들의 그 숨소리
에 너희들 자신이 놀라 너희들 자신을
되돌아보는 그와 같은 너희 인간의 삶
의 형태가 아니던가?
5 너희들은 무섭고 두려운 죽음의 직전
에 있을 때 나를 찾느라 '하나님! 살려
주옵소서.' 그리 말하면서, 평소에 살
아가는 그 생활은 어디에 기초를 두고
있는가?
6 비바람이 몰아치는 그 형상을 보고도
너희들은 내가 존재함을 깨우치지 못
하며,
7 계절에 따라 내리는 비라는 그것도 내
가 장시간 그를 막는다면 이 지구상의
동식물이 하나도 존재할 수 없는 그와
같은 나약한 것이 너희들이거늘,
8 그때마다 그 계절에 따라서 그 시기에
따라 동식물이 살아갈 수 있는 하늘로
부터 내리는 그 물과 바람과 태풍과
세상만사의 움직이는 그 조화를 보면
서 너희들은 어찌하여 내가 있음을 두
려워하지 아니하며 나에게 감사하는
마음을 갖지 아니하고,
9 인간의 너희들의 생각이요, 너희들의
머리로써 생각하는 것만이 위대하다
생각하는가?
10 너희들이 생각하는 것은 육의 삶의 그
속에서 부귀와 영화에 맞춰 나감이니,
너희들은 어찌하여 그와 같이 어리석
은 우를 범하는가?
11 나 여호와가 너희들에게 1년이요, 2
년이라는 그 세월 동안 지상에 비 한
방울을 내리지 아니하며 너희들이 필
요할 때 그 생수를 내려 주지 아니한
다면, 과연 이 지상에 동식물이 살아
갈 수 있는 것인가?
12 그러한 너희들이 무엇이 악하며 무엇
이 사악한 자며, 사탄이요, 악마요, 이
단이요, 또 버릴 자요, 나로부터 구원
받지 못할 자라 그리 구분하며 서로
아귀다툼을 하는가?
13 모두는 다 한 형제라 하여 서로 사랑
하고 아끼며 살아가며, 그 속에서 나
여호와가 존재하며 나의 은총과 나의
은혜 속에서 너희들이 살아간다는 그
마음 하나를 갖고 경배하며 기도하면
다 하나가 될 것을,
14 어떠한 종파든 어떤 형식으로 다른 신

을 저희들이 두든, 너희들이 세상에
움직이는 그 조화를 보며 '이 모두는
하나님이 존재하시며, 전지전능한 여
호와 하나님께서 모두를 이루는 역사
라.' 생각한다면, 그를 두려워하며 그
를 감사하게 생각한다면,
15 너희들은 남이라는 생각으로 서로 싸
우고 갑론을박하지 아니하고, 서로 종
파요, 가는 길이 다르다 하여 적대시
하지 아니하고 살아갈 수 있는 것이
너희들이거늘,
16 이제 나의 법전을 읽는 만백성은 깨우
쳐야 할 것이니라.
17 너희들이 나로부터 세상에 나간 그 은
혜와 너희들이 세상에서 살아갈 수 있
는 모든 은혜를 내려 준 그 모두에 너
희들이 내가 존재하며 나의 두려움을
알고 또 나를 경배하는 마음으로써 살
아간다 하면 너희들은 하나가 될 수
있는 이치를 깨달아야 할 것이니라.
18 내가 너희들에게서 모두를 거두었을
때, 과연 너희들의 그 생명체가 얼마
나 견디고 버틸 수 있다 생각하는가?
19 너희들은 며칠도 버티지 못할 것이니
라.
20 내가 산소라는 이 공기를 단절했을
때, 너희들이 과연 몇 분이나 버티고
생존할 수 있으며, 내가 흔히 내리는
물이라는 것을 중단시켰을 때, 너희들
이 과연 얼마나 버티고 너희 생명을
유지할 수 있다 생각하는가?
21 그와 같이 나약한 것이 너희들이며,
나의 은혜와 은총과 내 품 안에서 내
가 내리는 그 모두의 사랑을 받지 아
니하고는 너희들이 살아갈 수 없으며
존재할 수 없거늘, 어찌하여 너희들은
그리도 오만하며 자만하며, 스스로 낮
은 자라 생각하지 못하는가?
22 내가 그러기에 나의 법전에 나의 성령
을 받아 기록하는 나의 아들에게 세상
에서 가장 낮은 자요, 가장 낮은 자로
서 살아가라 하는 것이 거기에 있음이
니라.
23 나 여호와의 종이요, 만백성의 종이라
함이 거기에 있음이니, 너희들 능력으
로써 하나도 이룰 수 있는 것이 없으
며, 너희들 능력으로써 아무것도 역사
할 수 없는 것이니라.
24 오로지 나의 뜻에 의하여 움직이며 나
의 뜻의 역사를 이루는 것이 너희들이
며, 나의 아들 너이니라.
25 그리하여 네가 가장 낮은 자가 되어
살라 내가 그리 너에게 일깨워 주었음
을 알아야 될 것이니라.
26 사랑하는 나의 아들아!
27 "네, 아버님! 말씀하옵소서."
28 너희들이 가고 있는 이 길이 얼마나
힘들고 어려운 것인가를, 그러나 너희
들은 마음 한 자리를 비우고 모두를
다 나 여호와가 이루는 역사 속에서
살아간다 깨닫고 그 은혜에 감사하는
마음으로 살아가면 편안한 인생을 살
것이며 구원을 받을 수 있는 것이거늘,
29 나의 피조물 만백성들이 이기적으로
변해 가며 저희들의 욕심을 버리지 못
하며 제 앞에 더 놓고자, 더 화려한
것, 더 좋은 것을 놓고자 하는 그와 같
은 욕심을 가지고 사는 백성들이기 때
문에,
30 너를 찾아와 나의 성령을 들으며 나의

법전의 내용의 강론을 들으며, 이것이
정녕 하늘에 오르는 길이라는 것을 저
희들이 깨달으면서도 너의 앞을 떠나
고 있음이니,
31 그는 바로 무엇이더냐?
32 저희들이 이기적으로 변하는 그 욕심
을 버리지 못하기 때문이니라.
33 그리하여 그와 같은 욕심을 버렸을
때, 나 여호와의 은혜가 얼마나 두렵
고 무서운 것인지를 알게 될 것이며,
내가 존재해서 너희들에게 베풀어 준
그 은혜와 영광이 어떤 것인가를 알게
될 것이니,
34 이것을 깨우치지 못하는 자, 수시로
네 앞에 왔다 떠나간다는 것을 너는
알아야 될 것이니, 그 떠나는 자에 대
하여 네가 가슴 아파 눈물짓지 말라.
35 그건 다 그들의 복이니라.

2,551 번째 하나님 말씀

2002년 7월 6일 09시 19분

1 사랑하는 나의 아들아!
2 "네, 아버님! 말씀하옵소서."
3 나의 백성들이 내가 내린 이 지상의
낙원에서 모든 은혜 속에 살아가면서
말하느니라.
4 의리를 지키는 사람이라 하며, 정의로
운 사람이라 하며, 비굴하지 않게 산
다 말하느니라. 그리고 약자를 위하
며, 또는 강자 앞에 비굴하지 아니하
며, 또한 강자와 약자 사이에서 정의
로운 그 길을 선택하여 행동하며 그리
신의와 의리를 지키며 살아가는 것이
너희 인간이라 그리 말하느니라.
5 그러나 정녕 너희들은 너희 스스로 그
러한 상황에 부닥쳤을 때 그와 같이
살아가는 자가 없음이니라.
6 강자 앞에 아부하며 약자를 짓밟는 것
을 즐거워하며, 정의로우며 의리를 찾
으며 신의를 찾는다고 수없이 그리
말하나 그와 같은 자세로 살아가는 자
하나도 없음이니라.
7 정녕 그와 같은 자는 제 욕심을 스스
로 없애야 될 것이며, 제 목숨을 잃는
것에 대한 두려움을 없애야 될 것이
며, 제 목숨에 대한 소중함의 가치가
없어야 될 것이며,
8 부귀와 영화요, 인생의 살아가는 육신
의 재물에 대한 그 모두를 버린 사람,
그와 같은 자만이 그 길을 볼 수 있음
이니,
9 이 세상 나의 수많은 백성들 중에 그
와 같은 마음자리를 가지고 사는 자가
없음을 너는 알아야 될 것이니라.
10 그리하여 수시로 변하는 것이니라.
11 아침에 한 그 약속을 지키지 못하며,
아침에 이야기한 것이 해 지기 전에
마음이 변하는 것이 너희들이니 그리
알아야 될 것이니라.
12 아침에 굳건히 약속한 것을 배신하는
것을 너희 스스로 행하며, 그와 같은
약속을 언제 했느냐는 듯이 그를 위해
희생할 필요가 없다는 그와 같은 생각
으로써 자기에게 유리한 쪽으로, 이기
적으로, 편한 쪽으로 살아가는 것이
너희들의 생태이며 너희들의 마음이
니라.
13 여기서 너희들은 하나 알고 넘어가야
될 것이 있음이니라.

14 예수의 열두 제자 중에서 예수를 버
린 자가 있음이니라. 그리고 닭이 울
기 전에 몇 번을 등을 돌릴 것이며 예
수를 배신할 것이라 그리 내가 예수
를 통하여 알려 준 그 제자가 있으니,
15 많은 기적과 많은 역사 속에서 예수
를 보고 따랐으며 그가 행하는 것을
본 그 제자도 닭 울기 전에 몇 번씩 그
를 배신하는 그와 같은 역사가 있었음
이니, 그것이 무엇 때문에 그리되었다
생각하는가?
16 그들이 마음을 비우지 못하였기 때문
이니라, 그리고 욕심을 비우지 못하였
기 때문이니라.
17 내가 그와 같은 많은 것을 손에 쥐여
주었으며, 저희 눈으로 보았으며, 저
희들이 행하였으며, 그로 하여금 저희
들이 살아가는 그 은혜와 영광과 오로
지 하늘에 오른다는 그 길을 알고 따
라온 그 제자들도 닭이라는 날짐승이
울기 전에 몇 번씩 나를 배신하였음이
니,
18 그는 정녕 제 생명을 소중히 여기며
부귀영화를 소중하게 여기며 제 육신
을 소중히 여겼기 때문이니, 그와 같
은 것이 너희들의 심성이니라.
19 그 모두를 보고 따라왔던 예수의 제
자가 저희 자신을 위하여 닭이 울기
전에 몇 번씩 그를 배신하며, 내가 있
음을 부인하며, 내가 더불어 저와 인
연이 없음을 말하며, 저와 내가 관계
가 없으며 제가 나의 아들의 제자가
아니라 그리 고개를 설레설레 흔들고
돌아서서 도망가는 그 형태의 마음이
무엇이더냐?
20 바로 그와 같은 자도 그리하였으니 너
희들의 마음이 과연 그를 넘을 수 있
다 생각하는가?
21 지금 나의 피조물 만백성 너희들이 세
상사 살아가는 모습이 그를 벗어날 수
있으며, 그 위에 있고 그보다 더 믿음
이 강하며, 그보다 더 많은 역사를 체
험하고 몸으로 보았다 생각하는가?
22 너희들은 그러한 자가 하나도 없음이
니라.
23 너희 마음이 그러하거늘, 나를 만지지
도 못하고 보지도 못하며 듣지도 못하
는 너희들의 믿음이라는 것이 무엇이
더냐?
24 너희들의 나에 대한 믿음의 형태가 수
시로 변함이니라.
25 초를 다투어 변하는 것이 너희들의 마
음이니, 그러고도 너희들이 나에게 선
택된 백성이요, 구원을 받고자 하는
백성이라 그리 말하는가?
26 너희들은 시간을 두고 날짜를 두고 그
리 변하는 것이 아니라 초를 두고 수
시로 마음이 변하느니라.
27 오늘 이 성전에 나와 너희들이 나의
성령을 들으며 나의 법전을 들으며,
그것이 정녕 너희들이 가야 할 길인가
가지 않아야 될 길인가, 이리 감으로
너희에게 육의 축복이요, 육의 영광이
있을 것인가, 과연 너희들은 구원을
받을 수 있을 것인가 구원을 받지 못
할 것인가, 여기에 너희들이 연연하고
지금 믿음의 길을 가고 있음이니,
28 과연 너희들의 믿음의 형태며 너희들
의 마음 자세가 어디 있다 생각하는가?
29 그리하여 수많은 나의 피조물 만백성

이 나의 아들 너를 찾아와 붙었다 떨
어지며 떨어졌다 붙는 그와 같은 형국
이 이루어지는 것은 당연한 것이니라.
30 너는 여기에 너 스스로 마음 아파하지
말라.
31 이들은 아직도 그 욕심을 버리지 못하
였기 때문이며 그들의 믿음이 그러하
니라.
32 저희들의 육의 생각으로써 계산하여
옳다 생각할 때 그들은 들러붙을 것이
며, 그들의 육의 생각에서 억울하고
손해 보며 저희들의 이해관계에 득이
없다 생각할 때 그리 떨어져 나가는
것이 그들의 형국이니라.
33 바로 그들의 마음이 그러하니, 과연
내가 너희들 중에 구원할 자가 얼마나
있다 생각하는가?
34 내가 먼저 구원하며 지상의 낙원에 오
르게 하고자 명패를 걸었으나, 수시로
변하는 자는 그 명패가 낙엽처럼 떨어
져 불 속으로 들어감을 알아야 될 것
이니라.
35 하루 24시간 믿음이 변하지 아니하
며, 1년 동안 변하지 아니하며, 10년,
100년, 평생 믿음이 변하지 아니하고
나의 성령을 들으며 나의 법전을 공부
하며 나의 아들을 따라오는 자만이 구
원을 받을 것이며,
36 수시로 변하는 너희 같은 간사한 그
마음이 마음속에 자리 잡고 있는 한,
너희들은 믿음을 볼 수도 없으며 구원
을 받을 수도 없을 것임을 알라.
37 그리하여 수많은 나의 피조물 만백성
이 나의 선지자 앞에 와 붙었다 떨어
지는 그와 같은 형국이 수없이 이루어
짐이니, 그들은 오로지 욕심 때문에
그러함을 알라, 나의 아들아!
38 욕심에 의하여 그를 버리지 못하고 떠
나는 그들을 보며 네가 가슴 아파 울
지 말지니라. 울 이유가 없음을 알라.

2,552 번째 하나님 말씀

2002년 7월 6일 20시 19분

1 사랑하는 나의 아들아!
2 "네, 아버님! 말씀하옵소서."
3 지금의 종교 지도자들이나 나의 피조
물 만백성을 이끌어 가는 그들이 어찌
가르치는가?
4 그들은 성서라는 그것을 가지고 그 속
에서 깨우치고 가르치고자 함이니, 그
들은 앞으로 나아감이 없는 것이니라.
5 그들은 성서라는 그 테두리 안에서 그
굴레를 돌고 또 돌며, 그곳에서 나의
피조물 만백성을 일깨워 하늘에 오르
는 길이라 그리 가르치고 있음이니라.
6 이는 나의 가르침이 아니요, 나로부터
선택된 지도자가 아니니라.
7 성서의 가르침과 성서 속에서 너희들
에게 깨우치고자 하는 것에 연결하여
성령의 나의 뜻을 듣는 자, 그리고 나
의 성령을 가르치고 깨우치는 자가 바
로 나로부터 선택된 지도자임을 알아
야 할 것이니라.
8 성서만을 가지고 가르치는 자는 정녕
나로부터 선택된 지도자가 아니요, 나
로부터 선택된 백성이 아님을 너희들
은 알아야 될 것이니라.
9 성서의 가르침 속에 내가 직접 가르치
는 그 성령의 뜻이요, 내가 너희들에

게 변화와 역사를 이루고자 하는 나의
뜻을 가르치는 자, 그가 바로 나로부
터 선택된 자임을 알아야 될 것이니라.
10 성서 그 위에 또 성령의 나의 가르침
을 깨달아 그를 전하며 그를 가르치는
자가 나로부터 선택된 지도자임을 알
아야 할 것이니라.
11 이제는 나의 아들 네가 가르치는 모든
제자들에게 성서의 가르침 속에 내가
너를 통하여 성령으로써 내리며, 나의
법전에 있는 그 모두를 그들에게 가르
쳐 줌이니,
12 나의 성령이 같이하는 그와 같은 역사
가 이루어지는 것이 바로 깨우침의 길
을 보는 것이며 내가 너희들에게 가르
치는 길임을 알아야 할 것이니라.
13 높게 이루어지는 것, 낮게 이루어지는
것, 그리고 어떤 역사가 이루어지는
것, 이루어지지 아니하는 것, 그 모두
가 나의 주관이요, 나의 뜻에서 이루
어짐이니라.
14 나의 법전이 세상에 전해지며 만백성
을 구하며 나의 피조물 만백성이 나의
법전을 읽어 하늘에 오르는 깨우침의
그 역사를 이루고 못 이루는 것도 그
모두가 나에 의하여 주관됨을 알아야
될 것이니라.
15 너희들이 뜻을 이루어 부귀영화를 누
리는 것도 그를 누리지 못하는 것도
그 모두가 다 나의 주관에서 이루어진
다는 것을 너희들은 알아야 될 것이니
라.
16 너는 너의 제자들에게 일깨워 주어야
될 것이니라.
17 내가 너희들에게 무엇인가를 달라 하
는 기도를 하지 말라 하였음이니라.
18 이는 곧 내가 모두를 다 알기 때문이
니, 너희들이 나에게 무슨 은혜를 베
풀라, 상을 내리라 하지 말라 하였음
이니라.
19 그것은 장사꾼의 거래라 하였음이니
라.
20 내가 이루고자 하는 내 뜻을 거역하며
인간인 너희들의 생각과 주관대로 나
의 성전에서 무엇인가를 이루고 집행
하고자 한다면 그게 곧 무엇이더냐?
21 내 위에 서고자 하는 것임을 너의 제
자와 너희 백성들에게 너는 일깨워 주
어야 될 것이니, 이를 잊지 말고 그리
행하도록 하라.
22 그리하여 그들이 스스로 우를 범하며
나 여호와에게 죄를 지으며 나의 뜻에
대하여 갑론을박하여 흐르는 물을 막
는 그와 같은 일을 하지 않도록 그리
네가 깨우쳐 다스려 나가야 함을 잊지
말라.

2,553 번째 하나님 말씀

2002년 7월 6일 20시 43분

1 사랑하는 나의 아들아!
2 "네, 아버님! 말씀하옵소서."
3 너희들의 지금의 종교 지도자들이 나
의 피조물 만백성을 이끌어 가는 그
방법이 어떠한 길로써 가는가?
4 너는 그 실상과 실체를 이제는 직접
보고 들어야 할 것이니라.
5 그들이 나의 성서를 가지고 가르치며,
착하고 아름답게 살라 말하며, 성령에
의하여 살며 성서의 말씀대로 살아야

구원을 받는다 그리하느니라.
6 그리고 믿음은 부모와 형제도 없이 오
로지 믿음에만 모두를 다 바쳐야 구원
을 받는다 하며 진정한 믿음의 길이
요, 진정한 믿음의 길을 가는 자만이
구원을 받는다 그리 말하느니라.
7 그리고 그들은 끝에 가서 무엇을 말하
는가?
8 진정한 믿음의 그 길만을 향하여 달려
가면 구원을 받는다 그리 말하며 다음
에 저희들이 한 계단 더 얹어서 말을
함이니, 그것은 바로 무엇이냐?
9 많은 예물을 바치며 금화와 은화와 보
석을 많이 바쳐야만 구원을 받는다 하
는 그 대목을 뒤에서 더 강조하며 틀
려 가는 것이 그들이 가르치는 방법이
니라.
10 앞에 있는 믿음의 길이요, 진정한 참
믿음의 길을 가는 것이 얼마나 중요하
고 힘들고 어려운 길인가를 그들은 제
시하지 아니함이니라.
11 그러면서 그들은 정녕 깨우치는 그것
보다 저희들에게 예물이요, 보석이요,
금화와 은화와 그 모두를 갖다 많이
바쳐 하늘에 많이 쌓아야만 구원을 받
는다는 말을 강조하며 그것으로써 끝
을 맺는 것이 그들의 지금의 형태이니
라.
12 그들은 정녕 하늘에 오르는 그 길을
예시해 주는가, 그리고 깨우쳐 하늘에
오르는 길이 무엇인가를 깨우쳐 주는
가?
13 그들은 그러한 것을 나의 피조물 만백
성에게 깨우쳐 주지 못하느니라.
14 성서에 기록된 것은 무엇이며 성서에
있는 내용은 무엇이라 저희들이 열변
을 토하다 길이 막히고 할 말이 없으
면 '아멘! 할렐루야!' 하고 소리를 질
러서 그 고비를 넘기고 그저 넘어가는
그들이니,
15 저희들이 성서를 가르치다 말이 막히
면 '할렐루야! 아멘!' 하고 소리 지르
고 그와 같은 고비에서 나의 피조물
만백성은 멋도 모르고 그저 따라서 소
리 지르고 '아멘, 아멘!' 하며 가는 것
이 지금의 믿음의 형태이니라.
16 그들은 미래의 무엇을 제시해 주는가,
그리고 미래를 어찌 깨우쳐 주는가?
17 그들은 너희들이 믿음을 어찌 가고 어
찌 믿어야만 구원을 받는다는 그 상세
한 것을 제시해 주지 못하느니라, 그
리고 깨우쳐 주지 못함이니라.
18 그저 두루뭉술하게 성서에 있는 대로
몇 구절 읽고 저희 인간사 살아온 그
세속에서의 삶을 말하며, 그러다가 말
문이 막히면 '아멘!' 하고 소리 지르며
'할렐루야!' 하고 소리를 지르는 그와
같은 방법으로 가는 것이 그들의 형태
이니라.
19 그 속에서 과연 무엇을 깨달으며 그들
이 무엇을 알겠는가?
20 하늘에 오르는 길은 진정한 참진리를
알며 너희들이 행하여야 할 것을 알
며, 순종해야 될 것을 알며, 너희들이
지키고 살아야 할 것을 가르쳐 주며,
21 그것을 하기 위해서는 너희들이 어찌
살아가며 어찌 행하여야 되는지 그 대
안을 제시해 주는 것이 곧 나의 성령
이요, 나의 뜻이요, 내가 가르치고자
하는 것이니라.

22 그러나 너희들은 그와 같은 것을 하나
도 제시하지 못함이니라.
23 그저 성서에 있는 대로 읽어 주며, 너
희들 인간사의 이야기를 말해 주며,
그저 예물과 보물이요, 갖은 금화와
은화를 많이 쌓으면 하늘의 복을 받으
니, 그를 갖다 많이 바치라는 그것으
로써 허구한 날 나의 피조물 만백성을
세뇌 교육 시키면서 그리 깨우쳐 가고
이끌어 가고 있는 것이 지금의 너희들
의 형태이니라.
24 미래에 이루어질 일과, 그리고 너희들
이 어찌 살아야만 될 것이며 그와 같
이 사는 그 삶을 위하여 행동을 어찌
하며 믿음은 어찌 가야 되며,
25 그와 같은 것이 나 여호와로부터 구원
받는 선택된 백성이 가는 길이라는 그
뜻을 제시해 주어야 되며, 그 문을 열
어 주어야 되며, 그들의 길을 열어 주
어야 되며, 눈을 뜨게 하는 것이 종교
지도자가 가는 길이며 깨우침이니라.
26 그렇지 못한 자는 나와는 아무런 관계
도 없으며, 저희들이 먹고살기 위한
호구지책으로써 그와 같이 부르짖는
것이 지금의 종교 지도자들이 가고 있
는 그 길이니라.
27 과연 저 자신의 미래를 제시해 주지
못하며, 너희들이 행하여 하늘에 오르
는 기초가 무엇이며 어떠한 방법으로
써 행하여야 되며, 너희들이 살아온
길이 하늘에 오르는 길이며 너희들이
지켜야 될 것이 무엇인지, 상세하게
세부 사항을 알지도 못하는 자가 무엇
을 가르치겠는가?
28 그러하니 죽음의 세계에서 죽은 믿음
으로써 그저 허덕이다 가는 것이 너희
들의 인생의 살아가는 그 길이니라.
29 그와 같은 너희들의 살아가는 형태를
알아야 될 것이니라.

2,554 번째 하나님 말씀

2002년 7월 6일 21시 26분

1 사랑하는 나의 아들아!
2 "네, 아버님! 말씀하옵소서."
3 지금의 수천 년 동안에 믿음의 길을
인도하는 종교 지도자들이나 그 속에
서 배우는 나의 피조물 만백성 너희들
이나 그리고 구원의 길에 들어섰으며
구원을 받았다 말하는 그 수많은 나의
백성들이요, 나의 피조물 너희들이 정
녕 나와는 정반대의 그 길을 위하여
두 주먹을 쥐고 달려가는 형국이 지금
까지 이루어졌다 하면,
4 이를 보는 나 여호와의 마음이 얼마나
아프고 저려 오겠는가?
5 너희들은 가슴에 손을 얹고 조용한 마
음으로 지금의 성경의 한 구절을 깨우
쳐야 할 것이니라.
6 너희들 인간사의 살아오는 그 세상에
도 인간의 왕이라는 자 앞에 그 신하
가 맹세를 하며 그 맹세를 지키기 위
하여 목숨을 저버리는 자가 있는가 하
면, 한 신하가 두 임금을 섬기지 아니
한다 하여 그 목숨을 바치며 불의를
용서치 못하여 그와 타협지 아니하여
목숨을 바치는 그와 같은 육을 가지고
사는 나의 백성들이 있었음이니라.
7 하물며 인간 사회에 연결되어 있는 인
간의 고리요, 인간의 세상에 맺어진

그 속에서 그와 같은 이치를 깨닫고 지켜 가는 백성들이 있음이니라.
8 그러나 지금 나의 아들이 지나온 그 역사에 그의 제자들의 그 모습을 한 번쯤 돌이켜 봐야 될 것이니라.
9 나의 아들 옆에 열두 제자가 같이 임하여 있으니, 그들이 대단히 위대한 자들이며 깨우침이 높은 자며 나의 일을 역사하는 데 그들이 모두를 다 바쳤다 너희들은 그리 말할 것이니라.
10 그러나 그들은 나의 아들 옆에 있을 자격이 없음이니라.
11 그들이 만백성보다 못난 자들이며, 더 사악한 자들임을 너희들은 이제 깨우쳐 가야 할 때가 왔음을 알아야 할 것이니라.
12 그들은 많은 역사와 많은 나의 아들의 행함을 보며 그걸 보고 배우고 깨우쳐 온 자들이니라.
13 그들은 나의 아들이 죽음의 길을 향할 때 과연 어떠한 형국으로써 나의 아들을 대했는가?
14 이것 하나를 볼 때 그 상황과 그들이 얼마나 잘못되고 사악한 자들인가를 너희들은 깨우쳐야 할 것이니라.
15 지금 과연 나의 아들을 따르며 나의 성령을 공부하며 나의 법전을 읽고 깨우쳐 나의 아들 앞에 제자라 있는 너희들은 과연 그들과 어떤 차별화가 있는가?
16 그들이 나의 아들을 배신하기 전까지 따르던 그 마음과 너희들이 지금 나의 아들 선지자를 따르는 그 마음이 과연 어떠하겠는가 너희들 스스로 돌이켜 봐야 될 것이니라.
17 오로지 내가 나의 아들을 통하여 너희들에게 말하지 아니하였던가?
18 너희들은 내가 가장 아름다운 형태로 만든 자로서, 너희들을 나와 같이 만들고자 하는 것이 나의 뜻이라 내가 너희들에게 일깨워 주었음이니, 이를 잊어서는 안 될 것이니라.
19 너희 스스로 깨우쳐 나 여호와와 같은, 너희들이 말하는 창조주 아버지인 나와 같은 모습으로 변하지 않는 한 너희들은 나와는 관계가 없는 자들임을 알아야 될 것이며,
20 이는 나의 아들이 너희들을 그리 깨우쳐 주는 것도 아니며 너희들을 이끌어 주는 것도 아님이니라.
21 너희들 스스로 깨우쳐 행하는 그 길밖에 없음을 알아야 될 것이니라.
22 너희들의 인간관계에서 아버지와 자식, 자식과 아버지와는 어떠한 사이가 이루어져야 하는가?
23 더구나 너희들의 육의 삶이 아니요, 육의 세상을 떠나 영혼이 구원받는 영의 세계인 하늘나라에 돌입하는 너희들은 내가 아버지라 하면 내가 원하는 그 길을 가지 아니하는 자는 나의 자식이 될 수 없음이니, 너희들은 좌우를 볼 것도 없으며 나의 선지자요, 나의 아들을 볼 것도 없으며,
24 나의 성령과 나의 법전을 읽고 스스로 깨우쳐 너희 스스로 싸우면서 하늘에 오르는 길을 와야만 할 것이니라.
25 내가 나의 아들을 통하여 지혜를 주었음이니라.
26 너희들 세상사에 임금이요, 왕이 명하는 자리에, 그 직책에 오르는 자, 그

명을 받지 아니한 자는 그 자리에 앉
을 수 없다 말하였음이니라.
27 너희들이 말하는 정승이요, 판서의 자
리에 오르려면, 너희들이 그 자리를
지키고자 하면 왕이라는 자로부터 명
을 받아야 될 것이니,
28 그 명을 받지 아니한 자는 그 자리에
앉을 수 없는 것과 마찬가지니라.
29 내가 명한 내가 원하는 그 뜻을 따르
지 아니하며 나를 닮고자 살아오지 아
니한다면, 너희들은 정녕 자기 자리를
지킬 수 없음이니 나에게 오를 수 없
음을 알아야 될 것이니라.
30 너희들 인간 세상의 왕이 너희들에게
직함을 주고 자리를 주었을 때, 그가
명을 내린 자만이 그 자리에 앉을 것
이요, 그에게 명을 받지 아니한 그의
종이요, 그의 하수인이요, 그 아랫사
람은 그 자리에 앉을 수가 없는 것과
마찬가지니라.
31 너희들은 나를 닮는 꼴로써 나와 같이
가고자 하는 자만이 나의 앞에 올 수
있음을 알아야 될 것이며, 나의 나라
에 올 수 있다는 것을 깊이 깨우쳐야
될 것이니라.
32 나를 닮고자 하는 자, 그리하여 내가
선택하는 자만이 나에게 올 수 있음을
알아야 될 것이니라.
33 나 여호와같이 변하고자, 창조주인 나
와 같이 되고자 하는 생각이 없을 때,
너희들은 나로부터 선택을 받을 수 없
음을 알아야 될 것이니,
34 이 무서운 나의 법전의 내용을 듣고도
너희들의 갈 길이 무엇이며 행하여야
할 길이 무엇이며 너희들이 깨우쳐 가
야 할 길이 무엇인가를 모른다 하면,
너희들은 정녕 하늘에 오르는 그 영광
의 빛을 볼 수가 없음을 알아야 될 것
이니라.
35 그러기에 너희들이 알고 있듯이, 작은
바늘구멍을 낙타라는 동물이 통과하
는 것보다 어려운 것이 하늘에 오르는
길이라 하였음이니라.
36 이를 명심하여 너희들 가슴에 깊이 새
겨야 할 것이니라.
37 너희들은 나의 아들을 버린 그 제자들
에 대하여 이후부터 너희 마음속에 경
배하며 존경하는 마음이요, 그들의 이
름을 따서 너희 이름이요, 너희들 자
식이요, 너희들 후손의 이름을 지어
주는 그런 행위를 하지 말라.
38 나의 아들을 가장 먼저 배신한 자들이
며, 가장 뜨겁게 배신한 자들이며, 나
의 아들 예수를 갈기갈기 찢어 놓은
그와 같은 고통을 준 것이 그의 제자
들이니라.
39 가장 믿었고 사랑했던 그 제자들이 등
을 돌려 그를 배신하고 떠날 때, 그 나
의 아들 예수의 마음이 얼마나 아팠겠
는가?
40 오늘날 나의 아들 선지자 너를 등지고
가는 자들을 바라보는 네 마음보다 열
배 백배 천배 더 아팠을 것이니라.
41 그러한 자들을 너희들이 경배하는 마
음으로, 존경하는 마음으로 우상시하
는 마음으로 보지 말라.
42 그들은 어찌하여 저희들이 스스로 뉘
우치며 죽었는가?
43 그 시대의 왕이 그들을 더 참혹한 방
법으로 도륙 내려 하였기 때문에, 더

이상 버티고 숨고 도망갈 길이 없기에
그들은 죽음의 길을 선택했을 것이니
라.
44 그와 같은 이치를 잘 깨달아 봐야 될
것이니라.
45 그들이 정녕 뉘우쳐서, 그 죄가 두려
워서 죽음을 선택한 것인가, 저희들이
더 이상 발붙일 수 없는 조여 오는 그
와 같은 두려움에 목숨을 바쳤는가?
46 이 두 갈래의 길을 놓고 너희들은 다
시 한 번 생각해 볼 여지가 있음을 알
아야 할 것이니라. 이는 내가 너희들
에게 주는 숙제임을 알라.

2,555 번째 하나님 말씀

2002년 7월 7일 01시 47분

1 사랑하는 나의 아들아!
2 "네, 아버님! 말씀하옵소서."
3 지금까지 나의 피조물 만백성이 하늘
에 오르는 그 길의 가르침을 받은 것
은 저희들이 많은 재물을 하늘에 쌓음
으로 복을 받으며, 저희들이 재물을
많이 바치면 그보다 열배 백배 재물의
축복을 받는다고 그리하였으며,
4 저희들이 재물을 많이 바침으로 인하
여 구원의 확신을 얻는 그와 같은 방
법으로 나의 피조물 만백성을 지금까
지 일깨워 주고 가르쳐 왔음이니라.
5 그들은 정녕 하늘에 오르는 길의 그
믿음이 무엇이며 하늘에 오르는 길이
무엇인가를, 나의 성령으로써 기록하
여 법전이라 하여 세상에 내보내는 그
하나하나 깨우침과 하늘에 오르는 그
길과 같은 것을 제시하지 못함이니라.
6 그들은 그와 같이 진실이 무엇이며 하
늘에 오르는 길이 무엇이며 성서에 기
록되어 있는 그 의미가 무엇인가를 정
녕 깨우치지 못하는 자들이니라.
7 오로지 그저 저희들은 재물을 바침으
로 인하여, 금화와 은화와 예물을 많
이 쌓아 놓음으로써 열배 백배 복을
받는다는 것만 들어 기뻐하며 은혜 받
았다 생각하며,
8 저희들이 재물이요, 보물을 바침으로
인해서 나 여호와로부터 구원받는 약
속을 받은 것처럼 그와 같이 가르치는
자들 앞에서 배우는 백성이 또 그를
그리 믿고 진심으로 그리 따르나니,
9 지금의 믿음이 그와 같은 형국으로 흘
러가고 있음이니라.
10 그리하여 나 여호와가 직접 내리는 나
의 성령이요, 나의 법전을 읽고 깨우
치는 너의 제자들이요, 나로부터 선택
된 자요, 이곳에 와 법전을 공부하여
하늘에 올 수 있는 그 길을 보고 깨우
쳤다 하는 자들도 저희들의 믿음의 한
계요, 그 테두리를 벗어나지 못함이니
라.
11 그들을 이끄는 종교 지도자가 바치면
바치는 만큼 구원을 받는다 칭찬하며
그들을 격려해 주며 그리고 하늘로부
터 무한한 영광을 받으며 나로부터 저
희들이 은혜와 은총을 받는다 그리 가
르침이니,
12 그들은 바치는 것만큼 저희들에게 축
복과 은혜와 영광이 있다는 그와 같은
착각 속에서 살아감이니라.
13 그러나 나의 성전에 와 나의 법전을
공부하며 나의 성령을 듣는 너의 제자

들은 오늘의 삶을 거울삼아 내일을 더
바르게 살며 내일의 삶을 위하여 모레
는 더 맑고 깨끗한 삶을 살아야 한다
강조하며 그리 사는 자만 구원을 받는
다 하니,
14 그들이 받아들이는 그 마음의 고통이
너 자신이 인내할 수 없을 만큼, 네가
이해할 수 없을 만큼 고통과 번뇌 속
에서 하루하루의 믿음의 세월을 가고
있음이니라.
15 너는 나의 음성을 들으며 나의 뜻을
들으며 나를 봄이니, 그리고 내가 존
재하고 있음을 알고 있음이니, 너는
오로지 오늘의 변함과 내일을 변화에
의하여, 그것이 나에게 오르는 길이라
는 것을 확실히 알고 있으며, 그리 변
하지 아니하면 영원히 구원을 받지 못
한다는 그것을 확실히 알고 있으나,
16 너를 따라오는 그 제자들은 또한 그
렇지 아니함이니라.
17 그들은 여태껏 믿음이라는 그 세계에
서 잘못 가르치는 종교 지도자들로부
터 저희들이 주는 만큼 나로부터 축복
과 은혜를 받아서 그저 듬뿍 전해 주
는 것처럼 지껄이고 말하는 자들 앞에
서 배우며 믿어 온 자들이기 때문에,
18 지금 정녕 어렵고 힘든 정도의 길을
가는 것을 그들은 이해하지 못하며 인
내하지 못함이니라.
19 그리고 그들은 결국 내가 너희들에게
내린 열여섯 권의 법전을 읽으며 160
권의 법전을 읽는 그 시간까지 인내하
지를 못함이니라.
20 그리하여 그들은 떠남이니라.
21 떠나면서 그들은 그대로 떠남이 아니
라 너를 핍박하며, 나의 법전을 핍박
하며, 나의 이 법전이 사탄의 장난이
요, 잘못됐다 그리 말할 것이며,
22 그들은 무엇이 진짜 믿음이며 어떠한
것이 정녕 하늘에 오는 길인지 저희들
자신이 판단할 수 없다고 그리 고개
흔들며 떠나갈 것이니라.
23 그러나 그들은 그 마음속에 깨달음이
있을 것이니라.
24 네가 가르치며 전하는 나의 성령대로
살아간다는 것은 인생의 삶의 의미를
모르며, 무의미한 생활 속에서 지루한
인생을 살아가는 그와 같은 길과 고통
스럽고 어려운 그 고비 고비마다 너희
들이 손해를 보는 것 같은 형국으로
넘어가야 되는 그 믿음의 길을 가는
것이 그들로서는 너무나 고통스럽고
힘든 것이니라.
25 저희들이 하는 것만큼 복을 받는다는
빈말로써 인사치레를 받으며 그리고
저희들이 구원을 받았다는 그와 같은
자극적이고 흥분된 이야기를 네가 하
지 못함이니,
26 그들은 그와 같은 것과 너를 견주어
볼 때 이쪽의 가는 길이 얼마나 고통
스럽고 힘들며 지루한가를 느낌이니,
그들이 스스로 이유를 대어 떠나게 됨
이니라.
27 그러나 그들은 모르는 것이 있느니라.
28 나의 아들 네가 나의 백성이요, 너의
제자들에게 복을 줄 수 있으며 복을
준다 말하며 나를 대신하여 은혜를 내
린다는 그 말을 감히 하지 못함이니,
29 그는 오직 나 여호와만이 할 수 있는
일이요, 네가 할 수 없는 일이라는 그

이치를 너는 알기 때문이니라.
30 그러나 그들은 나와는 아무런 관계도
없는 자들이면서 나에게 모든 권리와
은혜와 은총을 받은 것처럼 너희들에
게 구원해 준다, 영광을 준다, 복을 준
다 그리 말함이니,
31 그 이치에도 맞지 않는 그와 같은 허
황된 소리를 하는 자를 진정한 종교
지도자라 따르고 가는 그들이 얼마나
어리석은 백성인가를 알아야 될 것이
니라.
32 이게 바로 무슨 뜻이더냐?
33 너희들 말 속에 '먹기는 곶감이 달다.'
하는 형국이니, 그와 같은 길을 가서
는 아니 될 것이니라.
34 그 말은 그와 같이 가서는 아니 된다
는 뜻이거늘, 너희들은 그리 말하면서
그 이치조차도 모르니 행하지 아니함
이니라.
35 이제는 내가 너에게 말하여 너의 제자
들에게 알려 주었느니라.
36 너희들이 어떠한 직함을 받았으며 구
원을 받았다 말하나, 160권의 법전이
세상에 나가 그 끝을 맺을 때 그 속에
이름이 기록되는 자, 그가 정녕 구원
을 받을 수 있으며 낙원에 올 수 있는
자라 내가 말하였으니, 그 뜻이 여기
있음이니라.
37 어렵고 힘들고 고통스러운 긴 160권
의 터널의 역사를 끝마치는 그때까지
인내하는 자, 그리고 견디는 자, 그만
이 정녕 낙원에 올 수 있음을 알아야
될 것이니 그리 알라.

2,556 번째 하나님 말씀

2002년 7월 7일 02시 07분

1 사랑하는 나의 아들아!
2 "네, 아버님! 말씀하옵소서."
3 내가 너희들에게 깨우쳐 주지 아니하
였더냐?
4 이 세상에 너희들 형제지간에 이단이
라는 그와 같은 말을 해서는 아니 된
다 깨우쳐 주었음이니라.
5 이 세상에 너희들이 나로부터 육신을
갖고 한 모습으로 한 형제로써 태어난
그것이 소중하며,
6 어떠한 종파든 어떠한 믿음을 믿어 가
든 그들을 적대시하지 말며, 버린 형
제라 그리 생각하지 말며, 버린 자식
이라 생각하지 말라 내가 하였음이니
라.
7 잠깐 그들이 잘못 걸친 옷의 색깔이
너희와 다르다 하여 그를 그리 경원시
하지 말라 하였음이니라.
8 그리하여 모두를 다 사랑하라 하였음
이니라.
9 내가 그들을 쓰고자 할 때 그들을 불
러 쓸 수 있기 때문이라 너희들에게
말하였느니라.
10 그러나 지금 종교 지도자라 하여 단상
에 서서 하늘에 오르겠다 모이는 그들
은 나의 피조물 만백성에게 어찌 가르
치는가?
11 지금의 종교 지도자들이 그 제자들이
요, 신도들 앞에서 당당히 외쳐 대면
서 '아멘! 할렐루야!' 하고 찾고 있느
니라.
12 그들은 저희들과 뜻이 다르며 가는 길

이 다른 자를 이단이라 경원시하며,
그리고 영원히 하나님의 자식으로 돌
아올 수 없는 것이 이단이 가는 형태
라 그리 말하느니라.
13 이단이라 하는 자는 절대로 돌아올 수
없으며, 이단의 길을 가는 자들은 절
대로 하나님 자녀로 돌아올 수 없으니
너희들의 형제가 될 수 없다 그리 가
르침이니라.
14 이것이 지금 종교 지도자들의 가르침
이니라. 그리고 그들은 더 비유하여
뭐라 말하느냐?
15 인간들이 살아가는 속에 사상적으로
물든 자는 목숨을 내놓아도 그 사상을
버리지 못하는 것이며, 그것이 사상으
로써 변질된 자의 가는 길이라 말하며,
16 이단에 한 번 가 있는 자는 영원히 구
원받을 수 없으며 너희들의 형제가 될
수 없다 그리 단상에 서서 가르치며,
종교 지도자라는 자들의 입에서 당당
히 그런 말이 나옴이니라.
17 너희들은 인간의 정신세계요, 인간의
육신에서 살아가는 그 속의 사상이나
생각과 같은 것을 하늘에 오르는 길을
깨닫고 못 깨닫는, 영원히 구원을 받
고 못 받는 그 믿음에 견주어 말하는
것이 우선 잘못된 것이며 잘못 가르치
는 것이니라.
18 너희들이 이단이라 하는 것은 나에게
구원을 받는 너희들과 믿음의 길이 다
르다는 것이며, 이는 곧 영혼을 구원
받고 하늘에 오르는 길을 가지고 너희
들이 말하는 것이며,
19 육신 중에서 사상이 다른 자, 사상이
변질된 자, 사상적으로 물든 자는 정
화시킬 수 없다 그리 말하는 것이니,
20 하늘나라에 구원을 받는 것과 인간 세
상에 살아가는 너희들의 생활의 철학
에 대한 것을 똑같이 견주어서 말하
며, 그들이 단상에서 '할렐루야! 아
멘!'이라 소리 지르느니라.
21 너희들은 어찌하여 인간으로 태어난
생명의 그 소중함을 모르는가?
22 너희들이 나 여호와요, 창조주인가?
23 너희들이 이단이라 하는 이웃의 형제,
너희들과 생각이 다르며 종교의 믿음
이 다르다 하여 이단이라 경원시하는
자들을 너희들은 영원히 돌이킬 수 없
으며 나 여호와의 자식이 될 수 없다
그리 말하는 것은,
24 지금 너희를 따르는 그 신도들에게
'너희들은 정신 똑바로 차려 내 말만
듣고 따라올 것이며, 내가 만든 이 성
전을 떠나는 순간이 지옥 불로 가게
되는 그와 같은 선택의 길로 간다.' 그
리 겁주고 위협하는 것이 아니던가?
25 너희들이 정녕 창조주이며 나 여호와
인가?
26 너희들이 이단이라는 자를 내가 불러
세상에 다시없는, 나에게 모두를 다
바치며 나의 뜻을 전하는, 너희들이
말하는 종교 지도자로 변화시켜 쓸 수
있다 하면 어찌할 것인가?
27 그리고 너희들이 지금 이단의 길을 가
며 이방인의 길을 가고 있다 하면 어
찌할 것인가?
28 너희들이 이단이라 하는 자들이 정녕
하늘에 오르는 길을 가고 있으며 나의
뜻에 따라 나의 계명을 지키며 살아가
는 내가 사랑하는 자식이라면, 너희들

은 어찌할 것인가?
29 너희들이 어찌 그를 다 심판하며 그들
을 판정하며 평가하는 그런 오만한 행
위를 감히 하는가?
30 너희들의 그 오만한 행위의 그 이면의
생각이 얼마나 추하고 더럽고 추잡스
러운 것인가를 아는가?
31 이단은 절대로 나 여호와의 자식이 될
수 없다 하는 그것은 너희들이 무엇에
근거해서 그리 말하며, 어디에 기준하
여 그리 말하며, 하늘의 법도를 너희
들이 얼마나 알기에 그리 말하는가?
32 그와 같이 말하는 자는 하늘에 오르는
그 빛을 보지도 못하였으며, 하늘의
뜻이요, 하늘의 법칙이요, 나 여호와
가 존재한다는 것을 인식하지도 못하
는 사람이니라.
33 그런 자의 말에 현혹되지 말라.
34 내가 누구를 쓰고 안 쓰고, 구원하고
구원하지 않는 것은 나 여호와의 고유
의 권한이거늘,
35 감히 너희들이 어떠한 사람은 나의 자
식이 될 수 있으며 어떠한 사람은 나
의 자식이 될 수 없다 그리 말하는 것
은, 곧 모두를 심판하는 창조주 나 여
호와요, 너희들이 아버지라 부르는 나
의 권좌에 너희가 앉아 있는 것처럼
착각하는 것은 아닌가?
36 저희 신도들이 그 앞에 와 고개 숙이
며 저희가 지껄이는 말마다 '아멘! 할
렐루야!' 하고 소리 지르니 거기에 현
혹되어 제가 하늘의 창조주인 양 착각
하고 사는 자들이 수없이 있음이니라.
37 저희들이 성서를 가르치며 나의 성서
를 설명하여 가르치다 말이 막히면
'아멘!'이라 소리 지르니, 그를 따라
부르짖는 것이 나의 피조물 만백성이
니라.
38 지금 그들의 가는 작태를 봐야 될 것
이니라.
39 누구도 이단이라 말할 수 없으며,
40 나의 백성이요, 나의 피조물 누구에게
라도 나의 자식이요, 아들이요, 딸이
될 수 없다 그와 같이 말하는 자, 그는
제가 나의 자식이 될 수 없는 자임을
제 스스로 말함이니라.
41 너희들은 이와 같은 이치를 알아야 될
것이니라.
42 종교 지도자라는 자들이 단상에 서서
신도라 하는 자들을 가르치기를, 이단
인 자들은 영원히 하나님의 아들이요,
딸이 될 수가 없으니 그들과는 상면하
지도 말며 대화하지도 말며 만나지도
말라 함이니,
43 바로 신도요, 재물과 금화와 은화를
바치는 그 백성들이 제 앞을 떠나는
것이 두려워 협박하고 공갈하는 것이
아니던가?
44 나의 성령을 기록하여 내리는 이 법전
에 내 아픈 심정을 그대로 기록하여
내려보냄이니,
45 나의 사랑하는 피조물 만백성은 이를
보고도 깨우치지 못한다 하면 너희들
은 보석을 보고 보석으로 볼 줄 모르
는 자들이니 그리 알아야 할 것이니라.

2,557 번째 하나님 말씀

2002년 7월 7일 02시 12분

1 사랑하는 나의 아들아!

2 "네, 아버님! 말씀하옵소서."
3 내가 너를 사랑하며, 너를 장하고 기
특하게 생각하노라.
4 네가 쓰러질 듯 쓰러질 듯 견디며, 너
를 넘어트리고 쓰러트리고자 하는 자
들과 대적하지 아니하며 사랑과 인내
로써 다스려 이해하고 나가는 너의 그
생활의 한 방법이, 그 모습이 나 여호
와가 내려다보기에 정녕 갸륵하고 장
하도다.
5 인간으로서는 지킬 수 없는 길, 갈 수
없는 그 길을 가야 하며 넘어야 하는
것이 너이니라.
6 점점 네가 다스려져 나가며 변하는 그
모습을 바라보는 나의 마음이 어버이
로서 기쁘기 한이 없음이니라.
7 이제는 내가 능력 있는 자를 보내어
나의 법전이 너희들의 이 동양의 나라
를 덮는 날이 지금서부터 시작됨이니
그리 알라.
8 내가 너에게 깨우침을 주었듯이, 이제
는 나의 법전을 가지고 만백성에게 전
하기 시작하는 정녕 큰 그릇들을 내가
보낼 것이니라.
9 너는 기도하며 경배하며 나의 법전만
을 만들어 세상에 내면 될 것이며,
10 내가 이제는 그 모두를 다 계획하여
모두를 만들어 내는 그와 같은 사람들
을 너에게 보낼 것이니, 네가 어렵고
힘든 그 고비를 잘 넘고 견뎌 왔음이
니라.
11 너의 오늘의 그 모습에 내가 상을 내
리고자 하니, 너를 도울 자를 이제 곧
보낼 것이니라.
12 그리하여 그들로 하여금 이 동양의 작
은 나라에 나의 법전으로써 촛불을 밝
혀 만백성을 깨우치게 될 것이며,
13 그들이 세상에 만백성을 구하는 그 역
사를 이룰 것이며, 내가 너를 통하여
이루고자 했던 그 낙원을 그들이 만들
어 놓을 것이니 그리 알라, 사랑하는
나의 아들아!
14 이제는 변화하기 시작할 것이니라.
15 그리하여 보낼 자 보냈으며 남을 자
남았으며, 다시 오는 자 다시 쓰고자
하는 이와 같은 변화가 이루어질 것이
니 그리 알아야 될 것이니라.
16 스스로 저희 욕심을 버리지 못하였으
며 마음을 비우지 못하였으며, 인간의
생각을 앞에 두며, 믿음의 생각을 앞
에 두는 것이 아닌 그러한 자들을 다
네 주변에서 떠나가도록 내가 하였음
이니 그리 알라.
17 이제 시작함이니라.
18 두려워하지 말며 겁먹지 말며 괴로워
하지 말며 고통스러워하지 말라.
19 모두는 다 내가 역사하여 이루어 갈
것이니, 이제는 봄바람처럼 이 동양의
나라에 나의 법전이 촛불이요, 너희들
을 인도하는 길이요, 빛이 되는 그 역
사를 이룰 자를 곧 보낼 것이니 그리
알라.

2,558 번째 하나님 말씀

2002년 7월 7일 02시 24분

1 사랑하는 나의 아들아!
2 "네, 아버님! 말씀하옵소서."
3 네가 이 깊은 밤 나를 향하여 묵상하
며 기도를 올림으로 인하여, 그리고

경배함으로 인하여 내가 너에게 성령의 뜻을 내려보내 나의 법전을 세상에 만들어 만백성을 구하고자 하니,

4 지금의 믿음의 길을 가고 있는 종교 지도자들이요, 각종 종파가 잘못 가고 있는 그 세월이 몇천 년 동안 흘러왔는가?

5 너의 제자들에게 눈을 뜨도록 해야 될 것이니라.

6 지금의 종교 지도자들이 무엇으로써 유지하며 그와 같이 궁궐보다도 화려한 성전을 저희들 손으로 지으며, 그 속에서 부귀영화와 모든 작태를 부리며 살아가는 잘못된 자들이 그리도 많이 독버섯처럼 번식해 있는 것인지를 아는가?

7 그들은 나와 나의 아들의 이름을 팔아 그리 장사하는 자들이니라.

8 그들은 나의 성경이라 하여 몇 줄을 가르치며 찬송이라 하여 나의 백성 너희들을 흥분의 도가니에 집어넣어 너희 마음을 불 질러 놓은 다음에 뭐라 말하느냐?

9 너희들이 금화와 은화를 하늘에 바치면 너희들이 원하고 갈구하는 그 소원이 이루어진다 그리 말하니,

10 병든 자식이 낫는다 생각하며, 병든 남편이 낫는다 생각하며, 병들어 죽어 가는 자가 금화와 은화를 바치고 기도하면 그 뜻이 이루어진다 함이니,

11 그리하여 그리 세 치 혓바닥을 놀려 이성을 잃는 나의 백성들을 만들어 금화와 은화를 거둬들이는 것이 바로 무엇이더냐?

12 나의 아들을 팔아먹기가 부족하여 나 여호와를 전지전능한 어버이라 하며, '하늘에 계신 아버지께서 모두를 다 내려 주시며 너희들의 소원을 들어주신다.' 함이니,

13 작게는 자식의 합격이요, 자식의 직장이요, 자식의 직급이요, 남편의 직급이요, 명예요, 승진이요, 부를 누리는 것이요, 저희들의 사업이 잘되기를 바라는 것이요,

14 남보다 더 좋은 보석이요, 남보다 더 좋은 집이요, 저희들이 생각하는 마음 속에 있는 욕심의 근본에서 나오는 그 모든 소원을 들어준다 그리 그들이 나를 팔아먹으며 나의 아들을 팔아먹고 있지 않은가?

15 그들은 뭐라 말하느냐? 금화와 은화를 바치면 부귀와 영화를 주며 재물을 주며 권력을 주며, 인간의 향락을 즐기며 살아갈 수 있는 그 모두를 준다 그리 너희들을 현혹함이니라.

16 하늘에 재물을 많이 바치며 헌금을 많이 바치면 그리함으로써 재물의 축복이요, 권좌의 축복이요, 모든 영광의 축복을 하나님으로부터 받을 수 있다 그리 가르치느니라.

17 그리고 또 그리 기도를 함이니라.

18 그들은 상대방을 자극할 수 있는, 그리고 귀로 들어서 짜릿한 모든 말들을 저희 스스로 엮어서 말함이니라.

19 그리고 '맞습니다.' 그리 말하느니라, 그리고 '아멘!'이라 그리 말하느니라.

20 재물과 금화와 은화를 그저 제 집까지 다 팔아서 바치는 자, 그리고 자식은 굶어도 그저 그를 갖다 저희들이 만든 그 성전에 바치며, 저희들이 이루고

더 호화롭게 짓고자 하여 때려 부수고
또 짓는 그 성전의 주춧돌 밑에 너희
이름을 써 넣음으로 인하여 너희 소원
은 이루어지며, 너희들의 부귀와 영화
는 더 이루어지며,
21 그리된다고 나의 피조물 만백성을 현
혹하며 가르치는 것이 지금 종교 지도
자들이 단상에서 하고 있는 행위가 아
니던가?
22 나의 아들의 이름을 팔아먹으며, 나의
아들의 그 값진 피를 팔아먹으며, 나
여호와의 이름까지 팔아먹는 것이 그
들이 하고 있는 형태이니라.
23 몇천 년 동안에 흘러온 역사 속에서
그들이 그것을 빼놓고 나면 무엇을 가
르쳤으며 무엇을 나의 피조물 만백성
의 머릿속에 심어 주었는가?
24 그들은 십계명을 지키고 살라는 그 무
서운 말을 그들에게 얼마나 심어 주었
는가?
25 그저 저희들이 말로써 내리는 그 축복
을 다 받는 것처럼,
26 그리고 나로부터 재물과 금화와 은화
와 모든 시간을 저희들의 성전에 와서
바치고 살며, 이 세상 모두는 다 저희
성전에 와 모두를 다 바치는 것이 우
선이라 그리 가르치며,
27 형제와 부모는 관계도 없다 그리 가르
칠 정도로 사악한 자들이 지금 단상에
서서 나의 피조물 만백성을 가르치고
있음이니,
28 그것 외에 그들이 가르친 것이 무엇이
있는가?
29 저희들이 그저 재물과 금화와 은화를
바침으로 인해서 축복을 받고 영광을
받으며 바라는 뜻이 이루어진다 그리
앵무새처럼 나의 피조물 만백성을 자
극하여 가르친 그 역사 외에 무엇이
남아 있는가?
30 2천여 년의 흘러온 그 역사의 남음이
거기 있느니라.
31 그리하여 그들은 감히 나라라 하며 기
도하며, 민족이라 하며 기도하며, 태
풍이 불어 재난에도 기도하며, 전쟁으
로 사람이 죽는 것에도 기도를 하며,
32 저희들이 모두를 다 기도하면 들어주
는 양, 그리고 저희들이 기도를 하면
모든 게 그대로 이루어지는 것처럼 말
하느니라.
33 그러나 그것은 이 세상을 내가 정밀하
게, 또 정밀하게, 하나의 오차도 없이
관리하고 통제하는 것을, 모두를 다
바꾸라고 너희들이 나에게 명하는 것
이라 내가 일찍이 깨우쳐 주었음이니,
34 그와 같은 역사의 흐름 외에 너희들이
무엇이 있는가?
35 너희들이 죽어서 내 앞에 올 때 통곡
할 것이니라.
36 통곡하기 전에, 너희 육이 운명하기
전에, 너희들이 죽어 간다는 그 두려
움과 나 여호와로부터 얼마나 죄를 지
었으며 그 죄를 다 받는다면 어찌할까
하여 죽음의 문턱 앞에서 회개하고 반
성할 때, 그때는 너희들이 깨달을 것
이니라.
37 기나긴 세월 동안 너희들은 구원을 받
는다는 그 한 가지 때문에, 그리고 많
은 재물을 바치며 시간을 너희들이 만
든 그 성전에 바침으로써 구원을 받는
다 그리 듣고 재물을 바치는 데만 너

희 모두를 다 바쳐 왔으며,
38 너희 육신의 형제요, 너희를 낳아 주
고 길러 준 부모에게 불효하며 형제에
게 잘못한 것을 그때서야 깨달을 것이
며,
39 너희들이 구원을 받기 위해서 살아왔
던 그 모든 생활이 너무나 잘못 갔으
며, 잘못 가르친 자에게 속아 너희 인
생을 살아왔음을 죽음 직전에 알고 몸
부림치고 통곡해도 이미 그때는 돌이
킬 수가 없음이니라. 그리고 깨우칠
수가 없음을 알아야 될 것이니라.
40 너희들은 알아야 될 것이니라.
41 나 여호와가 이 깊은 밤 나의 아들을
통하여 나의 성령을 태워 그 불꽃을
내려보내니, 그리하여 나의 법전을 기
록하여 너희들을 구하고자 하는 나 여
호와의 이 뜻을 너희들이 알아야 될
것이니라.
42 이를 모르는 자, 하늘의 찬란한 그 영
광의 빛을 볼 수 없음을 알라.

2,559 번째 하나님 말씀

2002년 7월 7일 09시 24분

1 사랑하는 나의 아들아!
2 "네, 아버님! 말씀하옵소서."
3 이제는 너의 제자들이 여러 가지 업종
에서 사회생활을 엮어 가게 되어 있음
이니라.
4 그러니 그 맡겨진 임무를 그 자리에서
최선을 다하여 노력하며, 주저하지 말
며 게을리하지 말라 이르라.
5 하나의 업종이 이루어지는 것도, 너희
들이 하나의 터전을 이루는 것도 나
여호와가 너희들에게 내리는 사랑이
요, 영광의 은혜라 생각한다면, 너희
들은 감히 그를 소홀히 다룰 수 없을
것이니라.
6 그 모두는 내가 너희들에게 직접 책임
을 명한 것이며 책임자로서 너희들을
명한 자라 생각하여, 너희들이 맡아
행하는 그 업종에 최선을 다하는 그
노력을 기울여라.
7 그리했을 때 반드시 그 답이 있을 것
이니라. 그리고 너희들이 노력한 것만
큼 거둬들일 수 있음을 알라.
8 너희들이 노력하지 아니하며 연구하
지 아니하며 모두를 다 바쳐 살아가는
그 삶이 아니고 태만과 게으름 속에서
살아간다면, 아무것도 이루어질 수 없
음을 알아야 할 것이니라.
9 너희들은 어떠한 장소에서 어떠한 업
종을 하든, 그 업종이요, 그 장소를 탓
하지 말며 그 환경과 분위기를 탓하지
말라.
10 그 모두는 다 나 여호와의 재산이요,
내가 관장하는 그 속에서 너희들이 관
리자로서 그 책임을 맡았으니,
11 5달란트를 가진 자가 10달란트를 만
드는 그 역사를 이루겠다는 각오와 자
신과 용기와 희망을 가지고 너희 모두
를 다 바쳐 일하고 노력한다면 못 이
룰 것이 없느니라.
12 너희들이 장소를 탓하며 환경을 탓하
며 너희 능력을 탓한다 하면, 그는 너
희들이 게으른 자들이며,
13 나의 재산을 관리하는 책임자로서 명
을 받은 그 영광스러운 것을 저버리는
자들이니라.

14 너희들이 나로부터 선택되어 내가 명해 준 그 업종에서 최선을 다할 때 너희들이 생각할 수 없는 영광이 거기에 있을 것이니라.

15 그와 같은 것을 너희들은 깨달아야 할 것이니, 이를 잊지 말고 행하라 너의 제자들에게 일러 가르쳐 주어야 할 것이니라.

16 너희들은 운명이 없다 말하였느니라.

17 너희들에게 쥐어진 운명이 없으니, 너희들은 운명을 바꿀 수 있는 나의 백성이라 말하였느니라.

18 너희들이 얼마만큼 노력하여 그 역사를 이루느냐에 따라서 모든 것은 변화되게 되어 있음이니,

19 너희들이 나로부터 선택되어 내가 명해 준 업종을 맡아서 관리하는 것은 이 세상 누구보다도 축복된 자며 영광된 자임을 알아야 될 것이니라.

20 나 여호와의 음성을 듣기를 원하며, 나의 뜻을 따르길 바라며, 너희들이 구원을 받고자 그 모두를 바치는 그와 같은 열망과 그 갈망과 그 소망이 다 거기에 있음이니라.

21 나에게 오르는 것이 너희들 모두의 소망이요, 너희들이 갈구하는 것이라면, 내가 너희들에게 명을 내려 하나의 업종을 이루도록 하여 만백성을 구하는데 근본이 되며 기본이 되는 삶을 살라 하여 내려 주는 그 상은 얼마나 소중하고 귀한 것인가를 너희들이 알아야 할 것이니,

22 거기에 소홀히 하는 행위를 해서는 아니 될 것이니라.

23 너희들은 그 뜻을 알아야 될 것이며, 앞으로 많은 업종에서 많은 역사를 이루는 너의 제자들은 너희 몸과 마음이 다 부서질 때까지 모두를 다 바쳐 열과 성의를 다하는 그와 같은 자가 되어야 할 것이니라.

24 너희들은 먼저 이익을 추구하는 것이 아니며, 나 여호와의 명을 받아 나의 뜻을 만백성에게 펴는 아름답고 봉사하는 그와 같은 마음으로써 모든 것을 행하여야 될 것이며,

25 너희들이 재물이나 금화와 은화를 먼저 거둬들이고자 하는 계산을 하고 나의 업종을 관리하고 운영한다면 정녕 너희들은 영광을 볼 수 없음이니라.

26 그리고 내가 너희들에게 내렸던 그 모두를 거둬들일 것이니, 너희들은 나로부터 버려지는 자식이 됨을 알아야 될 것이니라.

27 내가 너희들에게 명해 준 그 업종은 어떠한 방법과 수단을 가리지 아니하고 너희들이 최선의 노력을 다해야 될 것이며,

28 선택된 것을 영광으로 생각한다면 너희들이 잠자는 시간마저도 아까울 것이니라.

29 그와 같은 노력으로써 너희들이 이룰 때 내가 너희들에게 더 큰 은혜와 영광을 내릴 것이니 그리 알아서 행하도록 너의 제자들에게 이르라.

30 그들을 내가 직접 통제하며 관장하며 내려다보고 있음을 알아야 할 것이니라.

2,560 번째 하나님 말씀

2002년 7월 7일 12시 04분

1 사랑하는 나의 아들아!
2 "네, 아버님! 말씀하옵소서."
3 내가 너에게 말하였느니라.
4 맑은 물 속에 잉크라는 것이 한 방울 묻었을 때 그 물을 쓸 수 없다 말하지 아니하였는가?
5 그 물과 잉크는 생명력이 없는 것이니라, 그리고 생각이 없는 것이니라.
6 그러나 너희 인간들은 수없는 생각과 수많은 판단을 할 수 있으며, 스스로 역사하고 스스로 쓰러지며 스스로 성공할 수 있는 그와 같은 모든 능력을 가지고 있느니라.
7 그러하니 백 명 속에 하나의 잘못된 인간이 들어온다 하면 그 하나로 하여금 백 명의 아름답고 깨끗한 나의 백성을 버리게 됨이니라.
8 그것이 물 속에 하나의 잉크가 떨어지는 것보다도 더 무섭게 변질되며 변화되는 것이니,
9 생수 속에 떨어진 잉크는 제 색으로, 파란색은 파랗게, 빨간색은 빨갛게 물들여 그를 못 먹게 만들며 버리게 만드나,
10 내가 선택한 착하고 아름다운 백성 백 명 속에 하나의 사악한 자가 들어온다면 그 하나가 수시로 수천수만 가지의 색깔로 변하여 변화무쌍한 역사를 이루면서 너희들을 멸망케 하며 쓰러지게 함이니,
11 그리하여 내가 너희들의 알곡식을 하나하나 구한다는 그 뜻을 오늘 너희 가슴속에 깊이 새겨야 될 것이니라.
12 사랑하는 나의 아들아!
13 "네, 아버님! 말씀하옵소서."
14 나의 아들 예수를 따르던 그 제자들의 마음과 그들의 형태와 그들의 행한 뜻을 이제 너희가 알겠는가?
15 나의 아들 예수에게 등 돌리며 떠난 그 시대의 제자들이 있었듯이, 지금의 네 앞에 와 나의 성령을 들으며 나의 법전을 들어 공부하러 왔다가 떠나는 그들에 대하여 네가 가슴 아파 울지 말지니라.
16 아들아!
17 "네, 아버님! 말씀하옵소서."
18 파란 바닷가에 넓은 백사장이 이루어지는 것은 수없이 밀어닥치는 그 파도가 보이지 않는 속에서 모래알을 실어 나름이니라.
19 파도 속에 흘러온 모래가 쌓이고 쌓여 그 넓고도 넓은 백사장이 형성되는 것이니라.
20 왔다 가는 자 두려워하지 말며 네가 괴로워하지 말라.
21 파도가 밀려와 모래알을 실어 백사장의 역사를 이루듯이, 그 백사장의 자리를 지키는 모래알처럼 나의 피조물 만백성이 나의 법전을 읽고 나의 성령의 뜻에 따라 그와 같이 역사가 될 것이니라.
22 너는 그 파도가 모래알을 날라 그리 만들어 놓듯이, 깨우쳐 오는 자들만 바로잡아 주며, 그들에게 나의 성령을 가르쳐 주어 하늘에 오르는 길과 그 뜻을 깨우쳐 주는 그 역사로써 네가 할 수 있는 일을 다 함이니라.

23 이를 명심하여 너는 가야 할 것이며,
그 모래알처럼 네 자리요, 그들의 자
리를 지키며 네 앞에 와 나의 성령을
들으며 하늘에 오르는 그 길을 보고자
조용히 고개 숙이며 나의 음성을 듣는
그들을 네가 잘 다스려 이끌어 하늘로
인도하면 될 것이니 그리 알라.

2,561 번째 하나님 말씀

2002년 7월 7일 15시 37분

1 사랑하는 나의 아들아!
2 "네, 아버님! 말씀하옵소서."
3 구약의 그 시대의 역사가 어떠한 형국
으로 끝났던가?
4 그들은 우상을 만들었으며 그를 광란
난 것처럼 받들었음이니라.
5 그리하여 그들은 내가 원하는 길이요,
내가 너희들을 깨우쳐 하늘에 오르게
하는 그 법도를 따르지 아니하고 지키
지 아니하였음이니라.
6 그리하여 모세라는 그 지도자는 그리
도 갈망하고 원했던 곳에 가지 못하는
그와 같은 죄를 받았으며, 그는 그를
다 다스리지 못한 죄로써 그 대가를
치르지 아니하였는가?
7 나의 아들 예수의 신약의 시대는 어떠
하였는가?
8 나의 성령을 깨우쳐 나의 아들을 통하
여 너희들을 구원하고자 하였으나, 너
희들이 또한 그와 같이 나의 아들을
죽음으로 몰아가는 형국의 시대가 이
루어졌음이니라.
9 지금의 시대는 어떠하던가?
10 지금은 2천 년의 죽음의 그 암흑 속에
서, 너희들이 말하고 너희 스스로 평
하듯이, 이 세상을 사탄이 지배하며
사악한 자들이 덮고 있음이니라.
11 너희들은 종말이 언제부터 시작되었
다 말하는가?
12 지금도 사악한 자들이 종말이 올 것이
며 말세가 올 것이라 그리 말하느니라.
13 종말은 나의 아들을 너희들이 죽게 한
그 순간에 왔으며, 모두가 다 끊어졌
으며 중단되었음을 알아야 될 것이니
라.
14 그때서부터 지금까지 흘러오는 그 역
사 속에서 잘못된 자들이 이 세상을
지배하고 다스려 왔음이니라.
15 그렇다면, 지금 내가 나의 아들을 통
하여 제3의 시대에 나의 성령의 법전
을 세상에 내려보내는 그 역사의 덩어
리가 얼마나 크던가?
16 그리고 2천 년 동안 각종 종파가 하늘
에 오르는 길이요, 구원을 받는 길이
라 하여 나의 피조물 만백성을 이끌어
온 너희들의 그 집단의 덩어리가 이
세상을 덮고 있는가, 나의 법전이 이
세상을 덮고 있는가?
17 지금 너희들은 너희 스스로 말하느니
라. 이 세상은 사탄이 지배하며 사악
한 자들이 지배하며 말세라 말하였음
이니라.
18 그러면 어떤 민족이요, 어떤 백성들이
사탄이요, 잘못된 백성이라 너희들은
말할 수 있는가?
19 백 명 중에 한 명의 선한 자가 있다 하
여 그를 사탄이라 말할 수 있는가?
20 지금 너희들이 사탄만이 이 세상을 지
배한다 하니,

21 백 명의 무리 속에 아흔아홉 명은 사
탄이요, 잘못된 자들이 이 세상을 지
배하고 있음을 알아야 될 것이니라.
22 바로 종말은 나의 아들이 죽은 그때서
부터 이루어졌던 것이며,
23 지금의 이 세상을 사탄이 지배한다는
것은 어떤 집단의 행동이 사탄의 행위
를 범하고 있는 것인가를 너희들은 그
이치를 깨우쳐 돌아다볼 때가 되었음
을 알아야 될 것이니라.
24 신약의 시대에 나의 아들을 그리 험악
하게 죽게 하였음이니라.
25 지금 나의 성령이 세상에 나오며 나의
법전이 세상에 나오니, 2천 년 역사의
흐르는 동안에 사악한 자들이 이 세상
을 지배하고 이 세상을 통제한다 너희
들이 말하니, 그 힘이, 그 파괴력이 과
연 얼마나 위대한가?
26 이제는 나의 아들 예수를 십자가에 못
박아 죽게 하는 것이 아니라 나의 성
령이요, 나의 법전을 전하는 나의 선
지자를 좁쌀보다도 더 작게 갈기갈기
찢어 죽이려 하는 것이 너희들이니라.
27 그러나 내가 그리 가게 하지 아니함을
너희들은 알아야 할 것이니라.
28 내가 제3의 시대에 마지막으로 나의
성령을 태워 나의 피조물 만백성을 구
하고자 하는 그 역사를 이룸에 있어서
더 사악한 자들이 더 방대한 힘으로써
나의 아들이요, 나의 선지자를 핍박하
며 나의 법전을 태우며 찢어 버리려
하나, 그 역사는 이루어질 수 없음이
니라.
29 이는 정녕 나의 성령이요, 나 여호와
의 뜻이요, 창조주 내가 내리는 나의
말이기 때문이니라. 이를 너희들은 알
고 깨우쳐야 될 것이니라.
30 내가 너희들에게 말하였느니라.
31 3부라는 책이 세상에 나올 때 세상이
뒤집어질 것이며, 4부서부터는 이 동
방의 작은 나라에서 너희들의 언어로
써 세상에 퍼져 나간다 하였음이니,
32 지금 이 역사가 시작되고 이루어지고
있음을 너희들은 알아야 할 것이니라.
33 오늘 내가 너희들에게 명하나니, 지금
2천 년의 역사가 흐른 다음에 예수의
그 제자들은 위대한 자들이요, 성직자
요, 하늘의 구원을 받은 자라 너희들
이 그리 믿고 경배하며 그 이름을 듣
기를 영광스럽게 생각했으나, 그것이
아님을 내가 단죄하여 너희들에게 밝
혔음이니라.
34 오늘 나의 아들 앞에 와 고개 숙여 나
의 법전을 들으며 나의 성령을 들어
공부하는 너희들 중에 그와 같은 제자
들로서 역사에 평가받는 사람이 나와
서는 아니 될 것이니 그리 알라.
35 그러한 자들을 다 내가 선별하여 바람
에 날릴 것이며, 오로지 그를 따라 내
가 이루고자 하는 마지막 시대에 천
년의 역사에 걸쳐 새로운 역사를 이루
는 그 뿌리들만이 나의 성전에 존재하
게 됨을 알게 될 것이니라.
36 그리고 너희들은 들어야 될 것이니라.
37 내가 너희에게 많은 업종을 이루도록
할 것이니라.
38 그러하니 너희들은 나의 재물이요, 내
가 내리는 그 재물을 하나도 헛되게
써서는 아니 될 것이며, 너희들은 만
백성에게 봉사하는 마음으로 가야 될

것이며,
39 내가 나의 피조물 만백성을 위하여 한 끼의 식사를 대접하는 그와 같은 정성스러운 마음으로써 너희들이 만백성을 대해야 될 것이며,
40 너희들이 하고 있는 그 업종은 모두가 너희들이 재물을 먼저 계산하는 것이 아니라, 나의 뜻을 따라 나의 얼굴을 갖고 너희들이 만백성을 대하는 그와 같은 마음으로, 이익을 먼저 생각하지 아니하며 봉사하는 마음으로써 너희 업종을 다스려 나갈 때, 이는 너희들이 불어오는 봄바람같이 일어날 것임을 그리 알라.
41 이 뜻을 깊이 따라, 너희들 자신의 행함에 있어서 너희 스스로 재물을 먼저 계산하는 삶을 살지 말아야 될 것이며, 재물을 먼저 계산하는 너희들의 업종을 이끌려 하지 말라.

2,562 번째 하나님 말씀

2002년 7월 8일 09시 29분

1 사랑하는 나의 아들아!
2 "네, 아버님! 말씀하옵소서."
3 천 사람, 만 사람이 있으면 무엇하며, 수십억의 인구가 있으면 무엇하느냐?
4 나의 성령이요, 나의 계명에 따라 살고자 하며 정녕 육의 삶을 마쳐 영혼이 구원을 받아 하늘에 오르는 그 길을 오로지 목숨을 바쳐 가고자 하는 한 명의 너의 제자가 있다 하면 그 눈빛을 슬프게 해서는 아니 됨이니라.
5 그 가슴을 또한 아프게 해서는 아니 되는 것을 알아야 할 것이니라.
6 그것이 바로 무엇이던가?
7 하늘에 오르는 길이요, 만백성이 보고 따르고 배울 수 있는 몸가짐이요, 마음의 자세임을 알아야 할 것이니라.
8 수천 수억의 인구보다도 단 한 사람이나 여호와가 존재함을 알며, 그가 영혼을 구원받고자 하며, 나의 법전이요, 나의 성령이 정녕 나 여호와가 너에게 내리는 글이라 믿으며 그 모두를 바쳐 따르고자 하는 한 명의 백성이 있다 하면, 그 눈빛과 그 가슴을 아프게 하는 일이 있어서는 절대로 안 됨이니라.
9 그 눈빛이 아프지 아니하며 그 가슴이 아프지 않은 자세로 너와 너의 제자들이 바로 서야 하는 것이니,
10 그보다 더 위대한 스승과 그보다 더한 깨우치고자 가르치는 자가 없음이니라.
11 그것이 바로 나에게 오를 수 있는 길이며 나에게 오르고자 하는 백성들이 해야 할 길인 것이니라.
12 또한 너희들은 알아야 될 것이니라, 나의 아들이 변하고자 하며 그가 스스로 다스려 바로 서고자 하는 그것을 바라볼 수 있는 마음과 눈을 가진 자가 정녕 하늘의 그 길을 볼 수 있다는 것을.
13 나의 아들이 스스로 변하고자 하며, 너희들에게 한 점의 부끄러움이 없는 삶을 살고자 하며, 그리고 하늘에 오르는 그 길에 부끄러움이 없는 삶을 살기 위하여 깊은 밤 혼자 흘리는 그 눈물의 의미를 너희들은 보아야 될 것이며 그를 느껴야 될 것이니라.

14 나의 아들이 깊은 밤 혼자 흘리는 그
눈물의 아픔을 너희들이 보고 알아야
하듯이,
15 나의 아들 너 또한 너의 제자들이 너
를 따라 하늘에 오르고자 하는, 그리
고 나를 정녕 믿는 마음의 눈빛을 알
아야 될 것이니,
16 그들이 육과 영혼의 고달픈 길을 가도
록 그들의 마음의 아픔이나 상처를 그
리 놓아두어서는 아니 될 것이니라.
17 정녕 나를 따르는 백성이요, 나에게
오르고자 하는 백성들은 모두가 다 평
화로우며, 마음과 육에 부족함이 없으
며, 그와 같은 평화로운 속에서 그가
지킬 수 있으며 따를 수 있다는 것을
너는 알아야 할 것이니라.
18 이제는 그리하여 너희들이 하나가 되
는 기적을 이루어야 될 것이니라.
19 서로가 서로의 눈빛 속에 진실함을 알
아야 될 것이며, 서로가 서로의 눈빛
속에 담고 있는 그 애절한 마음을, 구
원받고자 하는 그 마음을 알 때 그 마
음의 상처를 건드릴 수 없으며,
20 같은 제자로서 너희가 행동을 잘못하
여 앞에 있는 자의 가슴을 아프게 하
는 그와 같은 것은 이제 너희들이 벗
어날 때가 되었으며,
21 벗어나 그와 같은 마음으로 살아가고
행동해야 됨을 알아야 될 것이니라.
22 서로가 서로의 아픈 마음을 전해서는
안 되는 것이며, 서로가 서로의 그 아
픈 마음과 그가 정녕 나에게 오르는
길을 위하여 깨우쳐 오고자 하는 그
뜻의 마음을 위로하고 격려하며 그 빛
을 볼 수 있도록 그리 살아가야 될 것
이니,
23 이와 같이 너희들이 느끼고 깨달을 때
하나가 될 수 있음을 알아야 할 것이
니라.

2,563 번째 하나님 말씀

2002년 7월 8일 11시 41분

1 사랑하는 나의 아들아!
2 "네, 아버님! 말씀하옵소서."
3 네가 스스로 나의 성전에서 너의 제자
들에게 말하였느니라.
4 사람이 천 명, 만 명이요, 그 숫자를
떠나서 단 한 사람이라도 깨우치는
사, 나 여호와의 뜻을 아는 자가 있다
하면, 그것으로써 너는 천군만마의 병
력보다도 더 위대하고 감사하며, 네가
강론하기를 즐거워한다 그리 말하였
느니라.
5 너는 어찌하여 오늘 이 소중한 시간에
나의 강론이요, 나의 뜻을 듣고자 모
인 너의 제자들 앞에 너희들 인간 세
상의 60점 속에 세속에서 이루어지는
그 말로써 그들의 귀를 더럽히는 그와
같은 시간을 갖는가?
6 이는 차후 너를 절대로 용서할 수 없
는 것이며,
7 이와 같은 시간을 네가 가졌을 때, 너
는 너의 제자들의 귀를 더럽히며 그들
의 눈을 멀게 하는 행위임을 알아야
할 것이니라.
8 내가 너에게 일러 말하기를, 모두를
다 묵상해서 이루며 묵상해서 모든 답
을 얻어 행하라 하였거늘, 네가 어찌
하여 인간 세속에 일어난 일을 네 세

치의 혓바닥으로써 그와 같이 말하여
그들을 우롱하는 시간을 갖는가?
9 이를 내가 용서할 수 없음이니, 차후
너는 나의 성전에서 너를 찾아오는 너
의 제자들에게 오늘과 같은 그 시간을
가져서는 아니 됨을 깊이 기록하여 너
또한 그리 행할 것이며,
10 너에게 배워 네 밑에 있는 제자들이
나가 지도자가 될 때, 어떠한 환경이
요, 어떠한 이유에서든 그들이 인간
세속에 이루어지는 이야기를 해서는
아니 됨을 알아야 할 것이니라.
11 나의 성전에 내가 임한 그 시간은 오
로지 나의 시간이며, 나의 성령을 전
하는 것이며,
12 나의 법전을 전하는 그 시간은 단 한
마디요, 단 1초라도 다른 데 소모해서
는 아니 됨을 알아야 할 것이거늘,
13 어찌하여 오늘 그와 같은 시간을 가졌
는가 하는 것을 네가 깊이 깨우쳐야
될 것이니라.
14 차후 네가 이런 일이 두 번 다시 있어
서는 아니 될 것이니,
15 나의 성령을 들으며 나의 법전을 읽고
자 와 모이는 자, 그들에게는 나의 성
령이요, 나의 법전의 내용 이외에는
어떠한 것도 네가 그들에게 전해서는
아니 될 것이니라.
16 그것은 너의 생각이며, 인간의 생각이
며, 인간 세속에 이루어지는 너희들의
생활의 형태이니라.
17 지금 너의 제자들은 인간 생활의 형태
를 깨우치며 그를 배우고자 함이 아니
니라.
18 하늘에 오르는 길이요, 영원히 사는
그 길이며 내가 존재함을 그들이 깊이
깨우쳐 만백성을 가르치며, 천 년의
역사에 걸쳐 내가 이루고자 하는 그
기틀을 잡고자 지금 모인 나의 백성이
며 너의 제자들임을 네가 알아야 할
것이니라.
19 사랑하는 나의 아들아!
20 "네, 아버님! 말씀하옵소서."
21 스스로 너 자신을 다스려 나감에 게을
리해서는 아니 될 것이며 네 생각으로
써 모든 역사를 이루고자 하지 말라.
22 내가 너에게 말하나니 오로지 묵상과
기도로써 모두를 행하도록 그리하라.
23 아직도 네가 나에게 묵상과 기도를 더
러 하지 않고 행함이 많이 있음이니,
이로 인하여 네가 수습할 수 없는 결
과가 벌어짐을 알아야 될 것이니라.
24 너는 네가 존재함이 아니니라.
25 오로지 내가 너의 생명을 연장하여 주
었으며 너는 나의 아들로서 나의 뜻을
대역하는 자이니라.
26 그리고 대언하는 자로서, 너의 모든
행동은 내가 하는 것과 같이 네가 해
야 함을 알아야 할 것이며,
27 특히 너를 통하여 세상의 만백성에게
전하는 말 한 마디 한 마디도 그 모두
는 나 여호와의 뜻을 네가 전하는 것
이라는 것을 오늘 이후 잊어서는 아니
될 것이니라.
28 모두는 나를 대신하는 것이니라.
29 너는 기도해서 나의 법전을 만드는 것
만이 나를 대신함이 아니니라.
30 네가 생활하고 먹고 자고 대화하는 그
모두가 나를 대신하여 이루어진다 생
각하여야 될 것이니라.

31 너의 삶이 없느니라, 나의 아들아!
32 그렇지 않으면 만백성을 다스릴 수 없으며, 만백성을 깨우쳐 구원의 길을 인도할 수 없음이니라.
33 오로지 너는 나를 대신하여 세상에서 만백성에게 거울이 되는 삶을 살아야 하는 단 한 사람이니, 너는 이 중요함을 잊어서는 아니 될 것이니라.
34 단 한 사람이니라.
35 나의 아들인 네가 나를 대신하여 모든 생활과 삶을 바로잡고 가야 할 것이 너이니, 너는 누구도 할 수 없는 그 길을 가야 하며 누구보다도 소중한 너라는 것을 알아야 될 것이니라.
36 이를 깨우쳐 그리 행하도록 하라.
37 너는 오늘 말하였느니라. 너의 변하는 모습이요, 너의 생활의 줄어듦이 괴로움이라 하였으나,
38 너는 죽은 자이며 나의 아들이니라. 나의 모든 뜻을 대역하는 자이니라.
39 하늘에서 이루어지고 행하는 것같이 지상에서 이루고 행하여야 할 자가 너이니라. 이를 잊지 말라, 너의 그 소중함을.
40 그리고 너는 없음이니라.
41 너를 따르는 너의 제자들에게 내가 직접 전하느니라.
42 나의 백성 너희들은 들으라.
43 나의 아들을 세속의 인간으로 보지 말라.
44 나의 하늘에서 이루어진 것처럼 그가 갈 수 있도록 너희들이 그를 봐야 될 것이며, 그 일을 담당하는 것이 너희들이니라.
45 하나의 건축물이 이루어지기 위해서 각종 모든 자재가 들어가듯이, 그 아름다운 건축물의 역사를 이루기 위하여 너희들이 다 하나의 부서를 맡은 자들이니,
46 너희들은 각자의 부서에서 책임을 다하면 된다는 겸손한 마음으로써 너희들의 자리가 무엇인가를 알아 행하는 그와 같은 제자의 자세로 가라.
47 그리하면 하나가 될 것이니라.
48 그 하나의 건축물이 이루어지듯이, 그 역사가 이루어지듯이, 돌과 모래와 나무와 모든 게 모여서 그 자리를 지킬 때 하나의 완벽한 성전이 완공되지 않더냐?
49 그것이 바로 너희들이 가야 할 길이니라. 그를 잊지 말라.

2,564 번째 하나님 말씀

2002년 7월 9일 08시 45분

1 사랑하는 나의 아들아!
2 "네, 아버님! 말씀하옵소서."
3 파도가 밀려와 모래알을 놓고 감이니, 그 작은 모래알들이 모여 크나큰 백사장이 이루어진다 내가 너에게 일깨워 주었음이니라.
4 나의 법전이 세상에 전해짐으로 많은 나의 백성들이 하나하나 그를 읽고 그와 같이 깨우쳐 올 것이니, 너는 너무 당황하지 말며, 초조해하며 불안해하지 말라.
5 이제 나의 법전의 3부가 세상에 나감으로 인하여 많은 백성들이 이는 인간으로서는 할 수 없다 생각할 것이며, 160권의 법전이 세상에 나간다는 것

을 알 때 그들은 나의 법전을 열게 됨
이니라.
6 그리하여 방방곡곡에서 만백성이 스
스로 깨우쳐 하나의 백사장을 이루는
모래알처럼 그리 모여들 것이니라.
7 그리하여 역사가 이루어질 것이니, 너
는 두려워하거나 조바심하지 말라.
8 네가 열심히 기도하며 묵상함으로 나
의 성령을 받아 법전으로 내는 데 모
두를 다 바쳐야 될 것이니라.
9 너는 인간으로서 네가 무엇을 이루고
자, 역사하고자 한다면 이는 점점 모
두가 이루어짐이 늦어짐을 알아야 할
것이니라.
10 오로지 너는 기도와 묵상으로써 나를
경배하는 그 시간을 갖도록 하라. 그
속에서 다 이루어지게 되어 있음이니,
11 짜진 그 길을 벗어나서 네가 갈 수 있
음이 아님을 알아야 될 것이니라.
12 너희들이 타고 다니는 자동차라는 그
기계가 아무리 성능이 좋다 하여도 그
가 닦여진 그 길이 아니면 갈 수 없음
이니, 어찌하여 논밭이나 시궁창을 그
가 갈 수 있다 생각하느냐?
13 너는 이미 가야 할 길과 이루어질 일
과 네가 하여야 할 일이 정해져 있음
이니라.
14 너는 오로지 기도와 묵상뿐이니라.
15 그것을 이루지 아니하고는 네가 아무
것도 할 수가 없음이니,
16 너는 이를 버려서도 안 되며 잊어서도
안 되며, 네 생활의 전부로써 그리 가
야 함을 알아야 할 것이니라.
17 그 길만이 만백성을 구하는 길이요,
하늘로 인도하는 길이며, 너 스스로
모두를 다 이룰 수 있는 길임을 알라.

2,565 번째 하나님 말씀

2002년 7월 9일 11시 40분

(강론을 마치며)

1 사랑하는 나의 아들아!
2 "네, 아버님! 말씀하옵소서."
3 이 세상 너희 인간들이 살아가면서 자
기 자신에게 붙어 있는 오물은 잘 보
지 못하나, 남에게 붙어 있는 오물은
잘 보게 되어 있음이니라.
4 그리하여 자기 허물은 모르나 남의 허
물은 너무나도 잘 알고 보는 것이 너
희들인 것이니라.
5 그러나 너희들은 나로부터 높은 지혜
요, 생각할 수 있는 능력을 받은 나의
선택된 백성들로서, 남의 허물을 덮어
주는 그와 같은 아름다운 마음을 갖고
살아가는 것이 너희들이 나에게 줄 수
있는 가장 큰 선물이니라.
6 내가 오늘 나의 아들을 통하여 너희들
에게 뭐라 전하며 강론하였던가?
7 인간과 인간이 서로 사랑하고 살아가
는 그 모습이 나에게 가장 큰 즐거움
이요, 기쁨이라 내가 너희들에게 말하
여 주었느니라.
8 나의 아들아!
9 "네, 아버님! 말씀하옵소서."
10 너의 제자들에게 이르라.
11 단 한 명이 깨끗하게 살아가고자 변화
되었을 때 이 세상의 그 모든 역사들
과 바꾸지 아니하고자 하는 것이 나의
뜻이라 말하였으니,
12 지금 너의 제자들, 얼마나 많은 사람

들이 나의 성전에 와 나의 성령의 가
르침을 들으며 나의 법전을 정독하여
그대로 살아가고자 얼마나 애쓰며 노
력하는가?
13 그들은 지금 바로 나를 향하여 여행의
길을 떠난 자들과 같음이니라.
14 너희들은 육신의 삶을 살다 그 육의
삶을 마치고 영의 세계를 거부할 수
없으며, 그곳에 와 심판을 받지 아니
하는 자 없음을 알아야 할 것이니라.
15 내가 오늘 너의 제자들에게 이르나니,
너희들은 지금 육의 삶의 여행을 시작
하였으며, 그 육의 삶의 여행을 잘 지
키며 수행하고 있는 자들이니라.
16 그리하여 너희들이 험난하고 어려운
그 길을 여행하면서 영혼의 나라인 나
의 나라에 지금 들어오고자 함이며,
나의 나라를 여행하고자 하는 것이 너
희들임을 알아야 할 것이니라.
17 너는 만백성에게 가르쳐 주라.
18 너희들이 사는 것이 여행이니라.
19 다만, 그 여행이 어찌 연결되는 것인
지를 너희들은 지금 실감하지 못하며,
믿으려 하지 아니함이니라.
20 너희들은 육의 여행을 거쳐 영혼의 세
계인 그 세상까지 여행을 하게 되어
있음이니,
21 거기에 와 너희들이 심판을 받는다는
것을 알아야 될 것이니라.
22 지금 너의 제자들은 육의 여행을 잘
하고 있음이니라.
23 그리하여 너희들은 바로 나의 영혼의
세계의 여행을 시작하게 될 것이며,
그 속에서 너희들은 무엇인가를 얻고
또 너희들이 어떠한 존재인가를 알게
될 것이니라.
24 너는 알아야 될 것이니라.
25 여행하는 자가 무엇인가를 많이 짊어
지고 많이 가지고 간들 무엇하겠는가?
26 너희들은 옷 한 벌과 한 켤레의 신발,
그리고 너희들이 쓸 수 있는 적은 경
비면 만족하다는 마음으로, 여행하는
자의 가벼운 마음으로 살아와 주기를
내가 너희들에게 바라는 것이니라.
27 여행하는 자가 미래를 준비하여 잔뜩
짊어지고 간다 하면 그가 과연 얼마나
가겠는가?
28 너희들은 가벼운 자세로 여행하는 사
람이 되라.
29 모든 것을 짊어지고, 또 꾸려 짊어지
고, 또 추운 날 더운 날 그 모두를 대
비하여 짊어지고 가는 자, 갈 수 없음
을 알아야 될 것이니라.
30 모든 욕심을 천 가지 만 가지 다 가지
며 그 욕심을 버리지 못하고 여행하는
자, 그는 육의 여행 자체도 수행할 수
없음이니라.
31 너희들은 간단한 모습으로써 여행을
하라.
32 그저 한 벌 걸친 옷, 그리고 한 벌의
신발과 적은 경비를 가지고 휘파람을
불며 여행을 하면 내가 때를 맞추어
너희들에게 다 내려 주는 그 여행길이
있거늘, 어찌하여 그것을 못 보는 자
들이 그리도 많은지 모르겠구나!
33 너희들은 그것을 보라.
34 가벼운 모습으로 너희들이 여행을 즐
길 때 모두를 내가 너희들에게 내려
줌이니라.
35 그리하여 너희들은 그 여행의 마음 자

세로써 너희 육의 삶을 살라.
36 그리 살다 보면 너희들이 다음 단계
로, 버릴 수도 없으며 거치지 아니할
수도 없으며 너희들이 와서 나에게 심
판을 받지 아니할 수도 없는 그 영의
세상의 여행을 하는 그 변화에 너희들
의 무거운 짐 때문에 오지 못하는 그
러한 사람이 되지 말라.
37 다시 한 번 나의 아들을 통하여 너희
들에게 명하나니, 너희들이야말로 현
명한 여행을 하고 있는 자들이니라.
38 그 현명한 여행에서 너희들이 영의 세
계의 여행을 할 날이 머지않았음이니,
지금의 마음 자세로 너희들이 여행을
하라.
39 그리하여 너희들이 나의 피조물 만백
성에게 일깨워 주라, 가볍게 짊어지고
가는 그 여행의 편안함을.
40 모두를 다 짊어지고 가는 그 여행은
육의 세상의 여행을 마치지 못하며,
영혼의 세상의 여행을 시작해 보지도
못하며, 들어와 보지도 못하며, 그리
너희 스스로 지쳐 쓰러지니,
41 그와 같은 어리석은 삶을 살지 말라
일깨워 줄 것이니라.
42 나 여호와의 마음이 기쁘기 한량없음
이니라.
43 너희들은 마음이 이제 하나가 되어 오
로지 가벼운 마음으로 웃으며 여행을
하는 자들로서, 그 이치를 깨달아 지
금 여행을 하고 있는 자들이니라.
44 너희들은 육신의 여행을 잘하고 있음
이니라.
45 남들이 할 수 없는 그 자연의 아름다
움을 보며 가벼운 마음으로 여행을 하
고 있음이니,
46 이는 곧 내가 너희들에게 계절에 따라
모두를 다 입히고 먹여 줄 것을 알고
따르는 자들이기 때문에 그리 편안한
여행을 할 수 있음을 알라.
47 내가 너희들을 사랑하노라. 그리 알라.
48 지금과 같은 마음으로, 가벼운 마음으
로 인생 여행의 즐거움을 계속 얻도록
그리하라.

2,566 번째 하나님 말씀

2002년 7월 9일 22시

1 사랑하는 나의 아들아!
2 "네, 아버님! 말씀하옵소서."
3 내가 지능을 높게 만들고 가장 아름답
게 만든 너희들과 이 세상에 살아가는
그 동식물과의 차이점이 무엇인가를
알겠는가?
4 동물들은 배가 고프면 그저 먹으면 되
는 것이며 추우면 추운 대로 더우면
더운 대로 그대로 저희들이 피신하며
그 환경에 적응하여 살아가는 것이 그
들의 생각이며 그들의 한계이니라.
5 그러나 너희들은 수없는 생각을 하고,
너희들이 생각할 수 없으리만큼 많은
지혜를 내가 너희들에게 주었음이니,
너희들과 동물들과의 차이점이 어떠
한 것이던가?
6 사람이 살아가면서 마음에서 나오는
모든 것은 선하고 착하고 아름다우며
사랑과 나눔의 마음이 나와야 하는 것
이니라.
7 동물들은 그와 같은 생각을 하지 아니
하며 그와 같은 것을 생활의 중심체로

하여 살아가지 아니함이니라.
8 그저 느끼는 대로, 필요한 대로 그대
로 행동하며 그대로 실천에 옮기는 것
이 그들이 생활하는 것이나 인간은 그
렇지 아니함이니라.
9 생각하고 계산하고 재고 따지며 또 이
해관계와 수익을 따지며 옳고 그름을
따질 수 있는 것이 너희들이니라.
10 그와 같은 지혜를 주었음이니, 사랑과
아름다운 마음만이 너희들에게서 나
와서 남들과 더불어 같이 사랑하는 마
음으로 살아가는 것이 나에게 바칠 수
있는 가장 큰 나의 기쁨인 것이라 내
가 말하였느니라.
11 그러나 지금 너희들은 어찌 생각하고
있는가?
12 선하고 착하고 아름다운 것만을 생각
하고 살아가야 할 너희들의 그 마음속
에는 간악한 생각과 음란한 생각과 도
적질과 살인과 간음과 악독함과 남을
속이는 마음과 탐욕과 교만과 오기가
있어 너희들의 육의 행동을 어지럽게
하며 그 모두를 통제하고 있음이니,
이와 같은 것을 생각하고 살아가는 것
이 너희들이며,
13 너희들은 선한 것보다는 인간으로서
행해서는 안 될 그와 같은 것들을 마
음속에 두고 살아감이니라.
14 그러니 너희들이 과연 어떠한 형태로
어찌 존재해 가야 한다는 것인가?
15 이와 같은 악하고 추한 생각 속에서
너희들 자신이 선하고 아름다운 생각
을 하고자 하는 그것을 누르며, 그보
다 악한 마음이 더 앞서 가며, 너희들
이 행동하며 삶이 또한 그러함이니라.
16 그러니 너희들의 육의 행동이 얼마나
더럽고 추한 모습으로써 살아가는 것
인가를 한번 너희들 자신을 돌이켜 봐
야 될 것이니라.
17 너희들의 육에서 행동으로 이루어지
는 그 추하고 더러운 모든 행동을 너
희들의 마음으로써 다스릴 수 없음이
니,
18 내가 불로 써 내린 십계명을 지키고
그대로 살겠다는 너희들의 굳은 마음
과 결의만이 그와 같이 추하고 더러운
마음을 다스리며 선하고 아름다우며
사랑을 나누며 베풀고 살아갈 수 있는
그와 같은 인간의 원초적인 마음, 내
가 너희들에게 심어 주었던 그 마음의
형태로 돌아갈 수 있으며 그 마음의
형태로 살아갈 수 있는 것임을 알아야
될 것이니라.
19 그리하여 너희들에게 나의 십계명을
지키고 살라 그리 명하였으나,
20 너희들이 구약의 시대와 신약의 시대
를 지나오면서 너희 스스로 말하기를,
지금이 말세요, 종말이요, 이 이상 더
험악한 시대가 없을 것이라 그리 말함
이니,
21 너희들의 마음을 헐어 잡을 수 없으며
나의 십계명으로써 너희들의 마음을
다스리지 못하며,
22 나의 많은 종교 지도자들이 나의 피조
물 만백성에게 일러 말하기를, 십계명
을 지키고 사는 것만이 하늘에 오르는
길이라 그리 가르쳐도 너희들이 그를
이해하고 그대로 실천하고 살아가기
가 어렵고 벅차거늘,
23 인간이기에 그리 살아갈 수 없다 그와

같이 가르침이니 너희들의 마음을 다
스릴 수가 없음이니라.
24 그리하여 내가 나의 성령을 내려보내
나의 아들을 통하여 160권이라는 법
전을 만들어, 나의 법전으로써 너희들
마음을 바로잡고자 하며 너희들이 하
늘에 오르는 길을 보게 하고자 함이니,
25 너희들이 선한 마음보다도 추하고 더
러운 마음을 지배하는 인간의 욕심에
서 나오는 그 형태를 다스릴 수 있는
것은 나의 법전을 읽고 깨우치는 길밖
에는 없음을 알아야 될 것이니라.
26 너희들은 인간은 완벽할 수가 없다 말
하느니라, 그리고 인간이기에 신이 될
수 없다 말하느니라.
27 그 또한 너희들 말이 다 맞느니라.
28 그러나 너희들이 진실되게 얼마만큼
노력하느냐에 달렸으며,
29 너희들이 어떠한 것을 교훈으로 삼아,
너희들의 교본으로 삼아 깨우치고 하
늘에 오르는 그 바른길을 볼 수 있느
냐 하는 것은,
30 이제는 너희들이 성서라는 것이 너무
어렵고 복잡하며 그 진의도 모르는 잘
못된 종교 지도자들이 가르치는 그 속
에서 나의 피조물 만백성이 방황하며,
31 정녕 이것은 아니며 이와 같은 믿음으
로써 구원을 받을 수 없다 저희들이
마음을 졸이며 발을 동동 구르며, 무
엇인가 너희들이 직접 나 여호와로부
터 구원의 빛을 보고자 하는 나의 불
쌍하고 가련한 그 백성들을 위하여 내
가 나의 성령을 내려보내 나의 아들을
통하여 법전을 내려보내니,
32 너희들이 스스로 깨우치고 스스로 이
해하며 스스로 읽어서 하늘에 오르는
길이 무엇인가를 깨달을 수 있도록 간
단 명료하며 누구나 다 글을 알면 깨
달아 하늘에 오르는 길을 볼 수 있도
록 그와 같이 풀이하고 쉽게 해석하여
내려보내니,
33 너희들의 마음을 바로잡고 하늘에 오
르는 그 길을 바라보고 인도할 수 있
는 것은 나의 법전이요, 곧 이것밖에
는 없음을 알아야 할 것이니라.
34 그리하여 나의 이 성령의 뜻, 내가 너
희들에게 전하는 이 메시지를 읽고 보
아 깨우쳐서 나의 법전을 가슴에 안고
정독하여 하나하나 가슴에 심어 그리
행하고 살아가는 자는 스스로 공부하
고 스스로 깨우치고 스스로 연구하여
하늘에 오르는 그 길을 볼 수 있음을
알아야 할 것이니라.
35 그리하여 이를 너희들에게 내려보내
는 나의 이 뜻을 깊이 깨우쳐 너희 것
으로 만들어 구원의 빛을 보도록 그리
하라.

2,567 번째 하나님 말씀

2002년 7월 9일 22시 06분

1 사랑하는 나의 아들아!
2 "네, 아버님! 말씀하옵소서."
3 나의 피조물, 다 같은 나의 백성들이
요, 나의 아들이요, 나의 딸인 너희들
이 어찌하여 이단이요, 사탄이라 너희
스스로 저주하며 손가락질하며 남을
경멸하며 그리 살아가는가?
4 너희들은 정말 이단이요, 사탄이 무엇
인가 한번 생각해 봐야 될 것이니라.

5 너희들은 과연 어디에 기준을 두어 다
같은 형제를 이단이요, 사탄이요, 잘
못된 자라 욕할 수 있는가?
6 너희들이 따라가는 그 종파가 아니고
다른 종파를 따르는 자들은 모두가 그
저 무더기로 이단이요, 사탄이요, 사
악한 자라 그리 말함이니,
7 오늘 내가 이단이요, 사탄이라는 그
기준을 나의 아들을 통하여 너희들에
게 내림이니, 이를 듣고 너희들이 깊
이 깨우쳐야 할 것이며,
8 이를 보고 너희들이 함부로 이단이요,
사탄이요, 사악한 자로 너희 형제들을
그리 분석해서는 아니 될 것이니라.
9 너희들이 살아가면서 무엇을 이단이
요, 사탄이라 그리 말하는가?
10 그 기준을 오늘 내가 너희들에게 명함
이니, 이를 기준으로 하여 너희들이
말을 함부로 하여 남을 폄해서는 아니
될 것이니라.
11 너희들이 육의 세상에 살아가면서 나
여호와의 일을 생각하지 아니하는 자,
나 여호와의 뜻에 살지 아니하는 자,
십계명을 지키지 아니하는 자, 나의
율법을 따르지 아니하는 자, 나 여호
와가 주관하는 그 생각과 내가 존재하
며 내가 원하는 그 길을 가지 아니하
는 자,
12 살아가면서 나 여호와가 존재함을 의
식하지 아니하며 인간의 일들을 우선
이요, 너희들의 육신의 생활과 부귀영
화를 먼저 생각하는 그와 같은 속에서
살아가는 그 자체가 사탄이요, 이단임
을 알아야 될 것이니라.
13 나 여호와가 이루는 그 일을 먼저 생
각하며 먼저 행함이 아니요, 너희들의
인간 세속에서 육의 생활을 먼저 생각
하며 그 생활 자체를 제일 우선으로
생각하며 살아가는 너희들의 그 자체
가, 그들의 사는 모습이 이단이요, 사
탄이라는 것을 알아야 될 것이니라.
14 어떠한 형태든, 어떠한 부분에 종사하
든, 어떠한 역사에 그들이 처해 있든,
그 누구든 나 여호와의 일을 먼저 생
각하는 자, 그리고 내가 이루고자 하
는 그 역사에 보조하여 가는 자, 내가
지키라 내린 그 율법을 지키는 자, 나
의 십계명을 지키는 자, 제3의 시대에
너희들을 심판하는 나의 법전을 읽고
깨우쳐 가는 자, 이와 같이 하늘에 오
르는 나의 뜻을 따라 살고자 하는 자
는 이단이요, 사탄이라 말할 수 없음
이니라.
15 그가 어떠한 형태로 살아가든, 어떠한
모습으로 살아가든, 어떠한 종파에 속
해서 살아가든 정녕 나 여호와의 일을
먼저 생각하며 내가 이루고자 하는 그
뜻을 먼저 생각하며 그에 따라 살아가
고자 노력하는 그 백성이야말로 나로
부터 선택된 백성이니,
16 이러한 나의 아들딸에게 이단이요, 사
탄이라는 그 굴레를 씌워 그를 너희들
이 경멸하고 멸시하며 경원시하는 그
와 같은 행동을 하지 말라.
17 너희들의 살아가는 모습이 아무리 아
름답고 너희들의 살아가는 것이 남에
게 부끄러움이 없는 양 그와 같이 살
아간다 하더라도, 너희들이 아무리 부
귀영화와 권좌에 있어서 살아간다 하
여도,

18 나 여호와의 일을 먼저 생각하지 아니
하고 육의 생활을 먼저 생각하며 육의
부귀영화를 먼저 생각하며 육신의 살
아가는 그 모습을 먼저 생각하는 자,
그가 바로 이단이요, 사탄임을 너희들
은 알아야 할 것이니라.
19 오늘 내가 나의 아들을 통하여 너희들
이 이단이요, 사탄이라 규정지을 수
있는 그 내용을 내려보내니, 여기에
기준하여 너희들이 이단이라 사탄이
라 그리 말하라.
20 그 자체에 어긋나지 아니하는 자에게
그와 같이 핍박하고 저주하는 자, 죽
어 와 이단의 그 죄의 대가를 받음을
잊지 말라.

2,568 번째 하나님 말씀

2002년 7월 9일 23시 52분

1 사랑하는 나의 아들아!
2 "네, 아버님! 말씀하옵소서."
3 인간 세속의 너희 인간들이 살아가는
그 형태가 어떻던가?
4 그들을 하나하나 헤쳐 보는 네 마음이
과연 어떠하더냐?
5 내가 나의 피조물 만백성이 서로를 사
랑하는 마음으로 살아가는 것이 나에
게 가장 기쁜 선물이라 하였음이니,
너희들 중에 과연 자신을 희생하며 이
웃과 사랑을 나누며 살아가는 자가 얼
마나 있는가?
6 그와 같은 자 없다 하더라도 정도를
지키며 도덕적이요, 너희들의 질서에
어긋나지 아니하는 행위를 하고 사는
자, 그리고 무엇인가를 깨달아 아름답
게 살고자 노력하는 백성이 있는가 하
면,
7 그저 이것도 저것도 아니요, 중간치로
서 살아가고자 하는 백성이 있고,
8 남을 시기하고 음해하고 질투하며 말
이 되지 않는 억지를 쓰는 그와 같은
사람이 있음이니,
9 그와 같이 크게 3단계로 나누어져 있
는 것이 너희들의 살아가는 형태이니
라.
10 최소한 너희들의 양심을 지키며 자신
을 지키며 도덕적으로 부끄럽지 않은
삶을 살아가며 내일을 위하여 아름답
게 살아가고자 하는 마음을 가지고 있
는 사람들이 이 세상 나의 피조물 만
백성 중에 몇 프로나 된다 생각하는가?
11 그저 이것도 흥, 저것도 흥, 좋은 것이
좋다는 식으로 살아가는 백성이 또 몇
프로나 된다 생각하느냐?
12 저희들이 어렵고 힘든 궁지로 몰려 갈
때, 저희들이 살아남기 위하여 죄 없
는 자에게 죄를 뒤집어씌우고 죽이며
물에 빠지게 밀어 넣는 자,
13 저 자신이 살아남기 위하여 남에게 피
해를 주며 거짓 하며 한 인생을 구렁
텅이로 몰아넣는 행위를 서슴지 아니
하는 백성,
14 그리고 말도 되지 않는 계산법으로써
억지를 쓰고 만백성을 고통 속에 밀어
넣는 자,
15 그리고 재물에 남의 생명을 파리 목숨
만큼도 여기지 아니하며, 인격이나 인
간의 가치를 따지지 않고 그저 짐승보
다도 더 무지막지하게 취급하는 자,
16 제가 살아가기 위해서 남의 소중한 생

명이요, 남의 자식을 팔아먹는 자, 그
리고 살인하는 자,
17 이와 같이 천태만상의 형태로 너희 인
간이 살아감이니,
18 그 많은 천태만상으로 살아가는 너희
들의 그 자세 속에서 셋으로 나누어
볼 때, 남을 위하여 봉사하고 살아가
는 진정한 마음을 갖고 사는 자가 몇
프로나 된다 생각하는가?
19 1, 2프로도 되지 아니할 것이니라.
20 그저 중간치로 살아가고자 하는 자가
몇 프로나 되겠는가?
21 그나마 남에게 피해 입히지 아니하며
그저 양심적으로 제 것 제가 가지고
살아가겠다는 사람들이 몇 프로나 되
느냐?
22 10프로도 넘지 못할 것이니라.
23 그렇다면 나머지는 무엇이더냐?
24 저를 위해서 어떠한 형태든, 어떠한
사악한 짓이든, 남의 어떠한 인생을
망치든, 남이 어찌 절벽으로 떨어지
든, 남이 인생을 갈기갈기 찢어지는
아픈 세속에서 살아가든, 저희들만 잘
살고 배부르며 편하게 살 수 있다면
그 길을 선택하고자 하는 자들이 그와
같이 많은 비중을 차지하고 있다면,
25 구약의 시대에서 신약의 시대까지 나
의 피조물 만백성을 깨우쳐 사랑을 베
풀며 용서하며 남을 위하고 봉사하며
살 수 있다 그리 가르쳤으며 그리 살
라 가르쳤으며, 그리 가르치는 자, 그
리 배운 자들, 그들은 다 어디로 가 있
단 말이던가?
26 그러면 그들은 다 허상이며 거짓이며
다 저희들이 잘못 살아왔던 것이 아니
던가?
27 이것이 지금 이 지상의 낙원에 살아가
는 너희들의 심성이니라.
28 그러하니 무엇이라 너희들이 말하느
냐? 사악한 자요, 도둑놈들로 이 세상
이 덮여 있다 너희들이 그리 말하고
그리 생각하지 아니하는가?
29 그리하여 서로 믿고 사랑하며 의지하
고 살아가야 하는 그 인간들을 서로
너희들이 인간 세상에서 만나기를 두
려워하며, 인간과 더불어 가기를 불안
해하며, 너희들이 그들과 같이 더불어
살아가는 것을 무섭게 생각함이니라.
30 너희들의 심성의 표본이 잘 나타난 것
이 있느니라.
31 너희들은 한 사람이 아니요, 두 사람
이 힘을 합쳐 동업이라는 것을 이루고
있느니라.
32 이 세상 나의 피조물 만백성 중에 동
업이라는 것을 이루면서 서로 얼굴 붉
히지 아니하고 웃으면서 시작했던 그
동업자라는 사람이 서로 원수가 되어
돌아서는 그와 같은 추악한 모습으로
써, 서로 웃으며 즐겼던 그 모두도 서
로 악의적으로 이용하며, 서로 상대방
을 비방하고 욕하며, 그리하여 원수가
되어 돌아서는 자들이 얼마나 많은가?
33 아름답게 둘이서 힘을 합쳐 시작했을
때의 마음처럼 끝까지 변하지 아니하
고 가는 나의 백성들이 바로 무엇이냐?
34 사랑하며 남을 이해하며 아름답게 살
아가고자 하는 사람들이 이 지상에 있
는 그 비율이니라.
35 동업자로서 웃으며 서로 신뢰하고 살
아가는 사람들이 이 지상의 나의 피조

물 만백성 중에 얼마나 차지하고 있는
가?
36 너희들은 그것을 한번 파악해 보고,
너희 주변에 그 숫자를 손끝으로 한번
세어 보라.
37 과연 2프로요, 1프로도 안 되는 숫자
라 한다면 너희들은 어찌하겠는가?
38 나의 말을 믿지 아니하려 할 것이니라.
39 너희들은 2프로의 선을 넘지도 못하
는 그와 같은 자들이니라.
40 사랑하는 나의 아들아!
41 "네, 아버님! 말씀하옵소서."
42 너를 따르려 하는 나의 백성들이며 너
의 제자들은 두 사람이 동업을 할 때
서로 시작했던 그 끈끈하고 아름다운
마음처럼 영원히 동업으로 갈 수 있
는, 같이 서로 사업을 하되 인상 붉히
지 아니하며 서로 의심하지 아니하고
의혹하지 아니하며 서로 돌아서서 욕
하지 아니하는 그와 같은 백성들만이
너를 따라갈 자격이 있음을 알아야 할
것이니라.
43 이제 나의 피조물 만백성에게 전하노
라.
44 나의 아들을 따르려 하는 자는 세상의
부귀영화와 모든 권세와 목숨까지도
바칠 각오가 된 자만이 나의 아들을
따라올 수 있음을 알아야 될 것이니라.
45 과연 너희들이 그와 같은 마음을 가지
고 나의 아들을 따르는가 한번 생각해
봐야 될 것이니라.
46 예수의 시대, 너희들보다도 열배 백배
더한 기적을 봤으며 마음을 굳혔던 그
제자들이 어찌 떠났는가?
47 지금 너를 따르는 그 모든 제자들은
나의 아들을 따른다 하면, 세상의 부
귀영화와 목숨마저도 바칠 각오가 되
지 아니한 자는 나의 아들을 따를 것
이라, 그리고 제자가 될 것이라, 영원
히 같이 갈 자라 그리 말하지 말라.
48 그와 같은 말 쉽게 하는 자는 쉽게 나
의 아들에게 등을 돌릴 자이니, 너희
들 스스로 너희 자신이 어디 서 있는
가를 한번 점검해 보는 그와 같은 자
세가 필요함이니 그리 알라.

2,569 번째 하나님 말씀

2002년 7월 10일 0시 11분

1 사랑하는 나의 아들아!
2 "네, 아버님! 말씀하옵소서."
3 내가 이 세상 만물을 창조했으며, 모
든 동물들과 식물들이 제자리에서 살
아가느니라.
4 그중에서 내가 너희 인간들을 어찌 만
들었다 하였는가?
5 내가 너희들을 가장 예쁘고 아름다운
모습으로써 만들었다 하였음이니라.
6 그러니 나 여호와가 정녕 내가 만든
모든 동식물 중에서 하나를 선택하여
그들과 같이 살아가고자 한다 하면,
내가 누구를 선택하겠는가?
7 내가 만든 모든 동물들과 식물들이요,
이 지상의 모든 것 중에서 내가 한가
지와 더불어서 같이 있으며 존재하고
싶다 하면, 과연 나는 누구를 선택하
겠는가?
8 나는 내가 가장 아름다운 모습으로 만
든 인간 너희들을 선택하여 너희들과
더불어 지내는 것을 즐거움으로 할 것

이니라.
9 인간의 너희 어버이라는 사람들도 여
러 자식 중에서 효성스러운 자식과 같
이 있기를 바라는 것이 부모의 마음일
것이니라.
10 그 많은 자식 중에 누구와 같이 더불
어 산다 하면, 부모에게 순종하며 남
들로부터 손가락질을 받지 아니하며
욕먹지 아니하며 효성을 하고 살아가
는 그 자식과 살아가고 싶어 하는 것
이 부모의 마음일 것이니라.
11 너희들은 여기서, 나 여호와가 이 세
상을 다 창조하였으며 모든 생명체를
가진 것들을 다 만들었음이니, 그 생
명체를 가진 것 중에 한 가지를 선택
하여 나 여호와가 같이 그 속에 더불
어 있고자 한다 하면 내가 누구를 선
택하겠느냐?
12 두말할 것 없이 내가 가장 아름답고
모든 지혜와 능력을 준 너희들을 선택
해서 같이 있지 아니하겠는가?
13 그러나 내가 너희들을 만들어 너희들
과 같이 있고자 했거늘, 구약 시대에
너희들은 어찌하였느냐?
14 내가 너희들과 같이 있으며 같이 있고
자 하는 나의 마음을 너희들은 알 수
없었으니, 너희들이 우상을 만들어 광
란의 형태로 하는 것을 보면서 내가
과연 너희들과 더불어 있고 싶어 하겠
는가?
15 내가 너희들과 더불어 있을 수도 없으
며, 있고자 하는 마음이 없을 것이니,
나 여호와가 너희들로부터 떠나는 것
이 당연한 것이 아니겠는가?
16 너희들은 어찌하여 그 이치를 깨닫지
못하는가?
17 내가 다시 신약 시대에 내가 만들고
가장 예쁘고 아름다운 나의 백성 너희
들과 같이 있고자 하여, 내가 나의 아
들을 선택하고 나의 아들을 지상에 내
려보내어 너희들의 마음을 바로잡고
자 하였으나, 너희들이 나의 아들을
그리 살해하여 죽게 하였다면,
18 또 나 창조주인 여호와가 너희들과 어
찌 같이 있을 수 있으며 너희들과 같
이 있고자 할 수 있겠는가?
19 바로 너희들이 내가 너희들과 같이 못
있도록, 내가 너희들과 같이 있고자
하나 그 마음을 정하지 못하도록 나에
게 그리하였으며, 내 뜻을 이루지 못
하도록 한 것이 너희들이니라.
20 너희들이 그리 사악하지 아니하여 천
사처럼 아름다운 모습으로 살아간다
하면 나 여호와는 너희들과 항상 같이
존재하며 같이 더불어 있었을 것이니
라.
21 그리고 너희들 옆에서 떠나지 아니하
였을 것이니라.
22 그러나 너희들은 내가 너희들과 같이
있을 수 없도록 하였으며, 있지 못하
도록 만들고 그리 행동하였음이니라.
23 그리하여 구약 시대에 내가 같이 있지
못하여 내 마음을 돌렸으며, 신약 시
대에 내가 너희들과 더불어 같이 있지
못하여 내가 마음을 거둬들였음이니
라.
24 그리하여 지금 6천 년이라는 세월의
그 역사가 지난 다음 나의 성령을 태
워 나의 법전이라 하여 나의 아들을
통하여 세상에 내려보내니, 이를 보고

깨우치는 백성들과 내가 더불어 같이
하고자 한다 하면 너희들은 어찌하겠
는가?
25 창조주인 나 여호와가 너희들과 더불
어 같이 존재하며 같이 있는 그와 같
은 틀을 너희들이 만들어 주어야 되겠
는가,
26 그렇지 아니하면 너희도 구약과 신약
의 시대처럼 사악한 자로 되어 내가
너희들과 더불어 존재하지 못하도록,
내 마음이 너희들로부터 떠나도록 그
와 같은 행위를 또 저질러야 되겠는가?
27 나의 법전을 읽고 깨우치는 나의 피조
물 만백성, 그리고 나의 아들을 따르
는 제자들이라 일컫는 너희들은 정녕
내가 너희들과 더불어 있는 것을 거부
하지 말며, 내가 더불어 있을 수 없도
록 그리 만들지 말라.
28 이것이 너희들이 가야 할 길이고 너희
들의 대명이라 하면 너희들은 어찌하
겠느냐?
29 너희들은 나의 법전을 보고 깨우쳐 만
백성을 천 년에 걸쳐 기틀을 세우는
그 선택된 백성들이며, 또한 한편으로
는 나 여호와가 내가 창조한 아들딸들
과 더불어 하고자 함이니,
30 그는 너희들이 나와 같은 심성으로 살
아가도록 그리 아름다운 마음으로 변
해지는 것만이 내가 너희들과 더불어
같이 있을 수 있음이니,
31 이웃을 사랑하며 욕심을 저버리며 살
아가는 그와 같은 너희들이 되어 줄
수는 없는가?
32 나 여호와가 너희들과 영원히 더불어
같이 있을 수 있는 그 역사의 틀을 너
희들이 만들어야 하는 중요한 자들임
을 잊지 말라.
33 그리하여 내가 너희들과 더불어 있기
위하여 너희들이 또한 나에게 소중한
나의 아들딸이라 한 그 뜻을 알라.

2,570 번째 하나님 말씀

2002년 7월 10일 09시 09분

1 사랑하는 나의 아들아!
2 "네, 아버님! 말씀하옵소서."
3 너의 제자들에게 일러야 할 것이니라.
4 너희들이 살아가면서 나의 아들과 너
희 백성들이 생각하는 것에 차이점이
있으니, 너희들은 나의 아들을 인간
세속에서 그와 같이 생각해서는 아니
될 것이니라.
5 똑같은 사물을 보는 것도 나의 아들이
보는 것과 너희들이 보는 것에 차이점
이 있음이니라.
6 어떠한 사람을 놓고 생각하는 것도 나
의 아들과 너희들의 차이가 있으며,
7 어떠한 사건을 놓고 나의 아들이 바라
보는 눈과 그가 생각하는 것과 그가
결정을 내리고자 하는 것과, 너희들이
바라보는 시각과 너희들이 생각하는
것과 너희들이 결정을 내리고자 하는
그 생각 또한 다름이니,
8 모두는 너희들의 생각으로써 나의 아
들을 잣대로 재지 말아야 할 것이니,
이를 너의 제자들이 깨우쳐야 할 것이
니라.
9 한 인간을 사랑하며 한 여인을 사랑하
며 가까운 사람들을 아끼고 사랑함도
나의 아들이 생각하고 사랑하는 것,

베푸는 것, 모든 사람을 그 옆에 두고
자 하는 것, 그리고 은혜와 은총을 내
리고자 하는 것, 또한 재물을 내리고
자 하는 것, 그에게 좋은 기회를 주어
그의 삶에 도움을 주는 것, 이 모두가
너희들이 보고 생각하는 것과는 차이
가 있음이니,
10 그 모두를 너희들이 생각하는 기준으
로써 나의 아들을 보아서는 아니 되는
것을 이제는 너희들이 깨달아야 할 것
이니라.
11 나의 아들이 모두를 사랑하며, 모두를
바라보며, 여인을 보는 눈빛이나 세상
의 모든 사물들과 이루어지는 것을 보
는 것이 너희들이 보는 눈과 너희들이
생각하는 그 차원과 나의 아들이 보는
눈과 나의 아들이 생각하는 그 차원이
엄연히 다름을 알아야 할 것이니라.
12 내가 나의 아들이 너희들과 다른 점이
무엇이라 말하였던가?
13 나의 아들 예수가 나의 명에 따라, 나
의 뜻에 따라 그 소중한 생명을 던지
며 그 고통의 길로 죽음으로써 나에게
순종하고 만백성을 구하고자 하는 그
것이 너희들과 나의 아들 예수와의 다
른 점이며 이게 차이점이라 하였느니
라.
14 나의 성령을 태워 내려보내며 제3의
시대에 역사를 이루려 하는, 그리고
나의 법전을 기록하여 160권을 세상
에 내는 나의 아들과 너희들이 생각하
는 수준을 같이 보지 말라.
15 너희들이 그와 같이 본다면 깨달음을
모르며, 사랑을 모르며, 너희들이 변
화가 이루어지지 아니하고 항상 제자
리에 있다는 것을 알아야 할 것이니라.
16 나의 성령을 받아 나의 뜻을 기록하는
나의 아들의 위치가 어떠한 것인지,
그리고 그가 나의 성령을 듣고 이를
기록하면서 정녕 변화되는 그 모습을
너희들이 볼 수 있겠는가?
17 변화되는 속에서, 또 내가 그를 다스
려 가르치는 그 속에서 그는 사물을
보는 생각이 달라짐이며 저 자신을 다
스림이 또 달라짐이니라.
18 이와 같이 너희들이 나의 아들을 따라
올 수 없으며 나의 아들의 변하는 모
습을 볼 수 없을진대, 너희들이 인간
세속의 그 생각으로써 그리 보지 말라.
19 억지를 쓰지 말며 억지 부리지 말라.
20 되지도 않는 길, 말도 되지 않는 것,
실리와 순서와 너희들 인간사의 법도
에 맞지도 않는 것, 그리고 하늘의 뜻
에도 맞지 않는 이와 같은 것을 가지
고 너희들이 나의 아들을 공격하며 그
에게 변화를 요구하지 말라.
21 나의 아들이 누구더냐?
22 나의 성령을 받아 기록하며 만백성을
구하는 그 나의 법전의 역사를 이루어
천 년에 걸쳐 이 세상의 사악한 자들
이 하나도 존재하지 못하며 나를 닮은
백성들만이 이 세상에 존재하도록 하
기 위하여 그 역사를 이루는 나의 아
들이 아니던가?
23 어찌하여 너희들은 그를 보지 못하는
가?
24 이제는 너희들이 그와 같은 이치와 순
리와 나의 뜻을 알아야 할 것이니라.
25 너희들 세상 속에 만백성이 나 여호와
를 닮아 가며 나와 같이 되는 것이 너

희들이 가야 할 길이며 내가 원하는
길이라 내가 말하였음이니,
26 세상에 모든 나의 성령의 법전이 제일
먼저 나의 아들을 통하여 내려가며 너
희들 기도 또한 그를 통하여 내가 거
둬들인다 하였음이니, 이는 엄연히 차
별화의 세상에 있음을 너희들이 알아
야 하거늘,
27 어찌하여 그를 모르고 나의 아들을 인
간의 세속에 넣고 너희들의 생각으로
써 갑론을박하며 그 마음에 파장을 이
루려 하는가?
28 그 이치를 깨우치지 못하는 자, 정녕
나의 성령이요, 나의 법전에 기록되어
있는 그 뜻을 알지 못함이니라.
29 육의 세상이요, 인간의 세상을 벗어나
지 못함이니 이를 어찌하여야 하겠는
가?
30 나의 아들은 살인을 하지 아니하였어
도, 너희들이 그에게 살인을 하였다며
그리 핍박하면 그는 살인자라 그리 대
답할 것이니라.
31 그것이 너희들과 다른 마음자리이거
늘, 이를 어찌하여 너희들은 보지 못
하는가?
32 그가 나의 법전이요, 나의 성령을 받
아 그 임무를 다했음에도 나의 법전의
160권이 세상을 덮어 만백성을 구하
는 길이 이루어지지 아니할 때, 그는
장렬히 나의 아들 예수를 따라 그 생
명을 바치고자 하는 그 길을 지금 수
련하고 있으며, 그 길을 가고 있으며,
33 그리하여 세속의 모든 욕심을 비우며
하얀 눈과 같은 마음을 갖고자 노력하
는 나의 아들에게 너희들이 갑론을박
하지 말라.
34 인간 세속의 잣대로 그를 재서는 아니
될 것이니,
35 너의 제자들은 나의 아들을 돕는 것이
아니라 그를 무너트리는 그와 같은
죄를 범하며 살아가서는 안 되는 것을
알아야 할 것이니라.
36 이제는 남을 자 남으며 떠날 자 떠났
으며, 이제 정녕 깨우쳐 너희들과 더
불어 갈 백성들이 이 성전을 찾을 것
이니,
37 그들을 한마음으로 가슴에 안는 그와
같은 행위로 너희들이 살아가야 할 것
이니라.
38 너희들에게 나와 닮은 인간으로서 살
라 하였음이니, 나의 아들을 죽인 너
희들을 내가 사랑함이며, 또 나의 아
들을 내려보내 너희들을 깨우쳐 줌이
니,
39 너희들이 자식을 잃은 슬픔만큼 자식
을 죽인 원수를 사랑하는 마음을 과연
지금 갖고 만백성을 사랑하고 살아가
느냐?
40 만백성을 사랑하며 나의 뜻에 살아간
다는 자들이 마음을 얼마나 비웠으며,
얼마만큼 자기를 죽이며 남을 사랑하
는가?
41 자기 자신이 없다 생각하며 남을 사랑
하는 마음이 얼마나 깊이 있느냐?
42 너희들 자식을 죽인 자를 사랑할 수
있는 마음을 갖고 세상을 본다면,
43 이웃의 형제가 잘못하는 것이 그리 밉
지 아니하며, 그의 어리석은 행위를
보며 그를 욕하고 침 뱉을 수가 없으
며, 너희를 공격하고 미워하는 자에게

밉다고 같이 치받을 수 없음이니,
44 이와 같은 것이 너희들이 가야 할 마음자리임을 알아야 할 것이니라.
45 사랑하는 아들아, 너의 제자들에게 이르라.
46 단단한 바위에 계란을 던지면 깨질 것이며, 공이라는 것을 던지면 튕겨 나올 것이며, 돌을 던지면 같이 부서질 것이니라.
47 둘 다 똑같이 치고받아 부서지며, 받아들이는 자가 없다 하면 이는 어찌하는가?
48 바다에 던져 보라. 그가 튀는가? 그저 받아들이지 아니하더냐?
49 누군가 하나가 용서하고 받아들일 때 그 나머지 하나 또한 변하게 되며 같이 가게 되는 이치이니, 누가 먼저 변하여야 되겠는가?
50 세상의 만백성이 사악하며 거칠고 악하게 살아간다 하자. 그리고 사랑을 모른다 하자.
51 남을 미워하고 시기하고 질투하고 살아가는 백성이 이 세상에 존재한다고 하자.
52 그러면 그들의 그 사악한 마음을 누가 거둬들이고 누가 받아 주어야 되는가?
53 아무도 받아 주지 못한다 하면 사악한 것들이 부딪혀 더 사악한 것을 만들어 내며, 서로 죽이고 죽는 그와 같은 전쟁과 같은 일이 이루어지지 아니하겠는가?
54 그 모두를 가슴에 안고 받아들이는 것은 제3의 시대에 나의 성령을 통하여 세상에 내려보내는 나의 법전을 읽고 공부하고 깨우친 너희들만이 받아들일 수 있음이니, 어찌하여야 되겠는가?
55 내가 오늘 나의 아들을 통하여 가르치는, 너희들이 바다가 되고 물이 되어, 돌을 던지면 그저 가라앉아 받아들이며 가벼운 것이 빠지면 그저 물 위에 띄우는 이와 같은 마음으로 살아가야 그 사악한 자들이 그와 같이 너희들처럼 변하게 되는 이 이치를 어찌하는가?
56 그리하여 내가 너희들을 사랑함이니라.
57 그리하여 한 사람이 바다와 같은 마음을 가질 때 모든 역사가 이 세상에서 이루어진다 하였음이니,
58 그와 같은 이치를 깨우쳐 행하여야 되는 것이 오로지 너희들뿐임을 알아야 될 것이니라.
59 그 누구도 그와 같은 역사를 이룰 수가 없음이니라.
60 이를 너희들이 깨달아 행하여야 될 것이니라.
61 그러니 그와 같은 마음과 그와 같은 뜻을 가지고 가고자 하는 나의 아들에게 너희들이 파장이 일게 하지 말라.

2,571 번째 하나님 말씀

2002년 7월 10일 10시 19분

1 사랑하는 나의 아들아!
2 "네, 아버님! 말씀하옵소서."
3 인간사 너희들이 세속에서 살아가는 것도 부모가 자식을 세상에 낳음이니, 그 자식이 어려서부터 성장하는 것은 그 부모가 보살펴 줌이니라.
4 어려서 젖을 먹여 키우며 그가 성장할 수 있도록 하여 그가 성인이 되도록

너희 육신의 부모는 그를 보살피고 관
리하여 주며 그가 잘 자랄 수 있도록
하는 것이니,
5 그가 성인이 되기까지는 부모의 은혜
와 사랑 속에서 자라며 부모의 보호
속에 자라며, 부모는 그 자식이 잘 성
장할 수 있도록 깨우쳐 주고 일깨워
주는 것이 부모의 도리이니라.
6 그리하여 그가 결혼이라는 것을 하여
한 가정을 갖고 성인이 되면 그 모두
는 스스로 다스리며 해결하여야 되며
다 이끌어 나가야 하는 것이 너희들이
성인이 된 그 증거이니라.
7 그리하여 어렸을 적에는 부모의 은혜
와 은총 속에서 살아가나, 성인이 되
어서는 모두를 제가 이끌고 책임지고
나가야 하는 것이니라.
8 그리고 스스로 모두를 다 해결하고 나
가야 되는 것이니라.
9 너희들이 나에게 오는 믿음도 그와 같
음을 오늘 알아야 될 것이니라.
10 너희들이 처음에 어리고 어릴 때, 그
믿음을 나 여호와가 깨우쳐 주며 너희
들에게 일깨워 주며 너희들의 가는 길
의 방향을 잡아 주며, 너희들이 하늘
에 오르는 그 빛을 볼 수 있도록 걸음
마서부터 너희들이 성인이 될 때까지
너희들을 바로잡아 주는 것이 나 여호
와의 뜻이니라.
11 너희들이 인간사에 성인이 되듯이, 너
희들의 믿음이 깊어지고 믿음으로 성
장했을 때, 하늘의 구원을 받음과 믿
음의 가는 길의 그 모두를 너희 자신
이 책임져야 될 것이며 스스로 각자
책임을 져 그 열매를 거두도록 하여야
할 것이니, 그것이 바로 너희들이 가
는 믿음임을 알아야 될 것이니라.
12 너희들의 믿음이 성인이 되어 성장했
을 때 그 열매를 잘 거둬들이고 못 거
둬들이는 것은 너희들의 몫이니, 나
여호와가 너희들을 끝까지 이끌어 주
며 바로잡는다 생각하지 말라.
13 그리하여 내가 나의 아들을 통하여 너
희들에게 말하였느니라.
14 너희들의 손으로 지은 그 성전이라는
곳에 가 성서를 공부하는 것은 2년을
넘지 않아야 된다 그리 일깨워 주었음
이니라.
15 2년 동안 너희들이 바르게 성서를 공
부하면 그를 다 마칠 수 있음이니, 너
희들이 믿음에서 성인이 되었음이니
라.
16 성인이 되어 믿음의 성인이 된 자는
제가 모두를 책임지며 그 열매를 거둬
야 될 것이니, 크게 나아가 만백성을
구하는 그 역사를 이루도록 하는 것이
바로 나에게 오르는 그 뜻이요, 나에
게 오를 수 있는 길임을 알아야 될 것
이니라.
17 그러나 지금 잘못 가르치는 종교 지도
자들과 잘못 깨우쳐 가는 너희들은 어
찌하는가?
18 한번 너희들이 그곳에 몸담으면 죽을
때까지 헌금을 내며 봉사하고 그저 그
성서를 가지고 쳇바퀴 돌듯이, 오늘
한 공부를 내일 또 하며, 평생 그리 공
부하다 죽어 나에게 왔을 때 너희들이
그 심판이 얼마나 두려운가를 알게 되
는 것이니라.
19 너희들은 그리하여 믿음이라는 것도

한 단계 한 단계 올랐을 때 그 후부터
는 열매를 거두는 역사를 이루어야 되
는 것이니라.
20 지금 나의 성전에 와 공부하는 너의
제자들 또한 그리하는 것이니라.
21 너희들이 깨우쳐 깨우친 만큼 성장하
여 성인이 되었을 때, 너희 스스로 어
찌 행하고 육을 통제하며 영혼의 구원
의 길을 바라보며, 구원을 받고 못 받
는 그 열매의 결실은 너희들에게 달렸
음이니라.
22 지금 나의 성전에 와 너의 제자라 하
여 나의 성령을 듣는 너희들은 다 성
인이 되었음이니라.
23 이제 너희들이 열매를 얻고 못 얻는
것은, 하늘에 오르고 못 오르는 것은
나 여호와가 너희들을 주관하며 역사
하여야만 오른다는 나약한 생각을 하
지 말라.
24 너희들이 성인이 되어 가정을 다루듯
이, 지금은 믿음도 너희들이 다스리고
책임지는 그 위치에 와 있음이니, 이
를 깊이 깨우쳐야 할 것이니라.
25 나의 법전을 스스로 정독하고 탐독하
여 그 모두를 다 너희들이 해결하는
그와 같은 능력을 갖고 살아가야 될
것이니 그리 알라.
26 그리하여 지금의 종교 지도자들이 가
는 그 형태가 잘못되어 있으며, 저희
들의 육의 생활과 부귀와 영화를 누리
는 그것에만 초점을 맞추어 있음이니
라.
27 그들이 정녕 믿음의 길을 가는 것이
아니요, 저희 육의 생활의 편안함을
위하여 만백성을 그리 몰고 가며, 그
들을 저희 소유물처럼 그리 이용하는
것이 지금의 종교 집단들이 가고 있는
길이니라.
28 내가 오늘 그리하여 너희들 인간사의
살아가는 그 법도에 비유하여 나의 아
들을 통하여 너희들에게 지금 이 뜻을
깨우쳐 줌이니라.
29 어머니의 뱃속에서 세상에 나와 그 아
이가 성인이 될 때까지 부모가 보살피
듯이, 그가 가정을 이룬 후부터는 그
가 책임을 지는 이치를 알라.
30 믿음도 그러하니라.
31 그리하여 너희들이 평생 한 성서를 쳇
바퀴 돌듯이 배우고 또 배우고, 소위
너희들이 재탕, 재탕하는 그와 같은
믿음이 잘못되었음을 알아야 될 것이
니라.
32 그들이 성인이 되었다 싶을 때 내보내
야 하니, 너희들이 종교 집단에서 가
르치는 것은 2년이면 다 성인으로 성
장함을 알라.
33 그 이상 데리고 있는 것은 다 죽음의
길로 인도하는 그와 같은 형국이며,
그리고 나의 뜻과는 아무런 관계가 없
는 그와 같은 믿음의 세계를 가고 있
는 것이 너희들임을 깊이 깨우쳐 행하
여야 될 것이니 그리 알라.

2,572 번째 하나님 말씀

2002년 7월 10일 11시 42분

1 사랑하는 나의 아들아!
2 "네, 아버님! 말씀하옵소서."
3 네가 오늘 나의 백성, 너의 제자들 앞
에 나의 성령의 그 뜻을 전하는 이 시

간에 네 앞에 와, 또한 나의 성전에 와
나의 성령을 들어 스스로 변화되며 하
늘에 오르는 길이 무엇인지 깨닫고 너
희들이 말하는 나 여호와 어버이 옆에
오고자 하여 앉아 공부하는 너희들의
그 마음과 모습을 정녕 나 여호와가
기쁘게 생각하고 있음이니라.
4 너희들이 오늘 지금 이 시간에 나의
성전에 와 나의 아들이 전하는 나의
성령의 음성을 들음은, 너희 모두를
다 접어 두고 이 소중한 시간에 와서
나의 성령의 뜻을 듣는 것은, 지금은
이 역사가 얼마나 너희들에게 위대한
은혜와 은총인가를 너희들은 모를 것
이니라.
5 지금 너희들이 하루 와서 나의 성령
을 들으며 나의 아들을 통하여 너희에
게 전하는 나의 메시지를 듣고 하나하
나 변하여 깨우쳐 가 너희 스스로 나
를 닮고자 하는 그 변하는 모습을 너
희들은 깊이를 잘 모르나, 그 상은 너
희들이 상상할 수도 없을 만큼 크고
위대함을 알아야 될 것이니라.
6 오늘의 너희들이 나의 성전에 와 고개
숙여 공부하며 나의 성령을 듣는 이
역사가, 너희들이 나에게 와 심판받을
때 너희들보다 더 높은 단상에 설 수
있는 자가 없음을 알아야 될 것이니라.
7 너희들의 모든 육의 시합에서 너희들
이 말하는 승자요, 금메달을 목에 거
는 자는 제일 높이 서서 그를 받게 됨
이니,
8 지금 이 시간에 나의 성전에 와 나의
아들을 따르며 나의 성령을 들으며 나
의 법전을 공부하며 이 성전에 하나의
아름다운 꽃을 피우고자 하는 너희들
각자의 그 마음을 내가 아느니라.
9 너희들이 모두를 다 버리고 던진다 하
여도 나의 성전에서 나의 법전이 온
세상을 덮고 나의 피조물 만백성을 구
하는 그 역사보다 더 소중한 것이 없
으며 너희들에게 더 위대한 것이 없다
는 너희들의 그 확고한 마음자리가 잡
혀 있기 때문이니,
10 지금 그보다도 너희들에게 더 큰 영광
이 없으니, 너희들이 죽어 내 앞에 와
서 가장 높은 데에서 나로부터 가장
영광된 은혜와 은총의 상을 받는다는
것을 잊지 말라.
11 그때 가서 지금까지 죽어 온 모든 나
의 백성들의 영혼이요, 지옥 불에서
허덕이는 자, 죽지 않고 육에서 허덕
이는 자, 그들이 다 너희들을 보고 부
러워하는 때가 있을 것이니라.
12 오늘의 영광이 너희들에게 얼마나 위
대한 것인가를 깨달아야 할 것이니라.
13 내가 오늘 너희들에게 이와 같이 하늘
의 비밀을 알려 줌은 두 가지 뜻이 있
어서임을 알아야 할 것이니라.
14 첫째는, 너희들 제자 중에 그 모두를
다 바쳐 나의 아들을 따라 내가 이루
고자 하는 그 역사를 이루고자 하는
마음이 굳건히 굳어져 있는 사람이 있
는가 하면, 아직도 그 마음자리를 잡
지 못하고 흔들리는 자가 여기에 같이
공부를 하고 있음이니,
15 그 흔들리는 자는 바로 모두를 바쳐
나의 법전을 세상에 전하고자 그 굳은
결의 속에 가는 그들을 너희 눈으로
보고 마음으로 보며 가슴으로 봐 그를

깨달아서 너희들이 하나가 되기를 바
라는 간곡한 나의 뜻에서 너희들에게
은혜를 주는 이 뜻을 전함이니라.
16 우등생으로서 최상의 높은 단상에서
가장 높은 영광을 받을 때, 너희들이
그 자리에 서지 못하는 자가 되지 말
라는 뜻이니라.
17 이제 너희들이 더 마음을 굳건히 가져
야 할 것이니라.
18 내가 말하였느니라. 두 주먹을 불끈
쥐고 100미터를 달려가는 선수보다도
더 힘차게 더 힘을 내 너희들이 보이
지 않는 멀고도 험한 그 길을 달려왔
을 때 영광을 얻음이니, 과연 너희들
이 그러한 마음으로 가고 있는가를 깨
우쳐야 할 것이니라.
19 이제 나의 성전에 와서 공부하고 배우
는 자 중에 나의 법전이 세상에 나가
는 것을 자기 생명보다도 더 소중히
생각하는 나의 아들의 제자들, 그들을
따라가는 자만이, 그와 같이 마음을
같이 가는 자만이, 그와 같이 마음이
하나가 되는 자만이 최상의 높은 자리
에서 가장 큰 영광의 은혜를 받게 됨
이니,
20 그 길을 너희들이 놓치지 말라 하여,
너희들이 다시 한 번 각오하며 마음자
리를 다스리며 너희 마음 자세를 굳건
히 하나로 만들고자 하여 내가 하늘의
비밀을 너희들에게 깨우쳐 줌이니라.
21 이를 명심하여 나의 뜻에 어긋나는 일
이 없도록 그리하라.
22 오늘 이 귀중한 시간에 나의 성전에
와 나의 아들에게 전하는 성령을 듣는
너희들이 얼마나 소중한가를 알게 될
것이니라.
23 나의 아들 예수를 죽여 가며 전하고자
했던 뜻을 전하지 못하여 가슴 아팠던
나 여호와니,
24 오늘 너희들이 그 뜻을 받아 나의 아
들을 통하여 그 모두를 세세히 풀어서
만백성을 구하고자 내리는 이 나의 성
령이 '옳다' 하여 고개 숙여 나의 뜻에
순종하는 자가 바로 너희들이니,
25 어버이의 뜻에 순종하는 자가 이 지상
에 너희들뿐이라 할진대, 얼마나 너희
들이 소중한 자들이며 영광된 자들이
며 선택된 자들인가?
26 그리하여 내가 너희들을 보는 것이 얼
마나 기쁨인가를, 나 여호와의 마음의
기쁨을 너희들이 같이 느끼기를 오늘
간곡히 바라노니,
27 나의 마음의 기쁨을 너희들이 헤아리
도록 그리하라.

2,573 번째 하나님 말씀

2002년 7월 11일 08시 03분

1 사랑하는 나의 아들아!
2 "네, 아버님! 말씀하옵소서."
3 너희들이 십계명을 암송하며 그를 지
키는 것만이 영혼의 양식이라 말하였
으며, 너희들이 구원을 받는 길이라
말하였음이니라.
4 '나 외에 다른 신을 네게 있게 하지 말
지니라.' 이 한 구절의 의미가 무엇을
말하는가?
5 내가 너희들과 아무런 관계가 없으며
너희들을 구원하고자 아니하며 너희
들을 사랑하지 아니한다면 내가 왜 너

희들에게 '나 외에 다른 신을 네게 있
게 하지 말라.' 하는 그 엄명을 내리겠
는가?
6 이 한 구절의 의미를 너희들이 깨달아
서 그 속에서 내가 너희들을 얼마나
사랑하는지, 너희들을 구원하기 위한
끈을 놓지 아니하고 있으며, 만백성을
나의 아들이요, 나의 딸이라 생각하는
마음을 너희들은 어찌 그 깊이 하나도
모르는가?
7 너희들 인간사에도 필요 없는 사람,
관심이 없는 사람, 너희들과 관계도
없는 사람들이 잘하든 잘못하든 그들
에게 어떠한 관심을 갖는가?
8 너희들은 그러한 자를 너희들 생각에
서 지워 버리며 너희 삶에서 생각하지
아니하려 함이니라.
9 더군다나 남들이 잘못하였을 때 너희
들은 더 무관심하며, 너희 자식들이라
도 도저히 용서할 수가 없는 상황이라
면 너희들이 그 자식에게서 어쩔 수
없이 관심의 끈을 놓을 수밖에 없지
않던가?
10 그러나 내가 불로 쓴 나의 십계명의
첫 줄에 '나 외에 다른 신을 네게 있게
하지 말라.' 함은 어떠한 의미를 가지
고 있는가?
11 그저 단순히 다른 우상을 섬기지 말라
함이라 그리 생각하는가?
12 그것이 아닌 것이니라.
13 내가 너희들을 버리지 않고 사랑함이
니, 너희들은 다른 신을 너희 가슴에
두지 말라 하는 의미가 거기에 있는
것이니라.
14 이 깊은 나 여호와의 뜻을 너희들이
모르고 그저 그 한 줄을 암송하며 다
른 우상이요, 다른 신을 섬기지 아니
하면 된다 그리 생각함이니, 그러한
것이 아니니라.
15 이는 내가 너희들을 버리지 아니함이
요, 놓지 아니하였으며 너희들을 구원
의 길로 인도하고자 함이니,
16 내가 너희들을 그리 관심을 갖고 버리
지 아니하였다는 뜻이 거기에 포함되
어 있는 것이며,
17 너희들이 다른 신 앞에 절하고 우상을
섬기는 그와 같은 것을 절제하게 하기
위하여 그 뜻을 내린 것보다도,
18 내가 너희들을 사랑하고 있으며 버리
지 아니하였으며 항상 너희들을 구원
하고자 너희들 속에 내가 있으며, 내
가 너희들에게 관심을 갖고 있음이라
하였음이니,
19 이는 곧 내가 너희들에게 끈을 놓지
아니하였다 함을, 그리고 끈을 놓지
아니하였기에 너희들은 나로부터 선
택된 백성이니 소중한 자들이며, 그보
다 더 큰 은혜와 영광이 없는 것을 의
미함이니라.
20 너희들은 어찌하여 그 계명 한 줄을
외움으로 인하여 나로부터 인연이요,
끈이 끊어지지 아니한 나로부터 선택
된 소중한 백성이요, 내가 너희들을
구원하고자 너희들에게 관심을 갖고
있으며 정을 갖고 있으며 사랑을 쏟고
있다는 그 이치를 모르는가?
21 그러니 나의 계명을 외우는 것만으로
써 얼마나 위대한 것이냐?
22 나의 십계명의 첫 줄을 너희들이 한
번 암송함으로 인해서 나로부터 너희

들은 버려진 자식이 아니며 관심 밖에 있는 자식이 아니라는 그 위대한 사랑의 뜻이 거기 있음이니, 이와 같은 의미를 너희들이 알아야 될 것이니라.

23 그러니 그 한 줄의 계명이 얼마나 소중하더냐?

24 '나 외에 다른 신을 네게 있게 하지 말라.' 함은 내가 너희들을 정녕 깊이 사랑하며, 소중히 생각하며, 너희들을 구원하여 하늘에 오르는 그 길을 열어 주기 위하여 내가 그리 가지고 있음이니, 십계명을 암송하는 것이 얼마나 소중한가?

25 그렇다면 너희들은 알아야 될 것이니라.

26 나의 아들을 따르는 제자 너희들이 이 세상에서 십계명을 가장 많이 암송하는 나의 백성들이니, 내가 너희들에게 얼마나 관심을 깊게 가지고 있는지, 그리고 너희들이 내 품 안에 와 있으며 내 가슴속에 있는 그 영광의 축복받음을 먼저 알아야 될 것이니라.

27 그러니 나의 아들은 나의 십계명을 얼마나 외우며 나의 뜻을 얼마나 암송하는가?

28 그가 바로 서고자 암송함이니, 그가 언젠가는 바로 설 수 있다는 것을 어찌 모르는가?

29 십계명을 한 번 외우고 첫 줄을 암송하는 그것으로써도 너희들은 나에게 선택된 백성이요, 내 관심 밖의 백성이 아니라 하였음이니, 그 축복과 영광이 세상의 무엇과도 바꿀 수 없음이니,

30 정녕 내 십계명을 암송하며 그를 생활화하고자 하는 나의 아들이 얼마나 변화되는 역사를 이룰 것인가를 너희들은 어찌 생각을 못 하느냐?

31 한 번의 십계명을 외움으로 인해서 창조주인 나에게 버림받지 않는 자식이 된다 하였거늘, 내 관심 속에 있는 백성이라 하였거늘,

32 이를 수천수만 번 죽을 때까지 암송하며 기도할 때마다 암송하는 나의 아들이 변화된다는 그것을 너희들이 어찌 하여 모르며,

33 그리하여 십계명을 이 세상에서 가장 많이 암송하는 나의 아들이 되라 하였으며 그리하여 그 속에서 네가 변한다는 그 뜻을, 너의 제자들은 어찌하여 그 깊고 넓은 뜻을 모르는지….

34 너희들이 사업을 하며 돈을 벌며 재물을 모으며 권력을 모으는 데는 갖가지 생각을 하며 투자하며 밤잠 자지 아니하면서 연구하고 생각하나,

35 정녕 나에게 오르고자 하는 자들이 내가 내린 성서 속에 들어 있는 그 위대함을 모르며,

36 내가 내린 십계명 속에 과거와 현재와 미래와 그 모두의 폭넓은 뜻이, 세상 이치가 다 들어 있거늘, 그 세상 이치를 깨우쳐 너희들 것으로 만들려는 노력은 하지 아니하느니라.

37 너희들은 육의 살아가는 방법과 육의 부귀영화를 위해서는 머리를 싸매고 밤잠 안 자고 연구하고 생각하나,

38 내가 내린 성서 속의 깊은 의미와 내가 불로 써 세상에 내려보낸 십계명에 세상의 모든 이치가 다 들어 있거늘, 너희들이 세상에 나와 살며 죽어서 영

혼의 심판을 받는 그것까지 그 속에
다 들어 있거늘,
39 너희들은 어찌하여 그를 연구하고 그
뜻의 의미를 깨달으려 하지 아니하는
가?
40 이제 너의 제자들에게 이르라.
41 너희들이 육의 부귀영화를 위하여 노
력하는 것보다 나의 십계명이요, 나의
성서요, 나의 법전을 연구하는 데 더
깊이 생각을 하다 보면 스스로 재물이
요, 명예요, 편안함이요, 모두를 다 얻
게 됨이 그 속에 있다는 것을 깨우쳐
주어,
42 그들에게 그와 같은 삶을 살아가도록
하여 광명된 세상이요, 하늘에 오르는
그 영광된 빛을 볼 수 있도록 그리 그
들을 인도하라, 나의 아들아!

2,574 번째 하나님 말씀

2002년 7월 11일 08시 24분

1 사랑하는 나의 아들아!
2 "네, 아버님! 말씀하옵소서."
3 '고재순'이라는 나의 딸에게 너는 명
하여 이르라.
4 너희들이 계주라는 운동 시합을 할 때
제일 처음에 뛰는 사람의 공로를 우승
하는 자가 모른다 하면 이는 진정한
영광의 그 의미를 모르는 자라 그리
이르라.
5 나의 딸 '미향'이가 열여섯 권의 법전
을 세상에 만들었음이니, 그가 1번 주
자로서 출발한 사람이며,
6 160권의 법전을 세상에 만들어 내는
것은 '고재순' 너의 대명이며 이제는
네가 해야 할 일이니라.
7 네가 정녕 160권의 법전을 세상에 다
만들어 낸 다음에 처음에 시작하여 열
여섯 권을 만든 그 사람의 노고와 고
통을 그때 가서 이해할 것인가?
8 너는 나로부터 160권의 법전이 세상
에 나오는 데 그 대명을 관장하고 이
룰 자이니,
9 열여섯 권을 세상에 내도록 한 그가,
그리고 선지자의 아내가 너의 분신으
로서 네가 160권을 만들 최초의 열여
섯 권을 만든 사람들이라 하면,
10 네가 만들 그것을 그들이 만들어 출발
주자들처럼 기초를 다졌다면, 그 사람
들은 네 분신임을 알아야 할 것이니,
11 지금 네가 그들을 네 분신이라 생각하
여 그만큼 사랑하면서 나의 법전 160
권을 세상에 그들과 더불어 만들어야
할 것이니라.
12 네가 160권이라는 법전을 세상에 만
들어 놓고 네 머리가 하얗게 되었을
때, 최초에 시작한 그 사람들의 공로
를 그때서야 알며 네가 영광의 면류관
을 쓸 수 있도록 우승의 주자가 된 것
을 그때 가서 네가 그 뜻을 느끼겠는
가, 지금서부터 그 뜻의 감사함을 알
아 네가 네 분신들을 네 가슴에 받아
들여 같이 가겠는가?
13 내가 너에게 일렀으니, 갓 태어난 아
기에게 젖을 물리는 엄마의 마음과,
새끼에게 젖을 물리는 그 동물들의 어
미의 마음이요, 모든 생명체를 가진
동물들이 그 새끼에게 젖을 물리는 그
와 같은 마음으로 너는 변하여야 한다
하였음이니, 너는 이를 어찌 생각하는

가?
14 후자를 선택할 것인가 전자를 선택할
것인가는 너 스스로 깨달아 그를 알
아서 해야 될 것이니라.
15 그리고 '홍철화'와 '허영이' 그 부부에
게 말하나니, 너희들은 성서의 깨달음
이요, 나 여호와가 존재함을 알며 내
가 원하고자 하는 것을 아는, 이 세상
중에 가장 깊이 진실되게 깨달은 자들
로서, 너희들이 나의 아들을 따름이
지금 10분의 1의 정성밖에는 되지 아
니함이니,
16 너희들의 마음이 변함이요, 나의 법전
을 세상에 만들어 냄이요, 이 세상의
이치요, 나의 뜻을 가장 깊이 아는 너
희들이 나의 아들을 따라 행함이 10
분의 1의 정성도 아니 되었음이니, 9
할의 정성을 더하여야 할 것이니라.
17 내가 너희들을 사랑하며 너희들을 불
쌍히 여겨, 그리고 너희들이 소중하기
에 내가 오늘 아침 너희들에게 직접
명하나니, 이를 너희 가슴에 깊이 새
겨야 될 것이니라.
18 오늘의 너희들의 그 정성으로써는 부
족함이니라. 너희들의 그 마음이요,
그 정성으로써 나의 아들을 따르는 제
자라 말한다 하면 이는 아니니라.
19 천추의 많은 백성들이 깨달음이 없을
것이니라.
20 너희들이 이보다 열 배 이상으로 더
마음 자세를 다스려 행동과 마음가짐
을 가질 때, 너희들이 정녕 일등 공신
의 나의 아들의 제자로서, 너희 부부
를 보고 만백성이 깨우칠 것이니,
21 이 고비를 너희가 넘겨야 할 것이며,
내가 너희들에게 내리는 이 명을 가슴
깊이 새겨 그와 같이 이루도록 하라.
22 그렇지 아니하면 너희들이 내 앞에 영
원히 기록되는 자가 될 수 없음이니,
이는 만백성의 거울이 될 수 없음이니
라.
23 내가 오늘 너희들에게 많은 하늘의 이
치와 너희 가슴에 있는 것을 다 풀어
줌은,
24 내가 너희들의 가야 할 길과 너희가
바로 서야 할 길의 문을 열어 주고 눈
을 띄워 주는 것이 나의 아들을 따라
가는 너희들에게 많은 힘과 용기를 주
고 그 길을 알게 될 것 같아, 이제는
내가 너희들에게 명해도 알아들을 것
같으며 너희 자신의 깨달음이 있기에
내가 명함이니,
25 이 뜻을 깊이 깨우쳐 행하도록 그리하
라.

2,575 번째 하나님 말씀

2002년 7월 11일 11시 37분

1 사랑하는 나의 아들아!
2 "네, 아버님! 말씀하옵소서."
3 오늘 내가 너를 통하여 각자의 임무를
주었으며, 각자 해야 할 일과 지켜야
할 일을, 하늘의 비밀이요, 천기를 너
의 제자들에게 전하였음이니라.
4 너희들은 이 세상을 살아가면서 육의
생활의 작은 이익을 위하여 너희 모두
를 아끼지 아니하며,
5 너희들 말에 그런 말이 있지 않으냐?
6 장사를 하는 사람은 5푼을 위하여 몇
십 리를 걸어서라도 그 이익을 추구하

며, 그것이 장사하는 사람의 근성이라
말하였으며, 너희들 마음의 너희들이
살아가는 자세가 그렇다 하였음이니
라.
7 그러나 어찌하여 너희들은 나의 뜻을
모르는가?
8 너희들이 나에게 작은 것을 바쳤을
때, 너희들이 작은 하나를 바쳤을 때
내가 너희들에게 열 가지 이상의 은혜
와 은총을 내리는 것을 너희들은 어찌
하여 모르는가?
9 너희들이 나에게 작은 은혜요, 내가
너희들로부터 기쁨을 얻었던 길이며
너희들이 나의 뜻에 따라 작은 것을
행하였을 때, 그것은 너희들이 너무나
도 크고 큰 것을 얻는 것이거늘,
10 어찌하여 너희들은 그와 같은 나의 은
혜의 내림을 모르는가?
11 과연 너희들은 나로부터 사랑과 은혜
와 영광을 받기 위하여 너희들의 하루
의 생활에서 나에게 무슨 기쁨을 얼마
나 바치는가?
12 너희들이 바로 살고자 나의 계명에 따
라 한 구절을 지키고 그를 행하고 살
때, 내가 너희들에게 보이지 않든 보
이든 많은 은혜와 영광을 몇 배로 주
건만, 너희들은 어찌하여 그것을 모르
는가?
13 너희들이 작은 역사를 하나 이루었을
때 그보다 몇십 배의 높은 깨달음을
내가 너희들에게 주며, 은혜와 영광을
주고 있음이니라.
14 그러니 너희들은 육의 세계에서 장사
꾼으로서 그 남는 이익을 위하여 모두
를 다 바치나, 너희들이 작게 투자해
서 그 몇십 배를 얻는, 나에 대한 그
은혜와 사랑과 영광을 받는 데는 인색
하니,
15 너희들이 하루에 한 가지씩 깨달음을
나에게 바쳐 보라.
16 그리고 너희들이 나의 은총 속에서 나
여호와가 기쁨을 얻을 수 있는 그와
같은 삶을 한번 살아 보도록 하라.
17 하나의 삶을 살았을 때 내가 열의 기
쁨을 너희들에게 주며, 너희들이 1미
터의 높이만큼 올라왔을 때 내가 너희
들에게 열 배 이상의 높이의 영광과
은혜를 주고 있음이니,
18 이 이치를 깨우쳐 너희들은 받아야 될
것이니라.
19 오늘 나의 아들이 말하였느니라.
20 둥근 원을 그리면서 그 원 속에 존재
하는 것이 너희들이라 하였으니, 그게
바로 나의 보호막에 들어와 있는 너희
들이니라.
21 그리하여 내가 너희들에게 이 하늘의
뜻을 가르치며, 내가 너희들에게 상을
내리는 그 방법을 가르쳐 줌이니라.
22 하나가 변하고 하나를 아름답게 살았
을 때, 열배 백배를 너희들에게 내려
줌이니,
23 장사의 속성만 생각하지 말고, 나 여
호와의 은혜를 받는 그 속에 장사의
속성을 대입하여 믿음의 길을 갈 수는
없겠는가?
24 이 이치를, 내가 나의 울타리에 들어
온 나의 사랑하는 백성이요, 나의 아
들 너의 제자들에게, 너희들에게 이
기회를 줌이니,
25 하나를 너희들이 바쳤을 때 열 개를

얻음을 잊지 말라.
26 장삿속보다도 더 깊은 그 원리로써 나
에게 너희들이 달려오는 그 길에 게을
리하지 말라.
27 사랑하는 나의 백성들아!
28 영원히 너희들이 나의 법전 속에 길이
남을 것이니 그리 알라.
29 나 여호와는 이를 의심치 아니함이니
라.
30 내가 너희들에게 5달란트로 10달란
트를 만드는 능력을 준다 하였음이니,
31 너희들이 또한 재물이 쌓이며 그 변화
와 역사가 이루어질 때도 오늘의 그
마음이 변하지 아니하는 것만이 구원
의 길에 올라옴이니,
32 너희들이 그 영광을 남에게 돌리고 또
다른 사람에게 돌릴 수 있는 그 길만
을 생각하고 모두를 이룰 때, 수많은
업종이 너희들 품 안에서 정밀하게 돌
아갈 것이니 그리 알라.

2,576 번째 하나님 말씀

2002년 7월 12일 06시 55분

1 사랑하는 나의 아들아!
2 "네, 아버님! 말씀하옵소서."
3 너희들은 구약 시대에 이루어진 그 역
사와 신약 시대에 이루어졌던 역사 속
의 그 기적들은 두려워하고 무서워하
느니라.
4 그러나 지금 제3의 시대에 내가 너희
들의 과학의 세계에서 그 과학으로써
도 이룰 수 없는 그 역사의 기적을 너
희들에게 보여 줌이니, 그 위대한 것
은 너희들이 어찌 그리도 생각을 할
수 없는 것이던가?
5 과학의 변화와 그 과학으로써 이루어
질 수 없는 그 역사의 기적을 내가 너
희들에게 보여 주며, 구약 시대의 기
적이요, 신약 시대의 기적보다도 더
무서운 그 기적을 내가 너희들에게 행
하며 보여 주건만,
6 너희들은 어찌하여 그 두려움을 모르
고 있는 것인가?
7 내가 나의 아들을 통하여 너희들에게
말함이니, 곧 그가 이 세상을 떠날 자
이며, 또 그가 누구로부터 해를 입을
것이며, 그가 누구로부터 생명을 보호
해야 되는지 그 모두를, 내가 너희들
에게 필요한 자 역사하여 이루어짐이
니,
8 그것이 지금의 너희들에게 이루어지
는 기적의 역사가 아니고 무엇이던가?
9 너희들은 어찌하여 나의 아들 예수가
이루었던 그 역사의 기적의 시대만 생
각하며,
10 지금 죽을 자의 생명을 나의 아들을
통하여 구원하고자 하며 또한 그 역사
를 이루어 주고 있거늘, 그와 같은 변
화의 역사는 그 흐름을 모르는가?
11 지금 이 세상에 내가 나의 성령을 통
하여 이 성전에서만 나의 아들에게 나
의 음성을 통하여 만백성을 구하는 메
시지를 전하며, 그를 통하여 너희들의
그 모든 기도를 상달하여 받는다 하는
것을 너희들은 어찌 믿지 못하는가?
12 오로지 나의 아들을 통하여 지금 기적
이 이루어지며, 기적의 역사가 행하여
지고 있으며, 지금 이곳에서만이 나의
성령으로써 만백성을 구하는 그 역사

가 이루어지고 있음이니라.
13 그것을 너희들은 알아야 될 것이니라.
14 그를 너희들은 눈으로 보면서 실감하
지 못하며, 몸으로 체험하면서 모르고
있음이니라.
15 지금의 이 사악한 시대요, 마지막 시
대요, 종말의 시대요, 너희들이 말하
는 사탄이 세상을 지배하는 이 시점에,
16 나의 아들이 나의 성령을 받아 세상에
나가 법전을 만들어 만백성을 구하는
그 역사에 나의 아들이 추하고 더러운
곳에 결탁하고 협의하며 그리고 저 자
신의 무엇인가를 위하여, 저 자신이
나의 성령의 뜻이요, 나의 음성을 받
아 그가 거기에 거역하며 육의 생활을
위하여 나의 성령의 뜻을 저버리는 일
이 있는가?
17 이는 무엇을 뜻하는가?
18 나의 성령을 깨우쳐 저희들이 가야 할
길이 어떤 것인가를 아는 종교 지도자
들이 그 길을 가지 아니하고 나에게
죄를 짓는 그 순간순간에 그와 같은
행위를 하는 것과, 나의 아들이 나의
음성을 들어 내가 지키라 하는 것을
목숨을 바쳐 지키며 가는 그 형국을
보라.
19 그리하여 이는 나에게 선택된 자이며,
이곳에서 나의 성령의 뜻을 전하는 것
이며, 오로지 내가 이곳에 역사하여
만백성을 구하고자 하는 것을 너희들
은 알아야 될 것이며,
20 그리하여 나의 아들의 제자라 하여 나
의 성령을 공부하는 자, 그리고 나의
법전을 읽고 깨우치는 그 백성들이 얼
마나 소중한가를 내가 강조함이 여기
있음을 너희들은 알아야 할 것이니라.

2,577 번째 하나님 말씀

2002년 7월 12일 07시 01분

1 사랑하는 나의 아들, 그리고 나의 피
조물 만백성 너희들은 들어야 할 것이
니라.
2 성령으로써 공부를 하며 나의 아들 예
수가 전했던 그 신약 성서의 내용대로
지키고 살아가며, 그대로 만백성을 깨
우쳐 하늘에 오르는 그 길을 간다는
종교 지도자들이며 그곳에서 깨달음
을 얻어 높은 직위에 있다 하는 그들
의 생활이 어떠하던가?
3 그들은 간음하지 않으며, 도둑질하지
않으며, 이웃에 거짓 증거하지 않으며
그 모두를 지키고 살아간다 그리 말하
느니라.
4 그러나 그리 살아간다, 지킨다 말하
며, 종교 지도자라 단상에 서서 나의
피조물 만백성에게 설교하고 가르치
는 자들이 뒤에서 그와 같은 험악한
짓을 한다 하면 너희들은 그들을 어찌
봐야 될 것인가?
5 간음하지 말라 하는 자가 간음하며,
그리하여 간음하지 말라 하는 자, 또
저희는 간음하지 아니하고 사는 종교
지도자라 말하는 자, 그리고 오로지
그 길을 위하여 모두를 다 바치고 살
아가며 순리요, 질서대로 살아간다는
자들이 간음하여, 여인으로부터 잉태
된 그 생명이 세상에 태어나는 것이
두려워 그 생명이 태어나기도 전에 그
를 죽여 암매장하는 자, 그리고 버리

는 자,
6 그와 같은 자들이 있다 하면 너희들은
어찌 그를 믿고 그를 따를 수 있으며,
그들을 과연 진정한 종교 지도자라 말
할 수 있는 것인가?
7 그러나 지금 나의 아들은 나이 60이
다 되어 내가 나의 아들이라 명하여
세상에 보냈음이니,
8 세상의 종교 지도자들이 깨끗하고 청
렴결백한 것 같으나 뒤에서 더럽고 추
한 짓을 하며 살아가는 자들과,
9 정말 너희들 인간사에 살아가면서 욕
심이라는 것을 버리지 못하며 재물을
모으고자 모든 수단과 방법을 가리지
아니하고 살아왔던 자가 나의 아들이
라 선택되어 나의 성령을 받아 법전을
만들면서, 그와 같은 것을 하지 말라
명하는 나의 뜻에 따라 목숨을 바쳐
그를 지키고 추하고 더러운 짓을 하지
않는다면,
10 너희들은 어떤 자가 진정한 종교 지도
자며 나로부터 선택된 백성이며 만백
성을 구하는 자인가를 구분하여야 될
것이니라.
11 내가 고기를 먹지 말라 하였다 하여,
고기를 먹지 말라 하며 자기는 고기를
안 먹는다 말하나, 뒤에서 수없이 먹
어 대고 사는 것이 지금의 종교 지도
자들의 흐름이요, 그런 역사 속에서
지금까지 몇천 년이 흘러왔음이니라.
12 이는 곧, 위로는 나 여호와를 속이며,
스스로는 저 자신을 속이며, 그리고
저희들을 믿고 따르는 나의 피조물 만
백성을 기만하고 속이는 그와 같은 종
교 지도자들의 혈통이 지금까지 그리
흘러왔다 하면, 이들은 계속 앞으로도
그와 같은 역사가 흘러가지 아니하겠
는가?
13 먹지 말라 했던 고기를, 60여 년 동안
먹고 살아온 자에게 이는 나 여호와의
뜻이니 고기를 먹지 말라 하였을 때,
그 고기를 입에 대지 아니하고, 그것
이 하늘에 오르는 길이며 나 여호와의
뜻이라 하여 남들이 보든 보지 않든
절대로 자신이 고기를 입에 대지 아니
하며 만백성에게도 그를 입에 대지 말
라 가르친다 하면,
14 정녕 어떠한 자가 나로부터 선택된 자
이며 나의 뜻을 따라가는 자이며 나의
명령에 따라가는 자인가를 너희들은
구분하여야 될 것이며,
15 그리하여 그 모두를 보고 너희들이 옥
석을 가려야 될 것이니라.
16 가장 근엄한 체하며, 그리고 나로부터
선택받은 자요, 나로부터 만백성을 구
하는 대명을 받았다는 자들이,
17 나 여호와의 성경에 고기를 먹지 말라
기록되어 있으니 그리하라 가르치고
저희들은 안 먹는다 말하면서 남이 보
지 않는 곳에서 먹고 즐기고 살아간다
면,
18 그러나 반대로 그것을 먹고 즐겨 오던
사람이 어느 날 나 여호와의 아들이라
하며 이를 먹지 말라 명하여 그 순간
부터 그를 먹지 않고 지키는 자가 있
다면,
19 과연 어떤 자가 위대한 자며 나로부터
선택된 자이며 나로부터 명받은 자인
가, 이를 너희들은 구분할 줄 알아야
할 것이니 그리 알라.

2,578 번째 하나님 말씀

2002년 7월 12일 07시 13분

1 사랑하는 나의 아들아!
2 "네, 아버님! 말씀하옵소서."
3 이 세상 많은 피조물 만백성 중에 나
의 피조물 만백성을 하늘에 오르는 길
로 깨우칠 수 있도록 내가 성령을 부
어 주며 능력을 준 자 있었음이니라.
4 그리하여 그들은 만백성을 깨우쳐 하
늘에 오르는 그 길로 정녕 인도하고자
하였으며, 바른길을 가고자 하였음이
니라.
5 그러나 그 종교 지도자들이 저를 따르
는 백성이 늘어나며 자기에게 재물과
부귀와 영광이 따름으로써, 그들은 나
로부터 모두를 받아 전하는 그 중간의
심부름하는 자로서의 직분을 잊어버
리고, 제가 신이고자, 제가 높고자 하
는 그와 같은 형태로 모두가 변해 갔
음이니라.
6 저희들이 나로부터 성령을 받아 처음
의 깨끗하고 아름다운 마음으로써 만
백성을 가르치고 깨우치는 그 종교 지
도자가 되었더라면 오늘의 이와 같은
사악한 시대는 열리지 아니하였으며,
나의 아들 너를 통하여 제3의 이 시대
를 열지는 아니하였을 것이니라.
7 나로부터 능력을 받은 자들이 저희를
따르는 백성이 늘어나며 재물이 늘어
나며 권좌의 힘이 늘어남으로써 저희
들이 신이 되고자 하였으며, 나의 뜻
을 거부하여 받아들이지 아니하였음
이니라.
8 그리하여 그들은 욕심을 쌓았으며, 부
귀영화를 위하여, 저희 자신의 생활을
위하여 거기에 마음과 육이 빠져들어
감이니, 그를 통제하지 못하는 자들이
되었음이니라.
9 그리하여 저희들이 과욕을 부리니, 그
를 따르던 그 신도들이 그들로부터 떨
어져나와 때로는 하나의 새로운 종파
를 만들며,
10 그 새로운 종파를 만든 자는 먼저 깨
끗하고 아름답게 갔던 그 종교 지도자
가 혼탁하고 추하고 더러운 생활에 빠
진 것을 세상에 드러내며, 세상에서
나의 피조물 만백성으로부터 심판을
받도록 그들이 다 들추어내는 이와 같
은 역사가 반복되고 반복되어,
11 이 세상에는 수많은 종파가 생겼으며,
헤아릴 수 없이 많은 종파의 소집단들
이 생겨서 서로 물고 뜯는 그와 같은
싸움의 길을 가고 있음이니라.
12 나의 아들 너는 여기서 들어야 될 것
이니라.
13 네가 나의 성령을 받아 160권의 법전
을 세상에 냄이니, 너는 처음서부터
끝까지 나의 이 뜻에 따라 어긋남이
없는 삶을 사는 데 네 모두를 다 바쳐
가야 할 것이며,
14 너의 제자들 또한 그와 같이 깨끗하고
아름다운 모습으로 살아가야 될 것이
니라.
15 네가 오늘 살아가는 이 모습에서 정녕
부귀와 영화가 쌓이며, 모든 너를 따
르는 신도들이 너를 유혹하며 너를 육
의 세상으로 끌어내리고자 할 때,
16 네가 그를 버티지 못하고 견디지 못하
여 육의 세상으로 내려온다면, 너는

재물에 눈이 어둡게 되며 권좌에 눈이
어둡게 됨이니,
17 너의 변하는 그 모습 속에서 너의 약
점을 잡은 자들이 힘을 합쳐 나가 하
나의 종파를 만들면서 너를 세상에 드
러내는 추악한 그와 같은 행위를 하게
됨이니,
18 네가 나의 법전을 만들지도 못하고 이
세상에서 쓰러져 나의 성령이 재가 될
수 있음을 알아야 될 것이니라.
19 너는 이와 같은 모든 나의 인간들이
겪어 왔던, 모든 종교 지도자들이 겪
어 왔던 그와 같은 형태의 전철을 밟
아서는 아니 됨을 알아야 될 것이니라.
20 내가 오늘 너에게 일찍 체험하도록 한
것은, 이와 같은 형국을 체험하여 여
기에 휘말리지 아니하며 쓰러지지 않
는 나의 아들을 만들기 위하여 너에게
훈련을 시키며 체험을 시켰음이니,
21 이를 본보기로 하여 너 자신이 흔들려
서는 아니 됨을 알아야 될 것이니라.
22 이 세상의 나의 피조물 만백성 중에
사악한 자 말할 수 없이 많으니, 그들
은 제가 따르던 그 종교 지도자에게
인간으로서 추하고 더러운 일을 하도
록 유도하며, 그리 종용하며 그리 유
도함이니라.
23 그리하여 돌아서서 그것을 모르고 그
들의 뜻을 따르는 자, 종교 지도자요,
너의 목을 그 올가미로 조를 것이며,
너를 쓰러트리고자 함이니라.
24 그리하여 너를 길들인 강아지처럼 끌
고 들어가고자 할 것이니,
25 저희 마음대로 우롱하고 저희 마음대
로 너를 쓰고자 하며, 저희들 발아래
너를 놓아 너를 그리 이용하고자 할
것이니라.
26 너의 약점이라는 그 굴레로써 네 목을
묶어 그 목을 끄는 대로 네가 끌려가
지 아니할 때, 너의 죄상을 세상에 드
러내어 너를 완전히 패망시키며 이 세
상에 존재치 못하도록 하는 것이 그들
의 사악한 수법이니,
27 그들에게 네가 현혹되어 추하고 더러
운 일, 질서에 어긋나는 일, 나의 성령
이요, 나의 법전에 어긋나는 일이요,
내가 너에게 내린 성령에 위배되는 일
을 할 때, 너는 가차없이 세상에 갈기
갈기 찢기며 그들로 하여금 네가 쓰러
짐이니, 나의 성령이요, 나의 법전이
재가 됨이니라.
28 너는 이와 같은 전철을 밟아서는 아니
되며, 네가 스스로 그와 같은 데에 빠
져서는 아니 됨이니,
29 지금까지 흘러오면서 종파가 바로 서
지 못하며, 수천수만의 종파가 생겼으
며, 서로 물고 뜯고 싸워, 나의 피조물
만백성을 구하는 길이 아니라 지옥의
길로 저희 스스로 그리 빠졌던 역사의
한 단면을 보여 줌이니라.
30 너는 그와 같은 것에 흔들려서는 아니
될 것이며,
31 너를 따라 종파를 만드는 자, 그들에
게 네가 약점을 잡혀 세상에 드러내는
그와 같은 형국이 된다면 그 종파들의
힘이 강성해지며 정녕 나의 법전을 만
드는 일이 중단될 것이니라.
32 이를 명심하여 그곳에 너희가 현혹되
어 넘어가서는 아니 되며,
33 그리고 나의 성령이요, 나의 십계명에

있는 그대로 살아가는 삶에서 이탈해
서는 아니 됨을 오늘 내가 너의 제자
들에게 명하여 깨우치며, 나의 법전을
읽는 만백성에게 이를 깨우치며 너를
다스려 나감이니,
34 명심하여 행하도록 그리하라, 나의 아
들아!

2,579 번째 하나님 말씀

2002년 7월 12일 07시 24분

1 사랑하는 나의 아들아!
2 "네, 아버님! 말씀하옵소서."
3 지금 나의 피조물 만백성이 수천수만
의 종파를 만들도록 한 그 원흉은, 그
들이 스스로 종교 지도자요, 너와 같
은 나의 아들이요,
4 나의 아들 예수가 나아가 만백성을 구
하고자 했던 그 시대 또한 구약의 모
세의 시대에서부터 지금까지 하나도
변하지 않은 것이 있으니,
5 그는 바로 지도자요, 나의 아들들을
인간들이 저희 마음대로 통제하고자
사악한 짓을 유도함이니, 그리하여 그
곳에 걸린 자 뭐라 말하였느냐?
6 세상에 드러내어 그를 쓰러트리고 그
를 짓뭉개는 그와 같은 사악한 자들
이 있다 하였음이니라.
7 그러나 그러한 자들이 있는가 하면,
지금은 또한 어떠한 역사를 이루는 자
들이 있는가?
8 내가 너희들에게 지금의 이 시대에 깨
우치며 하늘에 오르는 길이요, 그 모
두는 너희들 스스로 자신의 싸움이며,
너희들이 스스로 깨우쳐 하늘에 오르
는 길을 보는 시대이니, 자신이 모두
를 해결하여 깨우침을 얻는 그와 같은
제3의 시대가 열려 있음이니라.
9 즉, 제3의 시대는 무엇이더냐?
10 복음의 시대가 열렸음이니라.
11 나의 성령을 법전으로 만들어 이 법전
을 전하여, 이를 보고, 이 복음서를 읽
고 깨우치는 자는 하늘에 스스로 오르
는 그와 같은 새로운 역사가 이루어지
고 있음이니라.
12 그리하여 그 모두는 다 자기 싸움으로
서, 자기가 자기 자신을 깨우쳐 자신
이 해결하여 하늘에 오르는 길을 봐야
될 것이니라.
13 그리하여 이 복음서를 전하여 네가 강
론하며 나의 뜻을 너의 제자들에게 전
함이니라.
14 그러나 이제는 거기에서 어떠한 사람
들이 또 너를 무너트리고자 하는지
너는 알아야 될 것이니라.
15 네가 복음서를 전하는 그 속에서 함량
미달되는 자들이 있음이니라.
16 함량 미달된 자, 따라올 수 없으며 깨
달을 수 없는 자들이 노력하여 따라와
저희 스스로 구원을 받고자 하는 것이
아니니라.
17 그 함량 미달인 자들이, 네가 많은 세
월을 가는 속에 그중에 한두 가지의
약점이라도 있다 하면, 그들은 그를
가지고 세상사에 고발이요, 고소라는
것을 하기 시작하게 됨이니,
18 그들이 그와 같은 행위를 하여 너에게
하자가 있다 하면 너를 무너트리게
하며 이 세상에 존재하지 못하게 하는
것이 그들의 형태이니라.

19 이제는 함량 미달인 자들이 너를 세상
에 드러내어 너의 약점을 잡고 쓰러트
리고자 하는 그와 같은 시대가 열릴
것이니라.
20 예수의 제자가 예수를 팔았듯이, 너의
약점이 보일 때 그 함량 미달인 자들
은 세상에 너를 드러내 많은 나의 피
조물 만백성으로부터 심판을 받도록
하며 만백성이 너에게 돌팔매질을 하
도록 하여,
21 저희들이 함량 미달이라 따라갈 수 없
는 그 깨달음이요, 복음서를 그들은
아무런 가치가 없는 것이요, 사탄이
요, 사악한 자의 역사라며 그를 재가
되도록 하는 그와 같은 사악한 시대가
열림을 알아야 될 것이니라.
22 정녕 나의 복음서를 보고 깨우치고 공
부하며 따르는 제자들이 스스로 함량
미달됨을 부끄럽게 생각하며 노력하
여 깨우쳐 오는 것이 아니라,
23 그 함량 미달됨을 저희들의 노력으로
써 극복하려 하지 아니하고, 제 한계
를 깨달은 자가 너의 약점을 잡으면
그 약점을 가지고 세상에 나가 너희들
이 말하는 인간사에서 고발이요, 고소
를 하여 법 앞에 너를 세워 만백성이
너를 심판하게 하는 그와 같은 사악한
시대가 열림이니라.
24 즉, 나의 아들 예수를 팔며 죽게 한 그
사악한 자들과 똑같은 그와 같은 역사
를 이루는 시대가 이루어짐이니라.
25 이를 알아야 될 것이니라.
26 함량 미달이 되는 자, 그들은 성령의
뜻이요, 나의 법전의 뜻이요, 하늘의
뜻을 따르고자 아니 하는 자들이니라.
27 저희들의 부귀영화와 육신의 그 욕심
을 속이지 못함이니, 그들 속에서 사
악한 피가 서서히 그들을 통제하게 됨
이니라.
28 그리하여 하늘의 뜻을 따르지 아니하
며 나의 성령의 위대함을 따르지 아니
하며 나의 법전대로 살아가고자 하지
아니하는 그들이 곧 함량 미달자가 되
니,
29 그들 속에서 새로운 함량 미달의 피가
솟으니, 그 피의 힘에 의하여 그들이
그리 사악한 짓을 하게 됨을 너희들이
알아야 할 것이니라.
30 그리하여 그들은 진리를 봐도 보지 못
하며, 그들의 마음속에 진리의 뜻을
받아들이지 못하며, 그 진리의 깨달음
에서 스스로 떨어져 나가게 됨이니,
31 그들은 눈이 있어도 보지 못하며 귀가
있어도 듣지 못하며, 새로운 새싹이
마음속에 나오는 그와 같은 역사를 이
루지 못하는 그 함량 미달자들이 무서
우리만큼 너를 헤쳐 놓으며, 만백성으
로부터 심판받게 하여 네가 자리 잡지
못하고 쓰러지도록 하는 그 사악한 행
위가 시작됨이니,
32 거기에 또한 네가 넘어가서는 아니 됨
을 알아야 될 것이니, 함량 미달된 자
와 미달되지 아니한 자를 구분할 줄
아는 너의 그 깨달음을 알아야 될 것
이니라.
33 네 마음의 깊이를 남들에게 보이지 말
며, 너의 제자들 또한 마음속의 그 모
두를 그 함량 미달자에게 보여 그들에
게 걸려드는 그와 같은 죄를 짓지 말
도록 그리하라 이르라.

34 너의 제자들 또한 잘못하여 그 함량
미달자에게 걸려들 때 그 죄상이 세상
에 다 드러나게 됨이니, 그 죄를 짓지
아니하도록 그리 깨우쳐 주라.

2,580 번째 하나님 말씀

2002년 7월 12일 07시 43분

1 사랑하는 나의 아들아!
2 "네, 아버님! 말씀하옵소서."
3 지금 수천 년 동안 구약과 신약의 시
대에 많은 나의 피조물 만백성이 살아
갔으며,
4 또 그들을 일깨우는 종교 지도자라 하
여 그 수를 헤아릴 수 없으며, 그 수많
은 종파 속에서 그 종교 지도자들, 그
리고 깨우침의 경지가 높이 와 있다는
자들과 너희들이 차별화됨을 이제는
너희들이 알 때가 되었으며,
5 너희들이 스스로 알 때가 되었기에 내
가 오늘 나의 아들을 통하여 너희들에
게 깨우침을 주노라.
6 너희들은 살아가면서 무엇이 다르던
가?
7 수천 년 역사 속에 살아온 나의 피조
물 만백성은 깨우침의 한계를 벗어나
지 못하여 제자리걸음을 했으며, 다람
쥐 쳇바퀴 돌듯이 성서를 가지고 그
자리에서 돌고 도는 그와 같은 우매하
고 발전이 없으며 변화가 없는,
8 그리고 내일을 보지 못하며 하늘에 오
르는 그 길을 보지도 못하며 쳇바퀴
돌듯이 그 자리를 돌고 또 돌며 그리
살아가는 삶을 살다 죽어 가는 그 역
사의 틀 속에서 믿음이라는 것을 유지
해 왔음이니라.
9 그러나 너희들은 짧은 기간 속에 나의
법전이요, 나의 성령을 읽고 깨우치면
서 거기서 무엇을 느끼는가?
10 너희 마음속에 하나하나 변화되는 그
것을 느끼며, 너희 스스로 하늘의 빛
이 무엇이며 나 여호와가 원하는 길이
무엇이며 너희들이 구원을 받는 길이
무엇인가를 하나하나 깨달아 변화됨
이니,
11 너희들이 나의 성전에 와 나의 선지자
의 강론을 한 번 들음으로써 너희 가
슴속에 깨우침이 있음이니라.
12 그와 같이 변화되는 역사가 그들과 너
희들과의 하나의 차이점이며,
13 또 하나 너희들이 간곡히 알아야 될
것이 있음이니, 지금 구약과 신약의
시대에, 지금의 많은 역사 속에 흘러
오면서 종교 지도자 그들이 또 하나
무엇을 모르고 있었던 것이냐?
14 내가 존재하고 있음을, 두려움을 모르
는 그들이었음이니라.
15 내가 존재함을 그들이 두려워하며, 그
들이 정녕 내가 있는 그 세상의 무서
움과 그 법도와 그 철칙을 안다 하면,
그들은 지금같이 나 여호와가 존재하
는 듯, 존재하지 않는 듯 그 자체도 구
분을 못 하는, 그와 같이 두려움을 모
르는 그 믿음의 세상에서 살아오지 아
니하였을 것이니라.
16 그들은 오로지 육의 생활이요, 저희들
의 부귀영화요, 많은 집단을 제가 통
솔하고 관리함으로써 제 힘을 과시하
는 데 저희 모두를 다 쏟고 살아왔으
며, 금화와 은화와 재물을 모으는 데

모든 역점을 두고 지금까지 믿음이라
는 길을 왔음이니라.
17 그리하여 그들은 흔들리는 믿음이요,
뿌리가 없는 믿음이요, 두려움을 모르
는 믿음을 가지고 살아왔느니라.
18 그리하여 종교 지도자들 중에 그와 같
은 자는 없는지 너희들은 들어 봐야
될 것이니라.
19 '여호와 하나님! 이것은 제가 장난으
로써 한 기도이며, 여호와 하나님! 이
것은 장난삼아서 한번 해 본 기도이
며, 여호와 하나님! 이것은 제가 장난
삼아서 소원을 빌어 본 것입니다.' 그
러한 기도를 하는 자, 그러한 말을 하
는 자들은 없는가?
20 '저는 정녕 하나님을 시험하기 위하여
이 기도를 하였나이다. 저는 하나님을
시험하고자 이와 같은 행위를 하였나
이다.' 그와 같은 말을 하는 종교 지도
자요, 그를 따르는 백성들이 그와 같
은 행위를 하며 그와 같은 말을 하는
자들은 없는가?
21 그들은 나 여호와를 믿는다는 자들이
두려움을 모르고 가느니라.
22 그리고 그 두려움을 모르며, 저희들이
얼마나 무서운 죄를 짓고 가는 것이
며, 용서받지 못하는 지옥 불로 가는
것인가를 모르는 자니라.
23 그러나 너희들의 마음 자세는 어떠하
던가?
24 너희들은 두려움을 아느니라.
25 나 여호와가 존재함을 알며, 나 여호
와가 너희들에게 직접 터치함을 알며,
너희들은 오금이 저리고 마음이 조여
오며 하루의 생활을 하는 것의 두려움
과 무서움을 알며,
26 나의 성전에 와 공부하는 그 자세에
너희들이 추하고 더러운 것은 없는가
하여 너희 스스로 무서움을 아느니라.
27 그리고 나 여호와가 존재함을 알고 있
으며, 나 여호와가 존재하기에 무섭고
두려우며 마음을 졸이고 살아가는 것
이 너희들이니라.
28 이것이 얼마나 무서운 차이의 믿음인
줄 아는가?
29 너희들이 육의 생활이요, 부귀의 생활
을 먼저 생각하고 있는 것이 아니요,
욥의 그 시험보다도 더 고통스러운 시
험이 있다 하여도 너희들은 나 여호와
하나님이 존재하기 때문에 인내하고
견디겠다는 그 두려운 마음으로써 너
희 몸을 다 감싸고 있음이니, 감히 너
희들이 어떠한 행동을 하겠는가?
30 이것이 그들과 너희들의 엄청난 차이
임을 알아야 될 것이니라.
31 잘못 믿고 잘못 깨우치며 변화가 없는
믿음 속에서 죽은 믿음을 가는 자와,
변화 속에서 하늘에 오르는 길을 깨닫
고 가는 너희들의 그 차이도 하늘과
땅보다도 더 무섭게 멀리 벌어지거늘,
32 나 여호와가 존재함을 두렵게 생각하
지 아니하는 자들은 내가 존재함을 믿
지 아니하며, 그들의 마음이 뿌리가
없는 것이니라.
33 내가 존재함을 알며, 나의 두려움을
알며, 나의 무서움을 알며, 감히 오금
이 저려 마음 졸이며 살아가는 너희들
과 그들과는 영원히 같이 갈 수 없으
며, 그 격의 차이는 말로써 형언할 수
없음이니,

34 죽어 그들이 그 죄를 받을 때, 너희들
이 얼마나 위대한 존재들인지 알게 될
것이며,
35 그들을 바라볼 때 너희들이 감히 무섭
고 두려워 고개를 들고 볼 수도 없는
그 형벌 속에서 허덕이는 그들을 보면
서 너희들이 지금의 자리에 서 있음이
얼마나 영광된 것인가를 알 것이며,
36 내가 존재하는 것을 두려워하며 무서
워하는 너희들이 지금 마음을 졸이며
살아가는 그것이 얼마나 너희들에게
영광과 축복의 길이었는가를, 너희들
이 그 죄 속에서 허덕이는 그들을 바
라보면서 알게 될 것이니라.
37 나의 사랑하는 백성들아!
38 이 구절을 가슴에 깊이 새겨 행하도록
그리하라.

2,581 번째 하나님 말씀

2002년 7월 12일 09시 24분

1 사랑하는 나의 아들아!
2 "네, 아버님! 말씀하옵소서."
3 너는 구약 시대에 모세가 이루었던 그
역사의 기적과, 그리고 신약 시대에
예수가 이루었던 그 모든 기적의 역사
를 종합하여 제3의 시대를 열어 감으
로 인하여 그 모두의 역사는 하나의
편안한 길로써 이루어지지 아니할까
하는 것을 네 마음속에 생각하느니라.
4 그러나 너는 여기서 깨우치고 깊이 깨
달아야 할 것이 있음을 알라.
5 모세의 시대에 그와 같은 역사의 기적
을 보았던 그 백성의 형태가 어찌 좌
절되었으며 그들이 어찌 무너져 갔는
가?
6 예수의 기적을 이루었던 그 시대에 가
장 가까웠던 제자들, 그리고 그를 따
랐던 백성들, 그리고 그 역사에 임했
던 모든 백성들이 살아가는 그 형태의
종말이 어찌 이루어졌던가?
7 그것을 네가 볼 때, 지금의 모든 기적
의 역사로 무엇인가 이루어지는 것은
아무것도 아님을 알아야 할 것이니라.
8 너희들은 밤하늘에 별 하나 떨어지는
그 별빛을 보지 아니하는가?
9 너희들은 하나의 별이 떨어져 그 별빛
이 찬란하게 휙 지나가는 그 모습을
보며 그 신기함에 경탄하며 놀랄 것이
니라.
10 그와 같은 것이니라.
11 그와 같이 기적과 역사로써 보이는 것
은 기나긴 몇천 년의 역사가 흐른 뒤
에 너희 머릿속에 남음은 그것만도 못
하게 지워짐이니, 그것이 기적의 역사
가 이루어지는 것이니라.
12 그보다 더한 것이 무엇인 줄 아는가?
13 지금 나의 성령을 태워 너를 통하여
법전으로 만들어 세상에 전하니, 이는
곧 복음이니라.
14 글로써 전해지며 말로써 전해지는 그
복음보다도 더 위대하고 더 큰 역사가
없음을 알아야 될 것이니라.
15 나 여호와가 너희 눈에 보이는 그 기
적의 역사로써 이루는 것이 밤하늘에
한 번 지나가는 별똥별과 같은 것을,
16 어찌하여 그와 같은 역사를 재판하며
그 역사의 시대를 다시 열 수 있다 생
각하는가?
17 그는 아니 됨이니라.

18 이제는 제3의 시대, 복음의 시대로서,
나의 음성과 나의 성령을 기록하는 책
으로써 만백성을 깨우치고 가는 것만
이 천 년의 역사 속에서 새로운 시대
가 열어지며, 이 법전 앞에 사악한 자
들이 견딜 수 없음을 너는 알아야 될
것이니라.
19 지금은 사악한 자들이 세상을 다 덮고
있음이니, 그들이 방대하며 그들보다
더 위대한 역사가 없다 너희들이 생각
하나,
20 나의 법전이 세상에 물이 흐르듯이,
땅에 스며들듯이 그와 같이 나의 피조
물 만백성의 가슴에 스며드는 그 세월
이 필요함이니라.
21 그 세월이 흐른 다음에 그 역사가 이
루어진 바탕 위에는 정녕 사악한 자들
이 그를 넘어트리려 하여도 넘어트릴
수 없는 그와 같은 위대한 역사가 이
루어짐을 알아야 할 것이니라.
22 너희들이 생각하기에는 지금의 사악
한 자들과 잘못 가는 종교 지도자들의
그 행함이 얼마나 무섭던가?
23 그들은 목숨을 내걸고 저희들과 같이
가는 자가 아니면 이단이요, 사탄이라
하여 지상에 존재치 못하도록 하며,
그리 사악한 광란의 형태로써 그를 공
격하며 무너트림이니라.
24 그러나 진정한 참진리요, 나 여호와의
뜻으로써 이를 보고 깨우쳐 하늘에 오
르는 길을 알며, 저희 스스로 변함을
알며, 나 여호와가 존재함을 무섭게
깨우치는 백성들은 그보다도 더 무서
우리만큼 단합될 것이며, 그들이 하나
가 되어 일어날 때는 그 무엇도 그를
막을 수 있는 힘이 없음을 알라.
25 지금의 종교 지도자들은 과연 나 여호
와가 존재하는 것인지 아닌지 그 자체
도 흔들리는 마음에서 구원을 받는 길
이요, 구원을 받는 기초라 하여, 저희
들이 모두를 열과 성의를 다하여 광란
적으로 바치는 것만이 구원을 받을 것
이라는 그 잠재의식의 생각에서 하는
행동이 그리 무섭고 과격함이니,
26 정녕 하늘의 뜻을 알며, 길을 알며, 나
여호와가 존재함을 아는 그 백성들이
하나가 둘이 되고 둘이 열이 되어 뭉
쳤을 때의 그 힘은 지금의 사탄들의
광란적인 그 행동으로써는 이길 수도
없으며 넘어트릴 수도 없음이니라.
27 기초가 단단하며 뿌리가 단단하게 성
장하는, 나의 법전을 읽고 깨우치는
백성들의 가는 길에는 아무것도 무너
트릴 수가 없음이니라, 나의 아들아!
28 그리하여 기적의 역사요, 기적의 형태
를 보이는 것이 아니라, 내가 지금 법
전으로써 이 세상의 만백성을 다스리
고자 하며,
29 내가 너를 통하여 기적이 필요하며 치
료할 자, 역사할 자, 그때그때 너에게
역사하여 이루지 아니하는가?
30 그와 같은 것이 기록되어 후세에 너의
제자들이나 너희 백성들이 이를 읽어
볼 때, 구약과 신약의 역사에 이루어
지는 것에 버금가는, 그보다 더 무섭
고 방대한 기적의 역사가 한편에서 이
루어지고 있음을 알게 될 것이니라.
31 다만, 너희들이 지금 체험하지 못하고
느끼지 못함이니, 너는 그와 같은 불
안한 마음을 갖지 말도록 그리하라.

32 너희들과 관계없이 기적의 역사가 이
루어지며, 내가 이루고자 할 때 너를
통하여 이루는 그 기적의 역사의 위대
함을 다 알게 될 것이니라.
33 너는 그와 같은 생각을 저버리며, 오
로지 나의 법전을 세상에 만드는 데만
모두를 다 바치며, 이 법전을 세상에
전하는 데만 모두를 다 바치라.
34 그것만이 너희들이 나의 뜻에 따라 순
응하며 이루는 그 역사가 됨을 알아야
될 것이니라.
35 사랑하는 나의 아들아!
36 내가 너에게 알곡식을 하나하나 추린
다 하지 아니하였던가?
37 너희들 세상에 또한 그와 같은 역사가
이루어질 것이니라.
38 정녕 종자가 다르며 씨앗이 다른 것은
같이 될 수가 없음이니라.
39 아무리 너희들이 말을 해도 염소는 양
이 될 수 없으며 양은 염소가 될 수 없
음이니, 그와 같은 변할 수 없는 것이
있음이니라.
40 그리하여 정녕 양이 될 수 없는 자, 그
리고 나의 백성이 될 수 없는 자가 아
무리 나의 법전을 보고 성전에 나와
공부를 해도, 그들은 그 깨우침을 따
라가지 못하며, 그 미달된 상태에서
그들은 돌아서게 되어 있음이니라.
41 그리고 그들은 수없이 떠나가게 되어
있음이니라.
42 그와 같은 이치에 네 마음이 불안해하
지 말며 두려워하지 말라.
43 네가 생각하기를, 떠나는 자들 앞에
네가 모세요, 예수가 보였던 그 기적
의 역사를 이룬다면 그들은 정녕 떠나
지 아니할 것이라는 그러한 생각과 그
러한 욕심에서 네가 그와 같은 생각을
하나, 이는 네가 정녕 잘못되었음이니
라.
44 종자가 다르며 씨앗이 다르며 근본이
다른 것은 하나가 될 수 없음을 너는
알아야 될 것이니라.
45 정녕 내가 원하는 그 백성이 되지 아
니하는 자는 수없이 왔다 떠나가며,
어떠한 기적과 역사를 본다 하여도 그
들은 존재하지 아니하고, 떠날 자는
떠나게 되어 있음이니라.
46 이는 바로 무슨 뜻이더냐?
47 염소가 양이 될 수 없음이니, 구원을
받지 못할 자, 구원을 받을 수 없기에
그들이 떠남이니라.
48 너는 이에 가슴 아파하지 말며, 오로
지 나의 160권의 법전을 세상에 펴내
는 그 임무에만 네가 모두를 다 바쳐
야 할 것이니 그리 알라, 나의 아들아!

2,582 번째 하나님 말씀

2002년 7월 12일 11시 43분

1 사랑하는 나의 아들아!
2 "네, 아버님! 말씀하옵소서."
3 내가 오늘 너의 제자들을 보기를 그
기쁜 마음이 이를 데 없음이니, 내가
정녕 너의 제자들을 사랑함이라 그리
전하라.
4 네가 오늘 굴하지 아니하고 굳건히 너
자신이 지켜 나가 이렇게 역사를 이룰
수 있는 이것은 오로지 이 자리에 모
여 앉은 너의 제자들의 노고와 정성이
며,

5 네가 비굴하게 굽히지 아니하고 굳건
히 견디어 오늘 나의 160권의 법전을
세상에 만들어 내는 그 기틀을 지금
지켜 가고 있음이니라.
6 이는 오로지 너의 제자들의 공이요,
그들의 노력이요, 그들의 마음 자세
요, 그들의 믿음이니라.
7 영원히 내가 그를 잊지 아니할 것이
며, 내가 영원히 너희들을 버리지 아
니할 것이며, 너희들을 기억할 것이니
그리 알라 전하라.
8 나의 아들이 오늘의 이와 같은 현실에
서 비굴하게 굽히지 아니하고 등 돌리
지 아니하며 좌절하여 쓰러지지 아니
함은 오로지 너희들의 공임을 알라.
9 오늘 나의 아들이 너희들과 더불어 이
크나큰 시련을 겪고 넘음으로 인하여
나의 아들에게 이와 같은 역사의 시련
은 두 번 다시 없을 것이며,
10 어떠한 태풍이 불어온다 하여도, 세상
의 지구가 다 깨진다 하여도 나의 아
들의 흐트러짐이요, 무너짐은 없을 것
이니라.
11 그 역사의 기초를 단단히 한 것은 너
희들의 공이며 너희들의 노력임을 나
여호와는 알고 있음이니라.
12 너희들은 너희들이 짓는 그 죄 하나하
나를 내가 모를 것이라 생각하는 착각
속에 살지 말아야 하듯이, 너희들이
이루고 착하고 선한 일을 하는 그 자
체를 내가 모름이 없음을 알아야 될
것이니라.
13 그리하여 마지막 시대요, 내가 심판하
는 그 시대에 너희들이 나의 아들과
더불어서 살아간다는 것은 즉 무엇이
던가?
14 너희들이 구원의 시대에 태어난 자들
이며, 구원의 역사 앞에 살아가는 자
들임을 알아야 할 것이니라.
15 구약의 시대요, 신약의 시대는 준비
단계라 하였음이니라.
16 그 준비 단계에서 이루어진 역사는 나
의 아들을 배신하였으며 모세를 배신
하였으며, 그와 같은 시대의 사람들은
어떠한 삶을 살았던가?
17 그들은 정녕 구원의 빛을 보지 못하였
으며, 구원의 역사를 보지 못하는 그
와 같은 삶을 살았음이니, 그 준비 단
계에 산 것이 나의 피조물 백성들이니
라.
18 그리하여 6천 년이라는 세월이 흘러,
내가 천 년에 걸쳐 새로운 역사요, 새
로운 지상의 낙원을 이루고자 하는 이
시대에 너희들이 태어나서 나의 아들
과 같이 감은 바로 무엇이냐?
19 너희들이 심판의 시대에 태어났음이
니, 따라서 너희들이 구원을 받고 못
받는 그와 같은 역사의 이루어짐이 이
속에 있음이니라.
20 너희들이 이와 같은 시대에 살아가게
된 것을 너희들의 축복이요, 영광이
요, 은혜라 깨달을 것이며,
21 또한 이 시대에 나의 선지자의 목을
비틀고 그를 조종하며 그를 여기서 쓰
러트리고자 하며 나의 성령의 160권
의 법전이 세상에 나오지 못하게 하고
자 하는 그들 앞에 나의 아들이 굳건
히 당당히 서서 그 모두를 헤치고 나
갈 수 있는 것은 오로지 너희들의 노
고의 역사임이 영원히 기록될 것이며,

22 그 상이 얼마나 소중한 것인가를 너희
들이 죽어 내 앞에 왔을 때 알게 될 것
이니라.
23 이제 너희들의 모든 고통과 시련을 거
두어 주며, 오로지 너희들이 나의 아
들을 따라 한마음이 되어 있는 그 역
사를 이루었음이니, 너희들에게 영광
된 축복이 같이할 것임을 알아야 될
것이니, 그리 알라.

2,583 번째 하나님 말씀

2002년 7월 13일 08시 55분

1 사랑하는 나의 아들아!
2 "네, 아버님! 말씀하옵소서."
3 너희들에게 내가 양식을 내렸음이니
라.
4 나의 성령을 태워 나의 법전이라 하여
너희들이 읽고 깨달아 보고 하늘에 오
르는 그 양식을 내렸음이니,
5 이제 너희들이 나의 법전을 보고 깨우
쳐 하늘에 오르고 못 오르는 것은 너
희들 자신의 노력에 달렸으며 너희들
자신과의 싸움이니라.
6 자신과의 싸움에서 이기는 자 구원의
길을 받을 것이며, 자신과의 싸움에서
지는 자 지옥으로 감을 알아야 될 것
이니라.
7 너희들은 이제 선과 악이 무엇이며 행
하여야 할 길이 무엇이며 행하지 아니
할 길이 무엇인가를 아나니,
8 이제는 행하지 아니해야 하는 길을 행
하지 아니하며, 선택하여 행하여야 할
그 길을 행하는 자, 그는 구원을 볼 수
있으며 구원을 받을 것이니라.
9 그러니 이제 너의 제자들과 나의 법전
을 읽는 만백성은 스스로 자기와의 싸
움에서 이기는 자만이 구원을 받을 수
있음을 알아야 될 것이니라.
10 한 점의 부끄러움이 없는 자신의 삶
속에서 너희들이 구원의 길을 얻을 수
있음을 알아야 할 것이니라.
11 남들이 보지 않는 곳, 보이지 않는 곳
에서 너희들이 행해서는 안 될 행위를
하면서 만백성 앞에 밝은 낮에 나와
아무리 아름답고 곱게 사는 사람이라
하여도,
12 내 마음이요, 내 눈을 너희들이 속일
수 없음이요, 내가 내려다보는 것을
속일 수 없음이니, 너희들이 그 모두
를 다 심판받음을 알아야 할 것이니라.
13 하나도 너희들이 속일 수 없음을 알아
야 할진대, 너희들이 이제 스스로 자
신과의 싸움에서 완벽하게 자신을 다
스려 가는 자만이 구원을 받고 살 수
있음을 알라.
14 나의 아들 너는 너를 따르는 제자들과
나의 법전을 읽은 백성들이, 너 스스
로 바르고 곱게 서는 그 아름다운 모
습에서 그들이 또한 스스로 자기와의
싸움에서 이길 수 있음을 알아야 할
것이니, 이를 명심하여 만백성에게 빛
이 될 수 있는 그와 같은 삶을 살아야
될 것이며,
15 너의 제자들 또한 만백성에게 빛이 될
수 있는 그와 같은 삶을 살아야 됨을
알아야 할 것이니라.
16 이는 오로지 회개하고 기도하며 너희
들이 깨닫는 속에서 지켜 갈 수 있음
을 명심하여 행하도록 그리하라.

2,584 번째 하나님 말씀

2002년 7월 13일 16시 23분

1 사랑하는 나의 아들아!
2 "네, 아버님! 말씀하옵소서."
3 내가 너의 제자들에게 일러 그리 가르
치지 아니하던가?
4 너희들이 하루의 생활 속에서 나 여호
와에게 기도하며 나를 경배하며 나를
생각하는 시간이 과연 얼마나 되며,
하늘에 오르고자 경배하며 기도하는
그 시간이 얼마나 되는가?
5 너희는 하루에 스물네 시간이라는 시
간 속에 단 한 시간도 나를 위해 경배
하지 아니하며 기도하지 아니한다 하
지 아니하였는가?
6 그리하여 네가 그들에게 '정녕 우리가
어찌 구원의 길을 바라볼 수 있으며,
여호와 하나님 아버지께서 하시고자
하는 그 뜻을 알 수 있겠느냐?' 그리
가르쳤느니라.
7 너는 과연 얼마만큼 나를 위하여 경배
하며 나의 음성이요, 나의 메시지를
듣기 위하여 기도하는가 그것을 네가
생각해 봐야 할 것이니라.
8 오로지 너는 기도와 경배로써 모두를
다 이루어야 될 것이며, 그 생활 속에
네가 살아가야 함을 잊어서는 아니 되
거늘, 어찌하여 그 생활에 네가 아직
도 태만한가?
9 내가 너에게 일러 말하였느니라.
10 네가 기도하고 경배하여 나의 법전을
세상에 기록하는 데 모두를 다 바칠
때, 너의 모든 뜻을 내가 다 들어줄 것
이며, 그 영광이 너와 함께한다 하였
음이니,
11 네가 무엇이 불안하며 무엇이 초조하
며 무엇을 이룰 수 없어 나에게 경배
하지 아니하며 기도하지 아니하는가?
12 이제 네가 깨달을 만큼 깨달았으며 하
늘의 뜻이 무엇인가를 알았으며 나 여
호와가 이루려 하는 것이 무엇인가를
알며 너 스스로 다스려 나갈 수 있는
너 자신의 경지가 서 있음이니,
13 여기서 네가 나태해지고 태만해져서
는 아니 될 것이라 내가 너에게 말하
지 아니하였는가?
14 어떠한 일이 있어도 빠른 시간 내에 3
부의 법전을 세상에 내는 역사를 이루
라 하였음이니라.
15 네가 어찌하여 나에게 경배하는 그 시
간이 그리도 짧은가?
16 그리하여 네가 언제 나의 성령을 받아
법전의 3부를 세상에 낼 수 있겠는가?
17 너는 오로지 기도와 경배, 그것 이외
에는 아무것도 해서는 아니 될 것이니
라.
18 그리하면 모두가 다 이루어질 것이니,
이를 명심하여 행하도록 그리하라.
19 두 번 다시 내가 너에게 명하지 아니
할 것이니, 이 뜻을 거역하지 말고 행
하도록 그리하라.

2,585 번째 하나님 말씀

2002년 7월 13일 20시 35분

1 사랑하는 나의 아들아!
2 "네, 아버님! 말씀하옵소서."
3 너희들 인간의 육의 세계에서 살아감
에 병들지 아니하고 아픈 자가 없다

하면, 너희들을 치료해 주며 고쳐 주
는 의사라는 사람들이 필요하겠는가?
4 필요 없지 아니하더냐?
5 구약 시대에 나의 피조물 만백성이,
모세의 그 기적과 역사를 보았던 백성
들이 우상을 섬기며 광란의 짓으로써
나에게 등 돌렸으며 그들이 병들어 갔
음이니라.
6 그리고 신약 시대에 나의 아들 예수를
통하여 너희들을 구원하고자 하였으
나 또 그와 같이 너희들이 사악한 역
사를 이루었음이니, 그 백성들이 어찌
되었던가?
7 다 병든 자가 되었음이니라.
8 지금 6천 년이라는 세월 속에 하늘에
오르는 길이요, 정녕 나에게 오르는
길이라 하여 너희들이 종교 지도자에
게 믿음이요, 깨달음을 깨우치고 있으
나,
9 정녕 나의 아들이 나의 피조물 만백성
너희들을 구원하고자 하는 그 역사를
세상에 다 내려보내지 못하였음이니,
이를 너희들은 어찌하여야 되겠는가?
10 지금 너희들이 믿음이라는 그 길을 가
는 것이 잘못 가르치는 종교 지도자들
때문에 나의 피조물 만백성이 수없이
병들어 쓰러져 죽어 가는 그와 같은
형국이니라.
11 너희들이 육의 병든 자를 고치려면 의
술을 가진 자가 필요한 것이며, 의사
요, 의원이라는 사람들이 필요하지 아
니한가?
12 지금 나의 피조물 만백성이 하늘에 오
르는 길이 아니요, 진정한 믿음의 길
이 아니요, 눈이 있어도 보지 못하고
귀가 있어도 듣지 못하며 머리가 있어
도 깨우치지 못함이니,
13 그저 너희 조상이 믿어 왔던 그대로
그 길만이 하늘에 오르는 길이라 하여
좌우를 보지 못하며 그와 같이 병들어
썩어 가고 있음이니, 정녕 고칠 수 없
는 불치병과 같이 나의 피조물 만백성
이 지금 병마에 시달리고 있는 그와
같은 형태이니라.
14 이들을 수술하기 위해서는 무엇이 필
요하던가?
15 바로 성령을 보며, 하늘에 오르는 가
르침의 길이 무엇인가를 바로 가르치
는 그것이 바로 의사요, 그들을 치료
하는 방법이니라.
16 그리하여 그 백성들이 불쌍하고 가련
하여 내가 제3의 시대를 열어 나의 성
령의 그 모두를 나의 아들을 통하여
내려보내며 법전이라 하여 세상에 내
려보내니,
17 나의 법전을 읽고 깨우치는 자, 그리
고 나의 법전을 정독하고 내가 원하는
그 뜻을 아는 자, 나의 아들이 설법하
는 그곳에 와 강론을 듣는 자, 그들에
게 내가 바로 무엇을 원하는 것인지
알겠는가?
18 지금 병들어 썩어 가는 만백성을 구하
는 의사를 육성하는 것과 같음을 너희
들이 알아야 될 것이니라.
19 병들어 쓰러져 가는 너희 육에 의사가
필요하듯이, 지금 영적으로 죽어 가며
병들어 가는 그들의 성령의 병을 어찌
고쳐야 되겠는가?
20 성령으로써, 바른 성령으로써만 그를
태워 바로잡을 수 있음이니, 그 의사

들을 지금 내가 육성하고 있음이니라.
21 사랑하는 나의 아들아!
22 네 앞에 와 성령의 공부를 하는 나의
피조물 만백성, 그 제자들이 잘못되었
을 때 내가 그들을 내치며, 알곡식을
구하듯이 하나하나 완벽한 나의 백성
을 구하여 네 제자로 임하도록 하는
것은,
23 의술이 서툰 자는 사람을 죽게 하며,
오진하여 그들을 죽게 함이니, 나의
성령을 제대로 배우지 못한 백성은
지금 그 성령이 병들어 가는 나의 백
성을 치료할 수 없으며 그들을 구원할
수 없으며 구제할 수 없음이니,
24 그리하여 너의 제자들을 완벽한 의술
을 갖춘 자들로 육성하기 위하여 오늘
의 이 시련을 겪고 감이니, 너는 이 뜻
을 알아야 될 것이니라.
25 성령으로써 나의 피조물 만백성을 구
원하기 위해서, 성령의 불로써 잘못
깨우쳐 지옥으로 가는 그들을 바로잡
기 위해서는 너의 제자들이 성령으로
써 충만하여 있어야 하며,
26 완벽한 의술을 갖추지 아니한 의사는
오진하여 사람을 죽이듯이, 너희들이
성령으로써 충만하지 아니하였을 때
는 나의 백성들을 구원할 수 없기에,
너의 제자들을 완벽한 백성으로 만들
고자 함이니,
27 그리하여 네가 나가지 못하며 전진하
지 못하며 오늘의 이 시시비비 속에
고통과 시련을 겪고 있음이니,
28 완벽한 의술을 갖춘 의사를 배출하듯
이, 완벽한 성령의 불로써 잘못 가는
나의 백성들을 바로잡을 수 있는 그와
같은 백성을 만들고자 함이니,
29 너는 이 뜻을 깊이 깨우쳐야 할 것이
니 그리 알라.

2,586 번째 하나님 말씀

2002년 7월 13일 21시 02분

1 사랑하는 나의 아들아!
2 "네, 아버님! 말씀하옵소서."
3 구약 시대의 그 역사와 그 기적 속에
서 나의 백성들이 살아왔음이니, 그들
이 그 속에서 살면서 가장 갈구하고
원했던 것이 무엇이더냐?
4 하늘에 오르는 길이며 즉, 그들은 천
국이라는 그 문을 들어서고자 하였음
이니라.
5 그러나 모세가 그 백성을 이끌기 위하
여 기적을 보였으며 저희들을 그리 이
끌어 왔으나 그들이 어찌 되었던가?
6 그들은 바로 무슨 짓을 했더냐?
7 그들이 한 행위는 하늘의 문을 닫도록
했으며 천국의 문을 닫게 한 행위니라.
8 그들이 광란이요, 우상을 만들어 그와
같은 행위를 한 것은 바로 저희들이
죄를 지음은 물론이요, 하늘에 오르는
그 천국의 문을 닫도록 했던 것이 그
백성들이 한 짓이니라.
9 그러면 제2의 신약 시대는 또한 어떠
했더냐?
10 그 시대의 백성들이 나의 아들을 그리
죽게 하고 그리 처참하게 짓밟았으니,
그리하여 나의 성령이 너희들에게 내
려가지 못하게 한 그 역사를 이룬 그
것은 어떠한 행위더냐?
11 하늘에 오르고자 갈구하며 천국에 오

르고자 모두를 다 바쳐 기도하고 그것
이 소원이라 말하던 그 백성들이 바로
어떠한 짓을 했던가?
12 천국의 문을 닫도록 하였음이니라.
13 그리하여 지금 신약 시대에 천국의 문
을 닫게 만들어 놓은 너희들이 하늘에
오를 수 있는 길이요, 너희들이 감히
나의 아들의 피로써 하늘의 문을 열었
다 하며 하늘에 오를 수 있다 그리 말
함이니라.
14 너희들은 지금 정녕 하늘에 오를 수
있는 그 문을 너희 스스로 닫게 하였
음이니라.
15 그리고 그 문을 굳게 닫게 해 놓고 너
희들이 거기에 오르겠다고 지금까지
수천 년 역사 동안 믿음의 길을 왔음
이니, 과연 그 믿음의 작태가 지금 어
떠하던가?
16 정녕 하늘의 문을 내가 닫았음이니,
나 여호와가 하늘의 문을 열기를 바란
다면, 내가 너희들에게 하늘의 문을
여는 키를 주었음이니라.
17 그 하늘의 문을 여는 열쇠는 바로 무
엇이더냐?
18 십계명이니라. 너희 영혼을 지키고,
영혼의 양식인 십계명이 하늘에 오를
수 있는 열쇠인 것이니라.
19 그리하여 너희들이 십계명을 지키며
십계명대로 살아가며 나의 율법이요,
성서에 기록되어 있는 어렵고 힘든 그
길을 가는 것이 하늘에 오를 수 있는
길이며 천국의 문을 열 수 있도록 하
는 것이거늘,
20 너희들은 내가 내려보낸 그 천국의 열
쇠를 '이는 쓰지 못하는 것이며, 하늘
의 열쇠가 아니라' 하였으며, 그리하
여 너희들은 그를 무시하였으며, 그로
부터 등을 돌렸음이니라.
21 그리고 너희들은 예수의 보혈로써 구
원을 받으며 너희 손으로 만든 그 성
전에 가 기도하며, 죄를 짓고 용서를
빌며, 계명을 지키지 아니하고 용서를
빌며, 또 금화와 은화를 하늘에 바치
면 구원을 받는 것이라 그리하였느니
라.
22 부모와 형제간의 우애요, 사랑을 떠나
서 너희들이 만든 그 성전에 와 모두
를 다 바치며, 휴식의 시간까지도, 그
리고 재물까지도 갖은 방법과 수단을
가리지 아니하고 그들로부터 거둬들
였으며, 그것을 바치는 자만이 구원을
받는다 그리 말하였느니라.
23 너희들은 거둬들이다 거둬들이다 거
둬들일 길이 없으니, 그 재물을 하늘
에 많이 그득히 쌓아 놓는 자, 죽어 와
그 재물을 쌓아 놓은 것만큼 축복을
받는다 그리 가르치고 있음이니,
24 하늘나라에 재물을 많이 쌓아 놓는다
하여 바치는 그 재물을 누가 착복하고
누가 쓰는가?
25 그리고 너희들은 그 재물을 가지고 과
연 나에게 어찌 바쳤는가?
26 천사에게 너희들이 실려서 보냈는가?
27 무지개가 뜬 그 속에 너희들이 재물을
바쳐서 나의 하늘에 올렸는가?
28 종교 지도자 너희들이 나의 피조물 만
백성에게 하늘에 그득히 쌓아 놓으면
축복받고 영광 받아 구원받는다 하는
그 재물을 과연 너희들은 어떤 방법으
로써 하늘에 올려놓았으며,

29 하늘에 나의 창고가 어디 있으며, 하
늘의 창고 어디에 차곡차곡 너희들이
쌓아 놓았는가?
30 그렇지 않으면 종교 지도자 너희들이
지금 재물을 싣고 하늘나라에 와 쌓아
놓고 내려갔단 말이던가?
31 너희들이 거둬들인 그 재물을 밤마다
하늘나라에 쌓아 놓고 너희들이 다시
지상에 내려가 나의 피조물 만백성에
게 그 재물을 거둬 하늘에 많이 쌓으
면 구원을 받는다 그리 가르치는가?
32 그 허무맹랑한 사기극을 더 이상 벌여
서는 아니 될 것이니라.
33 너희들이 그와 같은 행위를 하는 것이
바로 천국의 문을 또 닫게 하는 행위
이니라.
34 너희들은 천국의 문을 열어 하늘에 오
르는 것이 아니라, 너희들이 올 수 있
는 그 천국의 문을 더 닫는 행위들만
했으며, 천국의 문을 더 꽉꽉 걸어 잠
그는 그와 같은 지금의 형태로써 왔음
이니라.
35 그리하여 내가 너희들에게 하늘에 오
르는 그 길을 보여 주기 위하여, 천국
의 문을 열기 위하여 내 성령을 태워
나의 아들을 통하여 법전이라 하여
160권에 풀이하고 또 풀이해서,
36 눈을 뜬 자는 누구든지 다 알 수 있으
며, 쉽게 배우고 깨우쳐 스스로 자기
와의 싸움에서 이겨 하늘에 오르는 그
길을 선택할 수 있도록 나의 법전을
세상에 내려보냄이니,
37 하늘의 문을 열지 못하도록 너희 스스
로 문을 꽉꽉 걸어 잠그도록 하는 행
위만 한 자들이,
38 그러면서 나의 피조물 만백성을 하늘
에 인도한다 하여 너희들이 천국의 문
을 연다고 지금까지 거짓 하고 사기
친 것이 막바지에 와, 이제는 탄로 날
수 있으며 너희들 자신이 더 이상 거
짓말하고 나의 피조물 만백성을 끌고
갈 수 없는 지경까지 이르러서도 너희
들은 그리하고 있음이니라.
39 그리하여 내가 나의 피조물 만백성을
구원하기 위하여 이 법전을 내리거늘,
40 너희들은 너희 스스로 천국 문을 닫으
며, 천국 문을 열 수 있는 열쇠를 내려
보낸 것까지도 너희들은 이단이요, 사
탄이요, 사악한 자요, 말세에 오는 거
짓 선지자가 와서 행하는 짓이니 그를
보지도 말고 쳐다보지도 말며 그가 전
하는 음성을 듣지도 말며 그가 전하는
책장을 열지도 말라 하며,
41 그가 전하는 모든 것은 사악한 자의
행위니 듣지도 말고 보지도 말라 그리
가르치고 있음이니라.
42 천국의 문을 닫게 한 그 사악한 자들
이 천국의 문을 열고 하늘에 오르고자
하는 나의 피조물 만백성이 가는 길마
저도 막으며, 그들이 오르고자 하는
그 길까지도 방해하고 막는 그와 같은
지금의 형태를 하고 있음이니,
43 너희들이 그 무서운 죄를 다 어찌 지
고 갚을 것인가?
44 그 많이 지은 죄들을 너희들이 다 어
찌 받을 것인가?
45 너희들이 죽어 하늘에 왔을 때, 너희
들의 사악하고 간악한 그 죄의 대가로
감히 상상할 수 없는 고통 속에서 살
아가야 될 것이니라.

46 그러니 너희들은 하늘에 오르는 천국
의 문을 닫도록 구약의 시대에 그 광
란 짓을 했으며, 신약의 시대에 나의
아들을 죽이는 사악한 짓을 했으며,
지금에 와서 재물을 하늘에 많이 쌓아
놓아야 된다면서 재물을 거둬들이는
그 사악한 행위로써 천국의 문을 꽉꽉
걸어 잠그도록 그리함이니,
47 내가 문을 열지 아니하며 먼저 열어
주지 아니함이니라.
48 그리하여 내가 불쌍한 나의 피조물 만
백성을 직접 구하기 위하여 나의 법전
을 세상에 내려보내, 너희들이 각자
깨우쳐 스스로 자신과의 싸움에서 이
기는 그와 같은 믿음의 시대를 가도록
하고자 함이니,
49 이 길마저도 너희들은 가서는 안 된
다, 가면 지옥으로 간다면서 하늘에
오르고자 하는 그들까지도 방해하는
것이 지금 너희들의 사악한 행위임을
알아야 할 것이니라.
50 나의 이 법전을 읽는 나의 아들의 제
자들과 내 사랑하는 피조물 만백성,
너희들은 이 뜻을 깊이 깨우쳐,
51 나의 법전을 높이 쳐들어 만백성을 구
하는 데 너희 모두를 다 아낌없이 바
치는 그와 같은 너희들의 삶이 나로부
터 기억될 수 있는, 그리고 너희들이
만백성을 구하여 나에게 와 내가 너희
들을 기억해 줄 수 있는 그와 같은 백
성이 됨을 잊지 말라.

2,587 번째 하나님 말씀

2002년 7월 13일 21시 39분

1 사랑하는 나의 아들아!
2 "네, 아버님! 말씀하옵소서."
3 종교 지도자요, 만백성을 구한다 하
는, 그리고 나의 백성들을 하늘로 인
도한다는 그 지도자들이 얼마나 중요
한가를 내가 너에게 수차 가르쳐 주었
음이니라.
4 유리로 비추어 보아 한 점의 부끄러움
이 없는 그와 같은 삶을 살아가는 자
만이 만백성을 하늘로 인도하는 종교
지도자요, 지도자의 자격을 갖춘다 내
가 말하였음이니라.
5 그리고 또 그 지도자는 나로부터 메시
지를 받아 오늘의 생활과 내일의 생활
과 미래의 생활과 미래의 통하는 역사
를, 그리고 내가 이루고자 하는 그 변
화의 뜻을 아는 자, 진정 그를 가르치
는 자가 나로부터 선택된 지도자라 내
가 말하였음이니라.
6 너희 부모가 한 가정의 자식을 잘못
가르치며 잘못 다스렸을 때 그 가정은
제자리를 지키지 못하며 바로 설 수가
없음이니라.
7 또한, 한 시대를 살아가는 너희들의
사회의 그 교육 과정이 잘못되었을
때, 그리고 사회가 그 교육으로써 바
로잡히지 못했을 때, 그 사회에 혼란
의 역사가 지속되는 것은 당연한 것이
니라.
8 한 가정의 부모가 자식을 잘못 가르쳤
을 때 그 가정이 설 수 없으며,
9 한 시대의 국가의 가르치는 일반의 교

육의 그 과정에서도 그들이 제대로 잘
이루어지지 못했을 때 그 사회의 혼란
이 옴은 말할 수 없거늘,
10 하물며 종교 지도자라는 자들이 자세
를 바로 세우지 못했을 때, 그것은 어
떠한 역사의 변화를 이루는가?
11 이는 나 여호와의 뜻이요, 창조주인
내가 나의 피조물 만백성을 하늘에서
이루어진 것같이 이 땅에서 똑같이 이
루고자 하는 그 뜻을 가르치는 것이
종교 지도자들이며, 내가 이루고자 하
는 뜻이 무엇이며 내가 역사하고자 하
는 것이 무엇인가를 가르치는 자들이
니
12 곧, 창조주인 나의 뜻을 따라 가르치
는 것이 종교 지도자들이니라.
13 그들이 잘못되었을 때 어찌 되겠는가?
14 이 세상의 혼란은 물론이요, 그들 자
신이 구원을 받지 못하며 영원히 사는
나의 나라에 올라올 수 없음이니,
15 저희들이 지옥 불에서 영원히 살아가
는 그 고충의 고통과 그 생활에 젖어
가야 될 것이니라.
16 그러니 창조주 나의 뜻에 따라 만백성
을 구원하는 지도자가 얼마나 소중하
고 중요한가?
17 그 행동과 그가 행하는 것이 남의 본
보기가 되어야 될 것이며, 한 점의 부
끄러움이 있는 자는 지도자가 될 수
없다 말함이 여기에 있음을 알아야 될
것이니라.
18 지금 암흑의 시대요, 죽음의 시대요,
하늘의 문을 닫도록 한 그 백성들이
하늘에 오르고자 하는 그 길을 갈구하
며 그 길을 바라는 너희들의 그 형태
의 모습에서 내가 새로운 천 년의 역
사를 이루기 위하여 다시 이 시대를
열어 감이니,
19 너희들이 지금 어떠한 형태로 가야 할
것이며 너희들이 어떠한 자세로 종교
지도자로서 다시 태어나야 되는 것인
가를 알아야 할 것이니라.
20 지금 내가 마지막이라 너희들에게 말
하였느니라.
21 마지막으로 나의 성령의 모두를 태워
나의 아들을 통하여 나의 법전이라 하
여 너희들을 심판하는 이 책을 세상에
만들어 냄이니,
22 나의 아들의 제자라 하는 너희들이 얼
마만큼 바르게 서야 될 것이며,
23 나 여호와로부터 직접 성령을 받아 마
지막 시대에 하늘에서 이루어진 것같
이 이 땅에서 이루고자 하는 나의 백
성을 이끄는 지도자가 되는 너희들의
자세가 어떠하여야 될 것이며,
24 너희들의 행함이 얼마나 바르고 곧아
야 되는가를 너희들은 알아야 될 것이
니라.
25 사랑하는 나의 아들아!
26 "네, 아버님! 말씀하옵소서."
27 가정의 교육도 그러하며, 사회의 교육
도 그러하며, 육에서 살아가는 너희들
의 교육도 잘못되었을 때 이를 건잡
을 수 없음이니, 이는 그와 같은 교육
이 아니니라.
28 창조주인 나 여호와가 너희들의 영혼
을 구하고 못 구하며 너희들이 바로
하늘에 오르고 못 오르며 지옥으로 가
너희들이 지은 죄의 대가를 받는 그와
같은 말할 수 없는, 하늘과 땅의 차이

보다도 더 무섭고 무서운 그 결과의
차이가 있음이니,
29 이를 바로잡기 위하여 이끄는 너희들
이 얼마나 위대한 자들이며, 너희들
자세가 얼마나 발라야 하는지를 너희
들은 깊이 깨우쳐야 될 것이니라.
30 그러하여 내가 알곡식을 하나하나 추
리는 것이며,
31 나의 아들을 따라가 나의 백성을 구할
수 없는 자, 함량이 미달된 자, 욕심
있는 자, 과욕 하는 자,
32 그리고 나의 법전으로써 깨우치고 배
워 만백성을 구하는 진정한 영원한 그
기본이요, 기틀을 세워 만백성을 구하
고자 하는 그 생각이 없는 자,
33 제 앞에 큰 것을 놓고자 하는 자, 더
좋은 것을 걸치고자 하는 자, 그리고
더 즐거운 것을 갖고자 하는 자, 진정
한 저희들의 행함과 마음속이 다른 자,
34 이와 같은 자들을 나의 아들 앞에서
다 떠나도록 하며,
35 오로지 나의 성령을 받아 나의 법전을
만드는 나의 아들을 따라 내가 하늘에
서 내리는 그 성령을 너희 가슴속에
받아 만백성을 구하는 지도자로서 한
점의 부끄러움이 없는 삶을 살아가고
자 하는 너희들을 선택하여 지금 내가
이끌어 가고 있음이니,
36 너희들이 선택됨이 얼마나 소중하며
너희들이 가야 하는 자세가 얼마나 소
중한가를 알아서, 너희들이 어렵고 힘
들고 고통스러운 그 모두를 다 저버리
며,
37 법전만이 영원히 구할 수 있는 길이며
만백성을 구하는 길이라 하여 너희들
이 이를 바로 깨우쳐 너희 것으로 만
들어 행하는 데 조금도 주저함이 있어
서는 아니 될 것이며, 부끄러움이 있
어서는 아니 될 것이며, 망설임이 있
어서는 아니 될 것이며,
38 모두를 다 태우고 다 버려 만백성을
구하는 그 길에 모두를 다 바쳐야 할
것이니라.
39 창조주 내가 제3의 시대를 열어 나의
성령의 나의 가슴을 다 태워 내린다
하였음이니,
40 나의 뜻을 받아 만백성을 구하는 지도
자로서 선택된 너희들은 너희 몸과 마
음이요, 정신과 육신의 모두를 다 태
워 그 고통 속에서 바로 서야 할 것을
잊지 말라.

2,588 번째 하나님 말씀

2002년 7월 14일 08시 17분

1 사랑하는 나의 아들아!
2 "네, 아버님! 말씀하옵소서."
3 구약의 시대와 신약의 시대를 믿어 왔
던 많은 나의 피조물 만백성과, 그들
을 하늘로 인도하여 이끈다 하여 많은
나의 백성들 앞에 종교 지도자요, 예
언자요, 선지자라 하여 말했던 자들,
그들이 정녕 바른길로 인도하였는가?
4 너와 너의 제자들은 지금 무엇이 잘못
되었으며 무엇이 바로 되었는지를 알
게 될 것이며, 너희는 알고 있을 것이
니라.
5 그리하여 구약과 신약의 시대를 덮으
며 제3의 시대에 나의 법전을 세상에
내려보내 만백성을 구하고자 하는 뜻

이니,
6 이를 바로 사탄이요, 사악한 자라 하
여 이 책장을 열지 않는 자, 이를 거부
하는 그들이 구원을 받을 수 없다 말
하였음이니라.
7 너희들이 사막이라는 그 멀고도 먼 모
래벌판을 여행할 때 너희들이 가장 갈
망하며 너희들에게 소중한 것이 무엇
이던가?
8 너희들의 생명을 구제할 수 있는 것이
있는, 오아시스라 하는 유일하게 물이
나오는 곳을 발견함으로써 너희들이
살아갈 수 있지 아니하는가?
9 그 사막의 벌판에 오아시스라는 것이
존재하는 그 하나를 보더라도 그것을
누가 만들었으며, 그것이 누구의 신비
며 누구의 권능이던가?
10 그리고 내가 너희들의 생명을 얼마나
소중히 생각하며 너희들을 얼마나 아
끼면 그 사막의 벌판에 오아시스라는
것을 만들어 많은 생명들이 존속하며
살아갈 수 있는 그와 같은 기적의 역
사를 이루어 놓았겠는가?
11 그것 하나를 너희들이 돌아다보아도
나 여호와의 전지전능함이요, 그 신비
함과 무서움과 두려움을 알 것이며,
그리고 그 모두는 내가 존재하여 주관
하며 그 역사가 흐르도록 하고 있다는
것을 알아야 할 것이니라.
12 너희들이 사막에서 오아시스의 그 물
을 만나는 것이 얼마나 소중한 것이던
가?
13 그보다도 더 중요하고 소중한 것이 나
의 성령을 태워 내려보내는 이 시대의
법전이며, 나의 아들이 기록하는 '하
나님! 말씀하옵소서.' 하는 이 160권
의 책자라는 것을 너희들은 어찌 모르
는가?
14 4천 년의 그 구약의 시대에 너희들이
사악한 짓을 하여 하늘의 문을 닫도록
하였으며, 신약의 시대를 시작함과 동
시에 너희들이 나의 아들을 그리 죽게
하며 나의 성령의 뜻이 세상에 내려가
지 못하게 하여 암흑의 2천 년의 세월
이 흘렀음이니, 너희들이 곧 어떠한
짓을 했던가?
15 하늘의 문을 닫게 하였으며, 그 문을
열지 못하도록 너희들이 사악한 짓을
하고 있었음이니,
16 내가 어찌하여 너희들이 지상에서 잘
못 가르치고 잘못 믿음을 가며, 하늘
에 오르는 길이 아니라 육의 즐거움과
향락을 즐기다가 지옥으로 가는 그와
같은 행위를 하는 너희들의 그 음성이
요, 그 기도요, 그 행동을 듣기 위하여
하늘의 문을 열겠는가?
17 더 굳게 닫게 하였음이니라.
18 천국의 문을 너희들이 닫게 하였음이
니, 그 6천 년의 세월이 흐른 다음에
내가 너희들을 불쌍히 여겨 나의 성령
을 태워 마지막으로 나의 아들을 통하
여 나의 법전을 세상에 글로 만들어
내니,
19 너희들이 영원히 사는 구원의 길을 가
고 못 가는 것이 여기에 달렸음이니,
20 육신의 백 년도 안 되는 그 삶을 위하
여, 사막을 여행하는 자가 오아시스를
만나 그 생명을 유지하는 것보다도 열
배 백배 천배 형용할 수 없이 소중하
고 귀한 것이 나의 지금 내려가는 법

전인 것을, 너희들은 어찌하여 이를
못 보는가?
21 지금 내가 내리는 것이 오아시스의 물
보다도 소중한 나의 법전이요, 나의
성령이요, 나의 뜻이거늘, 너희들이
이를 보지 못함이니, 이를 어찌하여야
만 할 것인가?
22 그보다도 더 소중한 것이 나의 법전이
거늘, 그러나 너희들은 이를 보지 못
하고 있음이니라.
23 사랑하는 나의 아들아!
24 "네, 아버님! 말씀하옵소서."
25 그들이 지금 오아시스의 그 소중함은
아나, 암흑의 시대에 내가 오아시스보
다도 더 소중한 생명수를 내리는 나의
법전은 못 봄이니,
26 그들을 깨우쳐 하늘에 오르는 길로 인
도하는 것이 너의 대명이며, 너의 제
자들이 하는 일이며, 너의 제자들이
가야 할 길임을 알아야 할 것이니라.
27 나의 성전에 들어와 나의 법전의 뚜껑
을 여는 백성, 그리고 너의 제자라 하
는 자들에게,
28 사막을 여행하다 갈증으로 생명을 다
잃어 가는 그 순간에 오아시스를 만나
는 것보다도 열배 백배 천배 더 위대
한 것을 만나는 것이 나의 성전에 와
나의 법전의 뚜껑을 열어 공부하며 하
늘에 오르는 그 뜻의 이치를 깨닫는
것인 것을 모르는 너의 제자들에게 그
뜻을 깨우쳐 주며,
29 그들이 선택됨이 얼마나 영광의 축복
속에 존재하는 것인가를 깨우쳐 주어
야 될 것이니라.
30 지금 나의 성전에 와 나의 법전을 들
여다보며 나의 아들을 통하여 내가 내
리는 성령의 음성을 듣고 떠나간 자
들, 그들이 지금 어떠한 형태를 하고
있는 것인지 알고 있는가?
31 그들은 바로 사막을 여행하다 만난 오
아시스에 있는 그 물을 먹지 않겠다고
발버둥치며, 그를 거부하며, 저희들의
몸에 남아 있는 몇 프로의 물기로 지
탱하고자 악을 쓰고 있는 자들이며,
32 그 오아시스의 물을 마시지 않고 사막
을 갈 수 있으며 살아갈 수 있다, 목적
지까지 갈 수 있다고 악을 쓰고 발버
둥치고 있는 그와 같은 형국이니라.
33 그들이 과연 얼마나 지탱할 수 있으
며, 그 오아시스의 물을 저희들이 먹
지 아니하고 그를 마시지 아니할 수
있겠는가?
34 그것은 저희들의 억지니라. 그리고 발
광을 하는 것이니라.
35 그들은 그 오아시스의 물을 먹지 아니
하면 저희들이 죽는 것을 알고 있으
며, 견디지 못함을 알고 있음이니라.
36 그것이 인간 너희들의 사악한 죄이니,
죽음 앞에서도 너희들의 죄를 깨우치
지 못하는 것이 바로 그와 같은 사악
한 마음의 근본이 너희 마음에 있기
때문이니라.
37 오아시스의 물을 먹지 아니하면 죽는
것을 아는 자들이 그를 마시지 아니하
겠다고 거부하며, 나의 법전이요, 나
의 성전을 버리는 자,
38 저희들이 그를 마시지 않고 어찌 구원
을 받을 수 있으며 하늘에 오르는 길
을 볼 수 있다 하겠는가?
39 그들이 아무리 악을 쓰고 고집을 피우

고 발광을 해도, 저희 몸속에 있는 수
분이 다 빠지고 나면 그들은 그 오아
시스의 물을 마시지 아니할 수 없음이
니라.
40 그러나 나의 성전을 떠나며 나의 법전
을 덮은 자, 그들은 정녕 오아시스의
물을 먹지 못하고 죽어 가는 그와 같
은 형국이 되는 것을 알아야 할 것이
니라.
41 어찌 너희들이 오아시스의 물을 먹지
않고 사막을 건너갈 수 없는 것은 알
면서, 그보다 천배 만배 더 소중한 나
의 성령을 접하지 않고 구원의 길을
걸을 수 있으며 구원의 길에 올 수 있
다 말하는가?
42 이는 있을 수도 없으며 이루어질 수도
없는 역사임을 알아야 할 것이니라.
43 사랑하는 나의 아들아, 이와 같은 이
치를 너의 제자들에게 깨우쳐 주라.
44 정녕 나의 성령이요, 나의 성전에 너
희들이 발을 들여놓음이 소중하고 위
대한 것이며,
45 너희들이 영원히 사는 영혼을 구원하
는 그 길에 들어서 있음을 그들에게
깨우쳐 주어야 할 것이니 그리 알라.
46 정녕 너희들은 오아시스에서 물을 마
시지 않고 갈 수 있다고 억지를 쓰며
제 생명을 스스로 버리는, 구원의 길
을 버리는, 구원의 그 영광을 버리는
그와 같은 어리석은 자가 나와서는 아
니 될 것이니, 그리 깨우쳐 주도록 하
라.

2,589 번째 하나님 말씀

2002년 7월 14일 08시 40분

1 사랑하는 나의 아들아!
2 "네, 아버님! 말씀하옵소서."
3 몇천 년 역사가 흐르는 동안에 너희들
은 너희 손으로 만든 그 성전에 와 기
도하지 아니하면 구원을 받을 수 없으
며 하늘에 오를 수 없다 그리 말함이
니,
4 너희들이 만들어 놓은 그 성전이 과연
어떠한 성전이던가?
5 너희들은 그곳에서 재물을 모으기 위
하여 온갖 방법을 다 동원하며, 그리
고 그 재물 앞에 너희들은 시시비비를
하며 서로 시기하고 질투하며 음해하
는 그와 같은 형국의 온상이 아니던가?
6 사랑을 베풀며 하늘에 오르는 길로 만
백성을 인도한다는 너희들이 지어 놓
은 그 성전에는 천사 같은 자들만이
모여 있어야 하거늘,
7 그저 육에서 쓰이는 그 재물 때문에
시시비비하고 질투하고 반목하며 서
로 음해하며, 종교 지도자라는 자들도
음해하며, 종교 지도자가 저 자신의
세를 불리며 제 자리를 굳건히 하기
위하여 이간질시키며, 필요한 자 당기
고 필요 없는 자 버리는 그와 같은 사
악한 형국이 이루어짐이니,
8 그 속이 시정잡배들의 먹고살기 위하
여 그저 악을 쓰는, 내일이 없으며 오
늘의 동전 몇 닢 때문에 그저 서로 인
간성을 버리며, 정도의 장사를 하는
것이 아니고 정도의 길을 가지 아니하
며 서로 악을 쓰고 시시비비하는, 모

르는 사람들끼리 얽히는 그 시장의 흐
름보다도 더 사악한 것이 지금 너희들
이 이끌어 가고 있는 성전이 아닌가?
9 그 내부를 들여다보며 그를 이끌고 인
도한다는 너희들 스스로 그 속을 한번
파헤쳐 보며, 너희들 자신이 어디에
서 있으며 어떠한 행동으로써 너희들
이 살아가는가를 한번 깨우쳐 봐야 하
지 아니하는가?
10 그와 같이 추하고 더러운 곳이라면,
그곳에서 어찌 하늘에 오를 수 있는
영광을 보며, 하늘에 오를 수 있는 길
을 보며, 하늘에 오르는 그 찬란한 빛
을 볼 수 있다 하는가?
11 너희들은 정녕 그곳에서 볼 수 없음이
니라.
12 너희들은 이것을 알아야 될 것이니라.
13 지금 모든 이 지상이, 지구가, 너희들
이 살아가는 이 땅덩어리가 내가 만든
성전이니라.
14 너희들은 지금 내가 만들어 놓은 그
크나큰 성전 속에서 살아감이니라.
15 그리하여 너희들은 성전 속에서 살아
가기에, 그 성전의 돌아가는 그 은혜
에 감사하는 마음으로 살아가면 된다
내가 일깨워 주는 것이 아니던가?
16 너희들이 세상에 나옴은 곧 내가 만든
나의 성전에서 너희들이 살아감이니
라.
17 그리하여 그 성전에서 내가 이루는 역
사에 감사하며 너희들이 그 나의 역사
를 느끼며, 나 여호와가 존재함을 알
며,
18 너희들이 그저 무릎 꿇고 스스로 기도
하며 너희 죄를 용서 빌며, 나의 뜻에
살아가며 착하고 아름다운 마음으로
나 여호와 하나님의 뜻에 따라 사랑을
베풀며 살아가겠다 그리 기도하면 그
것이 나의 성전에서 기도하는 것이니,
19 그보다 더 위대한 성전이 어디에 있겠
는가?
20 그래서 깨끗하고 신선한 나의 이 지상
의 성전 아무 곳에서나 너희들이 기도
하면 나에게 들린다 하였음이니라.
21 그리고 그것은 내가 하나의 거점을 만
드는 나의 아들, 나의 선지자가 있는
곳을 통하여 하늘에 들려 옴이니,
22 곧 이것이 하나의 성전이요, 이 지상
의 하나의 성전이며, 나로부터 선택된
나의 아들이 이 지상의 성전을 통제하
고 있음을 알아야 될 것이니라.
23 곧, 지구가 내가 만든 성전이니, 그 성
전을 나의 아들로 하여금 나의 메시지
를 들어 만백성에게 양식을 전해 주
며, 너희들이 깨우쳐 하늘에 오르는
그 길을 끝도 없이, 그칠 수 없이, 끝
이 보이지 않는 나의 성령으로 너희들
을 깨우쳐 줌이니,
24 너희들이 바로 내가 만든 성전에서 존
재하며, 그 성전을 지배하는 목회자는
나의 아들 한 사람뿐이니라.
25 그리하여 나의 성령이요, 나의 뜻으로
써 세상을 정화하고 깨우치고 가르쳐
가는 그 역사가 이루어짐이니,
26 그 속에서 너희들이 주먹만 한 성전을
지어 그곳을 아름답게 꾸미며, 나의
피조물 만백성의 피와 땀을 긁어모으
고 비틀어서 그 성전을 만들어 그곳만
이 하늘에 오르는 길이라 부르짖고 있
음이니,

27 너희들이 지금 너무나도 잘못 가며,
나와는 아무런 관계도 없는 그 조그마
한 손바닥만 한 곳에 가 기도하고 있
음이니라.
28 그것은 나와 관계가 없음이니라.
29 그것은 하늘을 가렸으며, 나의 성령의
진정한 뜻을 가렸으며, 내가 원하는
것을 가렸으며,
30 내가 이루고자 하는 역사를 나의 피조
물 만백성을 가두어 놓고 듣지 못하도
록 하는 그와 같은 곳이 되어 있음을
알아야 될 것이니라.
31 이제 너희들은 너희들이 만든 성전을
뛰쳐나와 내가 만든, 나 여호와 하나
님이 만든, 너희 아버지라 말하는 창
조주가 만든 이 성전에서 기도하고 경
배하면 되는 것이니,
32 그 자연 속에 나를 향하여 경배하며,
사랑을 베풀며 아름답게 살겠다 그리
기도하면 나의 아들 목회자가 존재하
는 이 하나의 거점을 통하여 하늘에
들리며, 그게 하늘에 올라와 너희 뜻
을 들어주는 그와 같은 이치임을 너희
들이 알아야 될 것이니라.
33 나의 아들 예수가 세상에 나와 나의
성령을 너희들에게 전할 때, 이 지구
요, 이 지상이 곧 성전이요, 그 성전을
지배하고 통제할 수 있으며 나의 성령
을 전하는 것은 다 나의 아들, 목회자
한 사람뿐이니, 곧 예수가 그와 같은
역사를 이루었음이니라.
34 그러나 너희들은 그를 단죄하였음이
니라. 그리하여 나로 하여금 천국의
문을 닫게 하였음이니라.
35 그리하여 2천 년의 역사가 흐른 지금,
나의 성전을 다시 부활시키고 나의 성
전을 다시 살리기 위하여 내가 나의
아들을 통하여 나의 성령의 뜻을 내려
보냄이니,
36 이 지상이 성전이니, 너희들이 성전의
어느 곳에서 기도한들 내가 그를 듣지
아니하겠는가?
37 내가 만든 찬란한 이 성전의 어느 한
구석에서 너희들이 기도하든, 바닷속
에서 기도하든, 산속에서 기도하든,
들에서 기도하든, 너희 안방에서 기도
하든, 이 모두는 나의 성전 안에 있는
것이며 나의 성전 안에 존재함이니라.
38 그리하여 모두는 나의 성전 안에서 너
희들이 이루어 가며 너희 육이 살 수
있도록 내가 베풀어 준 것이니, 어느
곳에서 기도하든 나의 성전에서 기도
함이니라.
39 너희들 인간이 손바닥만 한 성전이라
는 것을 너희 손으로 지어 놓고 그곳
에 와 구원을 받는 자라 하는 것은,
40 나의 성전에, 이 자연의 아름다운 나
무 그늘 밑에서 너희들이 나에게 기도
하면 들리는 것을, 어찌하여 너희들은
너희 손으로 지어 놓은 그곳에 가서
기도하면 된다 하는가?
41 그곳은 하늘에 오르는 뜻이요, 하늘에
서 내려오는 뜻을 다 막고 차단한 사
악한 자들이 운영하는 곳이니, 그곳은
성전이 아님을 알라.
42 그러하니 그곳에 있는 자들은 그곳을
박차고 나와 이 자연 천지, 나 여호와
가 직접 만든 성전에 나와 기도하고
경배하면 그 뜻이 나의 아들을 통하여
하늘에 상달되며,

43 나의 성령의 뜻을 나의 아들을 통하여 한 점의 거점을 통하여 너희들 가슴속에 심어 주니, 그를 보고 깨우쳐 하늘에 오르는 길을 보면 되는 것이니,
44 이 지상이 곧 나의 성전이니라.
45 지금 너무 사악한 자요, 너희들이 말하는 사탄들이요, 도적들이요, 간음하는 자들이 이 성전을 더럽히고 지배하고 있으니,
46 이것을 바로잡고자 하여 나의 성령을 근거로 남기니, 이게 곧 법전임을 알아야 할 것이니라.
47 너희들을 심판하는 법전임을 알아야 될 것이니,
48 그리하여 너희들은 이 자연의 광대한 속에서 기도하면 되느니라.
49 그 사악한 자들이 세상을 지배하기 위하여 저희들이 손바닥만 한 사악한 성전이라 하여 그 속에서 지금 나의 피조물 만백성을 죽어 갈 때까지 너희 조상들의 피와 땀을 긁어 짜 모으며,
50 또한 너희들의 그 모든 자유를 비틀어 짜 모으는 그와 같은 죄의 온상이 되었음이니,
51 그곳에 가, 스스로 죄의 온상에 들어가, 사악한 자들이 우글거리는 그 속으로 너희들이 들어가 구원을 받는다며 발버둥치지 말라.
52 거기서 뛰쳐나와 내가 만든 자연의 성전에 나와 기도하라.
53 그것이 너희들이 가야 할 길이니,
54 오늘 나의 이 하늘의 비밀을 가르쳐 줌이니, 이를 보고도 지키지 않는 자, 구원받을 수 없음을 알라.

2,590 번째 하나님 말씀

2002년 7월 14일 09시 37분

1 사랑하는 나의 아들아!
2 "네, 아버님! 말씀하옵소서."
3 모든 동식물의 생명수요, 너희들 생명의 근본인 비가 내릴 때 그가 장소와 때를 가려서 그 임의대로 내리던가?
4 세상에 눈이 내릴 때, 그 눈이 때와 장소를 가려서 내리던가?
5 그리고 부는 바람은 때와 장소를 구분하여 스쳐 가던가?
6 그들은 그저 내릴 때 소리 없이 그 지역을 다 적심이니라.
7 그리고 지나가는 바람 또한 그리 지나가느니라.
8 나의 성령을 전하는 만백성을 구하는 지도자의 마음이 그와 같이 되어야 하는 것이니라.
9 너희들이 만나는 사람, 이루는 사람, 모두를 다 똑같이 그저 바라보는 그 마음이 되어야 될 것이며, 그러한 마음으로 모든 사물을 바라보는 너희들이 되어야 될 것이니, 그리 마음을 다스려야만 될 것이니라.
10 미워하는 것도 없으며, 예뻐하는 것도 없으며, 특별히 사랑하는 것도 없으며, 특별히 버리고자 하는 것도 없으며, 그저 너희들이 물처럼 그와 같은 마음 자세로 변하는 그 훈련 속에 정녕 하늘에 오르는 길을 알며 스스로 너희들이 그 빛을 보게 됨을 알게 될 것이니라.
11 너희들이 구원의 길을 보며 구원의 빛을 볼 때, 그때 너희들의 영광과 축복

과 그 기쁨은 말할 수 없음이니라.
12 이는 너희들 마음속에서 마음이 변화
되며 생각이 변화되며 행동이 변화되
는 그 속에서만이 얻을 수 있고 볼 수
있고 받을 수 있는 축복임을 알아야
될 것이니라.
13 부모에게 효성을 다하여 그 부모가 기
뻐함을 보고 기뻐하는 것이 아니라,
스스로 그를 보고 너희들 마음이 기뻐
그 기쁜 마음속에서 너희 자신이 기쁨
을 얻는 그 속에서 그를 행할 때, 정말
짜릿한 행복을 느끼게 되는 것이니라.
14 너희들이 구원을 받고자 노력하며 하
늘에 오르고자 노력하나, 너희들이 그
와 같이 노력하는 속에 너희 자신도
모르게 변화되는 것을 발견하게 될 것
이며,
15 너희 마음의 변화의 기쁨을 얻을 것이
며, 행동이 아름다우며 너희들이 기쁨
을 얻을 것이니,
16 그와 같은 기쁨을 얻을 때, 너희들은
정녕 하늘의 영광을 알게 되는 행복함
을 알게 될 것이니라.
17 그리하기 위해서는 너희들이 그저 마
음을 비워야 될 것이니라.
18 겨울에 수북수북 눈이 내려 그 지역을
덮는 것처럼 모두를 다 덮는 그런 마
음으로,
19 그저 단비가 생명수가 되어 한 지역을
적실 때 그들이 온통 다 적시며 구분
하지 아니하듯이,
20 그와 같이 내리는 마음으로 너희들이
나의 피조물 만백성을 사랑하는 마음
으로써 살아갈 때 너희들에게 축복과
영광과 영화가 있을 것을 알아야 될
것이니 그리 알라.
21 너희들 마음이 그리 가야 됨이니라.

2,591 번째 하나님 말씀

2002년 7월 14일 12시

1 사랑하는 나의 아들아!
2 "네, 아버님! 말씀하옵소서."
3 내가 너희들에게 일러 일깨워 주었느
니라. 이 세상의 모든 우주가 다 나 여
호와가 만든 나의 성전이라 너에게 일
러 주었음이니라.
4 그러니 나의 창조물인 나의 백성 너희
들은 이 우주 어느 공간에서 나에게
기도를 하든, 경배를 하든, 나의 계명
이요, 나의 율법에 따라 살아가고자
하는 그 마음의 자세로 나에게 기도한
다 하면, 그것을 내가 기쁜 마음으로
거두어들인다 하였음이니라.
5 내가 만든 이 우주의 성전 앞에 너희
들은 너희 손으로 성전이라 하여 지어
그곳에 와 재물과 금화와 은화를 바치
는 자만이 구원을 받는다 그리 가르치
고 있음이니, 너희들이 이것이 얼마나
잘못되었는가를 알아야 될 것이니라.
6 나의 아들 예수가 성전을 지었던가?
그리고 그와 같은 성전에서 나의 피조
물 만백성을 하늘로 일깨워 주는 그
길을 인도하였던가?
7 너희들은 그 이치를 알아야 될 것이니
라.
8 이 우주 모두가 내가 만든 나의 성전
이기에, 나의 아들이 어느 곳에 가 나
의 성령을 전하든 그곳이 바로 아름다
운 성전이라 내가 너에게 일깨워 주었

음이니,
9 나의 뜻이요, 나의 성령을 전하는 곳
만이 정녕 너희들이 만든 성전임을 알
아야 할 것이니라.
10 지금 내가 썩어 가고 썩어 가는 이 나
의 우주를 바로잡고자 함이니라.
11 너희들의 잘못된 믿음이요, 잘못 가는
그 믿음으로 인하여 썩고 또 썩었음이
니, 썩은 것을 버리고 새로운 것으로
이 우주를 이루고자 하는 것이 당연한
창조주 나의 뜻이 아니던가?
12 그리하여 지금 내가 썩고 썩어 가는
이 우주를 다시 수술하고자 함이니라.
13 그리하여 내가 나의 아들을 통하여 나
의 성령을 내려보내 법전이라 하여 만
들어 이 썩어 가는 우주를 수술하고자
하는 것이며, 새로운 것으로써 새로운
역사를 이루고자 함이니라.
14 새싹을 세상에 심어 그 새싹으로써 이
우주를 장식하며 관리할 수 있도록 하
고자 하는 것이 나의 뜻이니,
15 너희들은 여기서 알아야 될 것이니라.
16 이제 너희들이 바로 무엇이더냐?
17 나의 아들을 통하여 내가 너희들에게
전하여 주었음이니, 썩고 썩은 것을
도려내며 수술할 수 있는 것이 너희들
임이니라.
18 바로 그 수술의 기술이 나의 성령이
요, 나의 법전이며, 이를 보고 깨우쳐
바로 너희 것으로 만들어 하나의 오진
을 하지 않는 나의 백성이요, 나의 선
택된 아들과 딸들만이 이 썩어 가는
것을 수술할 수 있으며, 새로운 것을
이 세상에 싹 틔울 수 있는 것은 너희
들뿐이니라.
19 그리하여 너희들이 소중하며 귀한 자
식이라 말하였음이니라.
20 내가 너희들에게 나의 법전을 가르치
고 또 가르치며 이를 반복하여 가르치
는 그 뜻이 있음이니,
21 너희들이 반복하고 반복하는 속에서
나의 뜻을 알게 되며, 너희들이 반복
과 반복의 훈련 속에서 오진하지 아니
하고 성령의 불로써 나의 피조물 만백
성 중에 썩어 가는 자를 수술할 수 있
는 그 칼을 너희들에게 쥐여 줄 수 있
기에 내가 너희들에게 반복과 또 반복
의 훈련을 시킴이니,
22 이 뜻이 여기 있음을 너희들은 오늘
깊이 깨우쳐야 할 것이니 그리 알라.

2,592 번째 하나님 말씀

2002년 7월 14일 15시 53분

1 사랑하는 나의 아들아!
2 "네, 아버님! 말씀하옵소서."
3 내가 이제 너의 제자들로 하여금 성령
으로써 그 성령의 길을 잘못 가는 자
들을 수술하고자 함이니, 너희들이 잘
못했을 때 그는 영원히 지옥 불로 가
는 그와 같은 인도자가 됨이니라.
4 그리하여 너희들을 완벽한 성령으로
써 만백성을 치료할 수 있는 그와 같
은 의사의 역할을 하게 하고자 너희들
을 내가 골라 쓰고자 함이니라.
5 오늘 너희들은 하나 깊이 깨우쳐 나와
너희들 간에 하나의 약속이 굳게 이루
어져야 될 것이니, 이를 가슴속에 깊
이 새겨 명심하도록 하여야 할 것이니
라.

6 너희들 자신이 지금 서 있는 위치와
너희들이 생각하는 그 마음의 뿌리와
너희들의 지금의 위치에서 너희 자신
을 지탱하며 너희들이 하루의 생활과
1년의 생활이 과연 나를 향하여 한 점
의 부끄러움이 없는 삶을 살아가는가
너희 자신을 다스려 보는 그와 같은
시간을 많이 갖는 삶을 살아야 될 것
이니,
7 수시로 나에게 경배하면서 너희 마음
속을 깊이 돌아보는 그와 같은 삶을
살 것을 너희들이 나에게 약속해야 할
것이니라.
8 구약의 시대에도 너희들이 내가 천국
에 오르는 그 문을 닫게 했다 했으며,
신약의 시대 또한 너희들이 내가 천국
의 그 문을 열지 못하도록 그리하였음
이니라.
9 지금 너희들은 어찌하고 있는가?
10 나의 법전이 말세에 오는 거짓 선지자
요, 사탄의 행위라 그리 말함이니, 이
제는 그와 같은 시대가 아님이니라.
11 이제는 복음의 시대이니라.
12 복음이요, 나의 뜻을, 너희 각자의 성
령을 너희 각자의 가슴에 전하여 심어
주는 각자의 싸움의 시대임을 알아야
될 것이니라.
13 이제는 어떠한 방법으로써도 너희들
을 구원할 수가 없음이니라.
14 너희들은 천국에 오르는 그 길이라 하
면서 그 천국의 문을 닫고자 하는 그
행위가 한두 가지가 아니며, 지금 진
정한 나의 길로 인도하는 자들이라 하
는 그 집단이 천국의 문을 닫는 대표
적인 행위를 함이니, 그 악행이 한두
가지가 아님이니라.
15 그리하여 제3의 시대는 복음의 시대
요, 각자의 시대로 가고자 하는 것이
나의 뜻이니라.
16 그리하여 내가 160권이라는 이 대장
정의 법전을 누구나 읽기 쉽고 깨닫기
쉽게 만든 뜻이 여기 있음이니라.
17 각자와의 싸움이니라.
18 각자의 싸움에서 선한 길을 선택하며
나의 십계명을 지키며 나의 법전대로
살아가는 자는 구원을 받을 것이며,
19 누가 가르치고 깨우쳐 줄 수 있는 것
이 아님이니라.
20 이제 제3의 시대는 각자의 투쟁이요,
각자의 싸움에서 이기는 자만이 구원
을 받는 그 복음의 시대이니라.
21 그리하여 나의 법전을 읽는 자만이 구
원을 받을 것이니, 그리하여 나의 법
전이 온 세상을 다 덮게 됨이니라.
22 그리하여 오늘 내가 너희들과 약속을
하나 한다 했으니, 그것이 무엇이더냐?
23 각자가 지금 서 있는 위치와 각자가
존재해 있는 그 위치를 되돌아보며 너
희들이 마음을 다스려 너희 스스로 이
기는 자가 되라 함이니라.
24 너희 스스로 싸워서 이기는 자만이 나
의 성령이요, 나의 법전을 보고 구원
을 받을 수 있는 그 길을 갈 수 있기
때문이니라.
25 지금 너희들이 말하지 않는가?
26 나의 아들 예수가 죽음으로써 바로 종
말의 시대가 열렸으며, 2천여 년이라
는 역사가 흘러오는 속에서 사악한 자
들이 이 세상을 다 덮었음이니라.
27 그리고 내가 이루고자 하는 이 지상의

나의 성전을 사악한 무리들이 지배하
고 있음이니,
28 이를 다스리고 걷어 내고자 하는 것이
나의 뜻이며, 썩어 가는 것을 바로잡
고자 하는 것이 나의 뜻이니, 바로 그
썩어 가는 것을 도려내고 수술하는 것
은 무엇이더냐?
29 썩은 자를 성령으로써 다스려야 될 것
이니, 그게 바로 나로부터 선택된 너
희들이니라.
30 너희들은 너희들의 힘이 없으며 능력
이 없음에 너희 자신을 과소평가하지
말라.
31 내가 너희들에게 임하여 쓰고자 할
때, 너희들의 입을 열 것이며, 너희들
의 손발을 놀려 줄 것이며, 너희들의
생각을 지배할 것이니, 그 누구도 너
희들을 따를 수 없을 것이니 그리 알
라.
32 너희들이 나 여호와가 존재함을 믿는
그것으로써 모두를 다 이룰 수 있듯
이, 너희들은 내가 역사하면 모두를
다 이룰 수 있다는 너희들의 자신과
용기를 가슴에 깊이 간직하고 나의 법
전에 최선을 다해야 될 것을 잊지 말
라.
33 다시 한 번 내가 사랑하는 너희들과
약속하나니, 내가 피눈물로써 간곡히
부탁하나니, 너희들 자신을 매일매일
돌아다보는 그와 같은 삶을 살라.
34 10분 단위로 너희들 자신을 돌아볼
수 있는 그 삶을 살 때, 너희들이 바로
설 수 있음을 잊지 말라.
35 너희들과 나와의 약속이니라.

2,593 번째 하나님 말씀

2002년 7월 15일 0시 05분

1 사랑하는 나의 아들아!
2 "네, 아버님! 말씀하옵소서."
3 이 세상, 너희들이 살아가는 이 지구
덩이에 넓은 바다, 그 높은 산, 이 지
상의 수십억 인구가 저희 종족 나름대
로 집단을 이루며 살아가는 그 형태가
얼마나 위대하고 광활하던가?
4 너희들은 너희들이 사는 이 동양의 작
은 나라요, 너희들이 생활하는 이 속
에서 나의 성령을 받아 나의 법전을
나의 아들을 통하여 기록한다 함이니,
5 너희들은 그저 너희들이 살아가는 그
환경 속에서 바라보니 그 위대함을 모
를 것이니라.
6 그러나 내가 창조한 이 우주의 넓고
넓은 이 형국에 돌아가는 그 형태 속
에서 너희 민족이요, 또 그 속에 나의
아들이라 선택되어 이 지상의 넓고 넓
은 만물과 만백성을 통제하고 다스리
는 것이 나의 아들이요, 나의 성령을
받아 법전으로 세상에 내려보내는 나
의 아들이라 한다면,
7 너희들은 과연 선택된 그 민족의 위대
함을 어디에 견주어 보며, 어떻게 생
각해 볼 수 있는가?
8 너희들이 이끄는 작은 종교의 집단이
요, 어떠한 종파의 집단 속에서 소수
의 민족이요, 소수의 인구가 모여 이
끌어 가는 것이 위대하고 방대하다 너
희들이 생각하나,
9 나의 아들은 이 세상의 넓고 높은 이
수십억 인구가 살아가고 존재하는 그

모두를 다 다스리며 통제하고자 하여 내가 이 동양의 작은 나라에 나의 아들을 임하게 하여, 지금 성령을 내려 그를 통하여 법전이라 하여 160권을 세상에 내보내 만백성을 통제하며, 너희들이 깨우쳐 하늘에 오르는 그 진리의 길과 진리의 뜻을 보게 하고자 하게 함이니,
10 이보다 더 위대한 역사와 이보다 더 위대한 것이 어디 있겠는가?
11 그러나 동양의 작은 나라에 사는 너희 백성들은 나로부터 선택된 그 민족의 축복이요, 영광을 생각하기 전에, 너희들의 작은 집단이요, 작은 종파끼리 서로 싸우고 물고 늘어지며, 나의 법전을 이단이요, 사탄이라 그리 말함이니,
12 너희들은 너희 종교 집단이 세상의 나의 피조물 만백성을 구원할 수 있으며, 통일할 수 있으며, 과연 하나로 만들 수 있다 생각하는가?
13 너희들이 지금 방대하다는 종교의 그 능력으로써는 그를 이룰 수가 없음이니라.
14 그리고 너희 종교의 지도자들이요, 이 세상을 통일하고자 하는 자들, 너희들은 성서를 갖고 공부하며 성서를 갖고 깨우치고자 하나, 그 성서를 가지고 공부하는 그 지파요, 종파가 수천수만 개가 세상에 생겨 서로 찢고 물고 싸우고 있음이니, 너희들의 그 종파의 능력으로써는 하나로 이룰 수 없는 것이니라.
15 그러나 나의 법전은 나의 성령을 태워 내려보내 나의 아들을 통하여 지금 160권으로 세상에 알기 쉽게 내려감이니, 이는 누구나 다 보고 깨우쳐 하늘에 오르는 그 길을 볼 수 있음이니, 나의 법전이 이 세상을 통제하며 통일할 날이 머지않았음이니라.
16 오로지 나의 피조물 만백성 너희들을 하나로 만들고 하나로 통일하며 한 길로써 믿음을 선택하며 한 길로써 가는 것만이 하늘에 오르는 길이라 하여 나의 성령으로 기록된 법전을 온 인류의 백성들이 다 보고 깨우칠 날이 머지않았음이니, 오로지 이것만이 통일하는 것이며 하나로 만들 수 있는 것이며,
17 너희들이 쓰는 그 언어도 모두 동양에서 지금 쓰는 나의 법전에 기록된 언어로 통일될 것이니, 그리 선택된 민족인 너희들이 얼마나 위대하고 소중한가를 알아서,
18 너희들이 손아귀에 쥐고 있는 그 종파들의 끈을 놓고, 나의 법전을 너희 가슴에 안고 정독하여 읽고 또 읽어, 진정 나의 뜻을 깨달아 너희들로부터 만백성에게 전하는 긍지의 역사를 이루어야 할 것이니,
19 나의 피조물 만백성 너희들은 지금 선택된 동양의 이 작은 나라에 촛불을 켜는 그 뜻을, 너희들이 선택된 위대함을 알아, 나의 법전을 깨우쳐 만방에 전하는 데 온 힘을 다해야 될 것이니 그리 알라.

2,594 번째 하나님 말씀

2002년 7월 15일 08시 38분

1 사랑하는 나의 아들아!

2 "네, 아버님! 말씀하옵소서."
3 이 세상에 가을이 되어 떨어지는 그
낙엽의 형태까지도 내가 다 보고 있다
말하며, 나를 속일 수 없다 말하지 아
니하였던가?
4 너의 제자들에게 일러야 될 것이니라.
5 항상 너희들이 마음을 다스리며, 잠시
라도 너희들이 잘못된 생각과 잘못된
마음의 동요가 이는 것은 그 죄가 얼
마나 무서운 것인가를 알아야 될 것이
니라.
6 너 또한 마찬가지니라.
7 네가 육의 행동이요, 육이 살아가면서
남으로부터 저주받는 일, 남으로부터
부끄러운 일을 하지 않고자 노력하며
변해 가는 그 모습은 하늘이 알고 천
사들이 다 알고 있음이니라.
8 그러나 작은 것까지도, 네 마음속에
순간에 스쳐 가는 모든 생각까지도 다
지워 버리며,
9 네 마음과 네 생각 속에 잘못된 부분
이요, 욕심이요, 또는 질투요, 시기하
는 마음이 거쳐 간다면 이는 아니 됨
이니, 그것까지도 다 버려야 될 것이
니라.
10 순간적으로 생각하는 것까지도 잘못
된 부분을 생각하고 살아가는 사람이
되어서는 만백성의 거울이 될 수 없음
이니라.
11 이제는 그와 같은 훈련으로 너를 다스
려 나가야 될 것이니라.
12 너의 제자들 또한 그러하니라.
13 마음속에 순간에 일어나는 어떠한 생
각도, 번개처럼 스쳐 가는 것도, 손끝
하나 움직이는 것이나 머리끝 하나 움
직이는 그 모두가 다 질서에 파괴되는
행위요, 잘못된 행위에서 움직이는 것
은 아예 행동을 해서도 아니 되며 생
각을 해서도 아니 되는 그와 같은 강
도 높은 무서운 훈련으로써 너희 자신
을 다스려 나가야 될 것이니라.
14 너희는 할 수 있느니라.
15 혼탁하고 더러운 물을 정화하고 정화
하면 깨끗해지듯이, 너희들이 그렇게
혼탁해진 정신과 육신을 정화하고 정
화하는 그 과정을 보면서 못 느끼는가?
16 그와 같이 정화하는 역사를 이루다 보
면 만백성이 먹을 수 있는 물이 되듯
이, 만백성이 너희들을 보고 본받아
깨우침을 얻어 정녕 하늘에 오르는 길
로 인도할 수 있는 지도자가 될 수 있
는 것이니,
17 이를 명심하여 행하여야 될 것이니라,
사랑하는 나의 아들아!
18 네가 변하고자 하는 그 모습을 내가
알며, 하늘의 천사들이 알며, 사탄들
과 사악한 자들이 다 알고 있음이니라.
19 그러나 그보다도 더 깊은 강도로 네가
행하여야 될 것이니라.
20 눈을 감고 생각하는 그 순간에도, 네
가 잠을 자며 생각하는 것도, 네가 일
어나 생각하는 것도, 잠시도 정신적인
면에서나 생각하는 속에서나 육의 행
동에서나 한 점의 부끄러움이 있는 것
을 생각하고 행해서는 아니 될 것이
니, 그를 철저히 다스려 나가는 강도
높은 훈련에 들어가야 될 것이니라.
21 이것만이 네가 나의 160권의 법전을
세상에 낼 수 있는 길이며, 만백성에
게 거울이 되어 살 수 있는 길이며, 그

들이 하늘에 오르는 길을 볼 수 있음
이니라.
22 만에 하나 거울로 비추어 보아 너에
게 부끄럽고 추한 점이 있다 하면 만
백성이 그를 그대로 놔두지 아니함을
알아야 될 것이니라.
23 이것이 네가 가야 할 길이니라. 또한
너의 제자들이 가야 할 길임을 알아야
할 것이니라.

2,595 번째 하나님 말씀

2002년 7월 15일 09시 06분

1 사랑하는 나의 아들아!
2 "네, 아버님! 말씀하옵소서."
3 내가 너희들에게 생명을 주어 세상에
태어나도록 한 그 은혜가 하늘에 닿을
것이며,
4 너희들이 세상에 나와 모든 자연의 동
식물을 섭취하며 노력하고 노력하는
만큼 육의 생활의 부귀영화와 명예를
얻어 살아갈 수 있도록 너희들에게 모
두 다 주었음이니, 노력하는 자의 뜻
에 따라 얻고 얻지 못함이 있도록 내
가 다 만들어 주었으며,
5 또한 내가 만든 이 아름다운 성전 속
에서 너희들이 살다 나에게 구원을 받
아 하늘나라에 와 영원히 사는 그 영
광을 얻을 수 있는 그 길과 빛을 다 세
상에 내려보냈음이니,
6 이는 곧 십계명이요, 나의 율법이요,
지금 제3의 시대에 내려보내는 나의
법전을 읽고 깨우치는 자만이 구원을
받을 수 있도록 이 모든 은혜를 내가
다 너희들에게 내려보냈음이니라.
7 그러나 지금 수천 년 동안에 종교 지
도자들은 과연 어찌 가르치고 나의 피
조물 만백성을 인도하는가?
8 재물을 바쳐야 되며, 시간을 바쳐야
되며, 노동력을 바쳐야 되며, 그리고
모두를 다 바치며 너희들에게 십일조
를 바치게 하며, 또 십일조가 부족하
여 하늘에 재물을 많이 쌓아 놓는 자
만이 구원을 받는다 그리 말하니,
9 너희 종교 지도자들이 전지전능한 아
버지라 부르는 나 여호와를 얼마나 사
악하고 못된 부모로 만들어 가르치는
가?
10 육의 부모들도 너희들을 가르칠 때 장
삿속으로 가르치는 자, 노후에 그 자
식으로부터 무엇인가를 기대하는 자,
그리고 계산 속에서 가르치는 자는 잘
못된 자이며, 잘못 살아온 자이며, 잘
못된 자라 내가 그리 말하였음이니라.
11 그와 같은 시대가 지금 이루어지고 있
다 말하였느니라.
12 그러나 그렇지 않은 육의 부모가 있음
을 너희들은 알아야 될 것이니라.
13 열심히 노력하여 자리를 단단하게 지
키고 가는 그 부모는 자식을 자식으로
서 그저 사랑으로써 보살피며 사랑으
로써 보는 것이며,
14 그 자식을 계산으로 두지 아니하며,
장삿속으로 두지 아니하며, 그 부모가
노후에 쇠진할 때 자식에게 무엇인가
의탁하고 기대하려는 마음이 없음이
니라.
15 저 스스로 열심히 노력하고 제 길을
가며, 질서를 파괴하지 아니하며 하늘
에 나 여호와가 존재함을 알고 살아가

는 진정한 부모는 스스로 노후의 대책
을 세워 놓고 살아감이니, 그들이 어
디 부끄러운 삶을 살아가는가?
16 육의 부모도 노력하며 바르게 산 자는
자식에게 은혜와 덕을 바라지 아니하
며, 베푸는 것을 즐거움으로 살아가
며, 그들에게서 거둬들이고자 아니 하
는 마음을 갖고 살아가거늘,
17 어찌하여 잘못된 부모들이 살아가는
그 추하고 더러운 모습으로써 너희들
은 나 여호와가 그와 같은 전지전능한
부모라 그리 말하는가?
18 너희들은 나 여호와를 전지전능한 아
버지라 말하면서, 잘못 살아온 그 부
모들이 자식을 거래하여 계산적으로
보며 그 자식으로부터 무엇인가를 거
둬들여 노후에 편안히 살고자 하는 그
와 같은 마음을 가진 그 부모보다도
더 나쁘고 사악한 자로 그리 가르치며
비추어 주는가?
19 너희 종교 지도자들이 나의 백성들에
게 말하기를, 나 여호와에게 재물을
바치며 하늘에 금화와 은화를 많이 쌓
아 놓는 그것으로써 너희들을 평가한
다 하며, 그것이 구원을 받는 길이라
그리 사악하게 가르치고 있음이니,
20 나 여호와가 얼마나 모질고 잘못된 부
모라 너희들은 그리 말하는 것인가?
21 너희들은 바로 어떠한 자세로 살아가
야 하는 것인가를 지금 깨우쳐야 될
것이니라.
22 내가 지금 나의 성령을 태워 나의 아
들을 통하여 나의 법전이라 하여 이
내용을 세상에 다 기록하여 내려보내
니, 너희들이 이를 보고도 깨우쳐 하
늘에 오르는 길을 모른다면 정녕 너희
들을 어찌하여야 될 것인가?
23 너희들은 계속 나 여호와가 잘못된 어
버이라 생각하며, 재물과 금화와 노동
력과 그 모두를 거둬들이는 사악한 너
희들의 부모라 그리 생각하는가?
24 내가 성서에 기록하여 놓았음이니라.
25 예수도 나의 아들이요, 너희들도 나의
아들딸이니, 예수와 똑같은 나의 아들
딸이라 내가 너희들에게 일컬어 말하
였느니라.
26 다만, 나의 아들 예수는 순종하였으
며, 너희들도 순종하여 예수와 같은
자식이 되라 내가 그리 가르치거늘,
27 어찌하여 너희들은 순종하지 아니하
며 거역하는 길을 가고 사탄의 길을
따라가고자 하는가?
28 내가 지금 너희들에게 상세히 내려보
냄이니라.
29 잘못 살아온 육신의 부모만이 노후를
계산하여 자식에 대해 장삿속으로 바
라본다 하였으며 그 자식에게서 거둬
들인다 하였음이니라.
30 나는 그와 같은 부모가 아니라 하였음
이니라.
31 내가 이 세상을 창조하였으니, 창조주
인 나 여호와가 무엇이 필요하며 무엇
이 부족하기에 너희들은 나 여호와를
그리 사악한 아버지라 만백성에게 가
르치며 너희들이 중간에서 재물을 착
취하는 그와 같은 사악한 행위를 하고
있는가?
32 이 죄를 너희들이 다 어찌 받으려 하
는가?
33 너희들은 예수와 같이 똑같은 아들딸

이라 내가 하였음이니라.
34 그러니 너희들은 여기서 나를 험악한 어버이로, 사악한 어버이로 보지 말라.
35 너희들은 내가 지금 나의 성령으로 내려보낸 이 내용을 읽고 깨우쳐, 하늘에 오르는 길을 너희들 스스로 택하고 알아야 될 것이니라.
36 나는 그와 같이 모진 아버지가 아님을 알라.
37 내가 모진 아버지가 아니요, 사랑과 은혜로 베푸는 아버지라는 것을 너희들이 알아야 될 것이며, 그와 같은 아버지라 너희들이 생각하고 너희들은 나에게 순종하는 아들딸로서 돌아와야 할 것임을 잊지 말라.
38 너희들이 나를 사악한 부모로 만들지 말라. 너희들에게 베푼 은혜만큼 재물로 거둬들이며, 너희들의 시간과 모두를 다 거둬들여 너희들을 사악한 인생으로 살아가는 그와 같은 백성으로 만들고자 하는 전지전능한 나 여호와 아버지라 하지 말라.
39 내가 나의 아들을 통하여 너희들에게 어찌 가르쳤던가?
40 너희들은 육의 삶에 있어서 의식주를 해결하는 자세로 살아갈 때, 그 속에서 나를 볼 수 있으며 너희들이 바른 믿음의 길을 갈 수 있다 그리 가르쳤음이니라.
41 너희들은 사악한 종교 지도자들이 사악한 방법으로 가르치다 못하여, 이제는 나의 아들딸들에게서 의식주마저, 자유의 시간과 공간까지 다 빼앗아 그들의 생활을 핍박하고 고통스럽고 힘들게 만들어 가고 있으니,
42 그들이 힘들고 어렵고 고통스러운 그 속에서 어찌 나를 볼 수 있으며 나를 향한 그 믿음을 바로 갈 수 있다 생각하는가?
43 너희들은 여기서 깨달아야 될 것이니라.
44 너희들이 얼마나 사악한 방법으로써 나의 피조물 만백성을 이끌어 가는가?
45 그들이 바로 서고 바로 깨우쳐 하늘에 오르고자 하나 그들에게서 노동력을 뺏으며 시간을 뺏으며 재물을 평생 동안 거둬들이는 그와 같은 사악한 행위를 너희들이 나의 이름을 팔아 하지 말라.
46 그리하기 때문에 그들이 나를 원망함이니라.
47 그들의 뜻과 소원이 이루어지지 않을 때, 그들은 나를 원망하며 나를 저주함이니라. 그리하여 그들이 바로 믿음을 가지지 못함이니라. 그리고 진정 바로 깨닫지 못함이니라.
48 그들로 하여금 나 여호와가 존재하는 것인지 존재하지 아니하는 것인지 의심하게 되며, 의혹하게 되며, 그들이 '설마' 하는 그와 같은 마음을 갖도록 하여 그들을 지옥으로 인도하는 것이 지금의 종교 지도자들이니라.
49 너희들의 육의 부모가 잘못 살아와 그 자식에게 의탁하며 자식들에게서 재물을 거둬들여 노후에 연명하고자 하는 그와 같은 추한 모습으로써 나 여호와를 나의 피조물 만백성에게 견주어 비추지 말라.
50 그보다도 더 잘못된 나 여호와라 너희들이 말하고 있음이니, 이제는 너희들

이 깨우쳐야 될 것이니라.
51 육의 부모는 스스로 노력하여 자신을
탄탄하게 이루어 놓아야 될 것이며,
그리하여 노후에 그 자식들에게 계산
으로써 재물을 거둬들이며 자식에게
의탁하고자 하는 그러한 마음으로 살
아가는 부모가 되지 말아야 될 것이며,
52 자식은 자식의 운명이요, 그의 복대로
살아가며 부모는 부모대로 제 복이요,
운명대로 살아가니, 젊어서 노력한 부
모는 노후에 자식에게 손 벌리지 아니
하며, 그 자식들에게 재물을 거둬들이
고자 하여 자식들이 세상에 힘든 인생
을 살아가 흔들리도록 그리 만드는 부
모는 한 사람도 없음이니라.
53 인간의 관계도 그와 같은 마음을 버리
고자 하는 것이 부모의 노력이니라.
54 다만, 그들이 젊어서 하늘의 뜻을 모
르며 인간의 소중함을 모르기에, 그들
이 흔들리는 삶 속에서 노후에 허덕이
는 삶을 살 수 있을망정,
55 젊어서 노력하고 연구하고 나 여호와
가 존재함을 깨달으며 질서와 순리에
어긋나지 아니하고 사는 자는 노후에
자식에게 손 벌리지 아니하는 것이 육
신의 부모이니라.
56 하물며 육의 부모도 그러하거늘, 나
여호와가 나의 사랑하는 아들과 딸들
에게 '곧게 믿음을 깨우쳐 하늘에 오
르도록 구원을 받으라, 그것만이 나의
소원이라' 간곡히 부탁하는 내가 너희
들에게 재물이나 시간을 빼앗아 너희
들이 의식주를 해결하는 기틀을 흔들
어 놓아 너희들이 믿음을 바로 갖지
못하며 나를 바라보지 못하게 하는 그
와 같은 사악한 부모라 가르치는 종교
지도자, 그들의 말에 귀 기울이지 말
며, 그들을 단죄하여 단상에서 끌어내
려, 너희들이 하늘에 오르는 길을 보
도록 하라.
57 지금 내가 너희들에게 바로 가라 가르
치는 이것을 보고도 깨우치지 못하는
백성은 너희들이 죽어 와서 그 지옥의
험악한 벌 속에서 영원히 허덕이며 살
아간다는 것을 알아야 될 것이니라.

2,596 번째 하나님 말씀

2002년 7월 16일 08시 38분

1 사랑하는 나의 아들아!
2 "네, 아버님! 말씀하옵소서."
3 너희들이 육신의 삶의 생활에 부귀와
영화를 누리고자 하면 점점 더 그를
누리고자 하게 되는 것이며, 편안한
것을 찾으면 점점 더 편안한 것을 찾
게 되는 것이 너희들의 그 심성이며
마음 자세이니라.
4 그리하여 너희 말에 있지 않더냐?
5 걸어서 힘들게 가는 자가 말을 타고
가게 되면 또 그 길을 안내하는 마부
를 두고 싶어 하는 것이 너희들의 심
리라 하였음이니라.
6 너희들이 게으르기 시작하면 점점 게
을러지며, 나태하기 시작하면 점점 나
태해짐이니, 그리 흘러가는 것이니라.
7 부귀와 영화의 맛을 보며 그 길을 가
고자 하면 더 높고 더 편하고자 하며,
또 더 권력의 힘을 쥐고자 하며, 그리
고 만백성 위에 군림하여 그들을 통제
하고 싶은 그 마음이 한도 끝도 없는

것이 너희들의 마음이니라.
8 이를 자제하고 다스리며 바로 볼 수
있는 그와 같은 것이 나로부터 선택된
백성이 가야 할 길이니라.
9 이제는 내가 구약의 시대로부터 오늘
의 제3의 시대에 이르게 한 너희들이
마지막으로 나의 성령을 태워서 만백
성이 각자 깨우쳐 하늘에 오르는 길을
보며 천 년에 걸쳐서 새로운 역사의
천사와 같은 자들만이 내가 만든 이
지상의 성전에서 존재하도록 하기 위
하여,
10 모세의 시대도 준비 단계였으며 예수
의 시대 또한 준비 단계라 내가 말하
지 아니하였던가?
11 이제는 모든 것의 완성품에 대한 완성
단계이며, 행하여야 할 단계인 이것이
바로 제3의 마지막 시대인 것이니라.
12 완성품이 되었을 때, 그것이 실패작으
로 돌아간다면 모든 연구과정이요, 지
난날의 연습의 과정이요, 준비 단계까
지 그는 모두 다 수포로 돌아가는 것
이니,
13 이제 법전을 내려보내 마지막 심판을
시작하는 이 단계에서는 어떠한 것도
오차가 있어서는 아니 됨이니라.
14 너는 정녕 내가 내리는 작은 명이요,
작은 뜻을 소중히 받들어 행하여야 될
것이며, 너의 제자들 또한 그리해서
그와 같은 습성을 기르지 아니하면 아
니 됨이라 내가 너희들에게 깨우쳐 줌
이니라.
15 내가 너희 성전을 찾아오는 자, 그는
너와 뜻이 다른 자요, 너에게 돌팔매
를 던질 것이라 하여 내가 그들을 일
깨워 주었건만, 네가 스스로 그와 같
이 경계를 늦추며 그를 깨우쳐 나의
백성으로 만들어 보고자 노력한 그 결
과가 어떠한 형국에 이르렀던가?
16 너의 가슴에 치명적인 화살을 쏘며,
너로 하여금 모든 고통 속에 시련을
겪도록 그리하였음이니, 그것 또한 다
그들의 욕심이었음이니라.
17 내가 너에게 일찍이 보여 주지 아니하
였던가?
18 한 남자와 한 여자를 '유다'라 하여,
그가 유다의 행위와 유다의 역사를 할
것이라 내가 일깨워 주었으니,
19 네가 스스로 일찍이 그를 단속하지 아
니하며, 또한 네가 그들을 다스려 천
사로 만들어 나의 성전에 온 모든 백
성을 구하는 것이 나 여호와의 뜻이며
네가 가야 할 길이라 그리 네 임의로
생각하여 그들을 구원하고자 하며 그
들과 네가 더불어 가고자 하였으나,
지금 어떠한 형국이 이루어졌던가?
20 그들은 스스로 떠나면서 너의 제자들
을 지옥의 불길로 인도하며 끌고 가는
그와 같은 행위를 지금 저지르지 아니
하는가?
21 그러면서 그들이 너에게 뭐라 하는가?
22 너는 나로부터 선택된 나의 아들도 아
니요, 선지자도 아니요, 나의 성령을
받아 기록하는 것도 모두 중단되었다
하며, 너는 더 이상 나로부터 성령을
받는 자가 못 된다 그리 말하며, 새로
운 자가 온다 하며, 저희들 속에서 그
와 같은 역사를 이루는 자가 온다 하
여 그들을 사악한 쪽으로 이끌어 가고
있음이니, 그게 바로 어떠한 형국이더

냐?
23 나의 아들 예수를 그리 죽게 만든 자들이 뭐라 말하였느냐?
24 그는 나 여호와의 아들이 아니며, 나로부터 선택된 자가 아니며, 그가 전하는 것은 나의 성령이 아니요, 나의 뜻이 아니라 하여 그를 올가미를 씌워 죽이도록 그리하지 아니하였던가?
25 내가 '유다'라 명한 자들이 지금 나가 행하는 작태가 무엇이더냐?
26 바로 너희들은 봐야 될 것이니라.
27 그들은 나의 성령이요, 나의 법전은 나의 뜻이 맞다 하여 저희들이 그를 가지고 공부를 한다 하며 그 끈을 놓지 아니함이니, 그게 얼마나 교활한 자들이더냐?
28 정녕 네가 잘못된 자이며 나의 성령이 아니라면, 나의 법전을 가지고 그들이 공부하는 그와 같은 교활한 방법을 써서는 아니 되는 것이니라.
29 그러나 그들은 교활한 방법으로써 나의 법전은 맞다 말하며, 나의 아들은 나로부터 모든 권능과 능력을 다 잃었다 함이니, 그들의 방법과 수단이 얼마나 사악하던가?
30 그러면 나 여호와가 나의 아들을 버렸으며 나의 성령을 내려보내지 아니하여 160권의 법전을 만들지 아니한다 하면, 저희들이 나에게 명령권자란 말이던가?
31 저희들이 정녕 나로부터 명령권자가 되고 싶어 하는 그것이 곧 사악한 자들이 하는 행위이니라.
32 아래위가 없으며, 그저 한마디씩 던지는 것이 다 나 여호와의 존재를 믿지 아니하며, 나를 통제하고자 하는 그와 같은 사악한 행위에서 그들이 행동함이니,
33 그 빛을 바로 보도록 만백성에게 깨우치도록 하여야 될 것이니라.
34 내가 나의 아들을 통하여 160권의 법전을 세상에 내보내며, 네가 죽을 때까지 나의 성령을 받아 만백성을 구하는 그 대명을 내가 명했으며 내가 아들이라 명하였거늘,
35 네가 나의 음성을 듣지 못하며 나의 뜻을 받지 못하는 무능력한 자로 되었으며 나로부터 버림받은 자라 그리 말하니, 그게 바로 사탄이요, 사악한 자들이 아니던가?
36 바로 나의 아들 예수를 나의 아들이 아니라 하여 핍박하고 공박하며 그리 몰고 가 죽게 한 그들과 똑같은 행위를 하고 있음이니,
37 지금 그들이 너를 나로부터 버려진 자식이라 말하며 더 이상 성령을 받아 기록하지 못한다 그리 말함이니, 오늘의 작태의 현황을 너희들이 봐야 될 것이니라.
38 바로 나의 아들 예수를 십자가에 못 박혀 죽게 한 그들이 그와 같은 수법으로 그와 같은 행위를 하였음이니라.
39 그러니 그들이 지금에 와서 그와 같은 행동을 하고 있음이니, 내가 모든 것을 미리 알려 주거늘 네가 어찌하여 거기에 대비함을 소홀히 하였던가?
40 네 생각을 넣어서는 아니 됨이니라.
41 오로지 내가 너에게 명하는 것만을 네가 알아서 행하여야 될 것이거늘, 어찌하여 네가 네 노력으로써 그 무엇인

가를 다스려 보며 내가 사랑을 베푸는 아버지라 하여 그를 내 뜻이라 그리 너 스스로 생각하였던가?
42 이제 작든 크든 모두는 네 임의로 생각해서는 아니 될 것이니라.
43 그게 바로 네가 육의 삶의 생활 방식을 아직 버리지 못하였기 때문이니, 이제 네가 그러한 과오를 범해서는 아니 될 것이니라.
44 나의 법전이요, 나의 성령을 가지고 공부를 하며 이는 맞으나 너는 나의 아들이 아니요, 이제는 모든 능력을 버린 자며 사탄이라 하며, 다시 저희들 속에서 나의 뜻을 받는 자가 나온다 하여 스스로 저희들이 서서 나의 백성들을 지옥 불로 이끌고 가는 그와 같은 행위를 함이니,
45 그들이 2부, 3부요, 10부까지 160권이라 하여 법전이 나왔을 때, 그들은 이를 나오지 못하게 할 것이며 이를 짓밟으려 할 것이니,
46 그들 스스로 저희가 잘못되었으며 저희들이 잘못 가고 있는 것을 160권의 법전이 나오기 전에, 3부가 세상에 나오면 그를 깨달음이니, 그리하여 그들은 그것이 나오지 못하도록 갖은 악랄한 수법과 방법을 다 동원할 것이니라.
47 이제 너는 너의 제자들과 여기에 대비함을 잊지 말라.
48 내가 너에게 이와 같은 대비를 꼭 하라 해야만 하는가?
49 내가 하나를 주면 네가 살과 뼈를 붙여 깨달아 만들라 하였거늘, 어찌하여 그와 같은 것에 소홀히 하는가?
50 너의 제자들에게 모든 방법을 강구하라 그리 일러야 할 것이니라.

2,597 번째 하나님 말씀

2002년 7월 16일 09시 20분

1 사랑하는 나의 아들아!
2 "네, 아버님! 말씀하옵소서."
3 지금 수천 년 역사 동안에 나의 피조물 만백성이 구원을 받고자 그 믿음의 길을 살아왔음이니라.
4 그러나 지금의 그들의 작태와 지금의 너희들이 하는 말은 종말이요, 말세며 사악한 자들이 이 세상을 지배하는 그와 같은 시대가 열렸다 그리 말하느니라.
5 그는 과연 누가 그 책임을 져야 하겠는가?
6 나 여호와가 존재한다 믿고 깨닫고 사랑을 베풀며 살아온다는 백성들과 아무것도 모르고 살아온 자들 중에 누가 더 그 책임이 무거우며, 오늘의 이와 같은 작태를 누가 부끄러워해야 하는가?
7 더 이상 사악해질 수 없으며, 더 이상 험악해질 수 없으며, 더 이상 잔인해질 수 없는 이와 같은 세태가 이루어진 것은 나를 경배하며 사랑을 베풀며 하늘에 오르는 길을 위하여 살아오겠다 말하고 있는 종교 지도자요, 또한 그곳에서 배우고 깨우쳤다는 나의 피조물 만백성 너희들이 지금에 대한 책임을 누구보다도 져야 될 것이니라.
8 그리고 너희들 스스로 부끄러움을 알아야 될 것이니라.
9 너희들이 지금까지 이끌어 오고 배워

왔으며 지금까지 살아온 그 모두가 이
제 사람의 생명까지도 물질로 계산하
는 시대가 되었으며, 너희들 스스로
말하듯이 사악한 자들이 세상을 지배
하고 통제하며 온통 도적질하는 자들
과 간음하는 자들이 이 세상을 지배하
고 통제하는 시대가 되었다 함은, 너
희들이 잘못되어 온 것을 너희들이 입
증하는 것이 아니던가?
10 너희들이 바로 살아왔으며 바로 진정
한 나의 뜻에 따라 성령대로 살아왔다
면 이와 같은 역사의 시대는 이루어지
지 아니하였을 것이니라.
11 여기에서 너희들은 가슴에 손을 얹고
부끄러움을 알아야 될 것이며, 너희들
의 그 책임을 통감하여 너희들이 감히
하늘을 바라볼 수 없는 그와 같은 죄
인임을 알아야 될 것이니라.
12 너희들은 말하기를, 이방인이 지금과
같은 이런 세대를 만들었다 하나,
13 그들은 사랑이 무엇인지 모르며, 나
여호와가 존재함을 믿지 아니하며, 구
원을 받고자 노력하지 아니하고 그저
그대로 살아왔느니라.
14 그러나 그 뜻을 알고 그 길을 알며 인
도하는 자요, 먼저 깨우친 자라 했던
너희들이 지금 그 모든 책임을 져야
될 것이니,
15 지금의 너희들이 잘못 살아와서 이와
같은 형국이 이루어진 것은 너희들이
잘못 믿음이요, 잘못 깨우쳐 가기 때
문에 그렇다는 것을 이제 너희들은 시
인하고 깨달아야 될 것이니라.
16 사랑하는 나의 아들아!
17 **"네, 아버님! 말씀하옵소서."**
18 너희들은 지금 살아오는 생활 속에서
죽음을 위한 삶을 살아갈 것인가, 삶
을 위한 삶을 살아갈 것인가? 이것을
너희들이 지금 확실히 하여야 할 때가
되었음을 알아야 할 것이니라.
19 지금 너희들은 육의 삶을 위하여 영원
히 사는 너희 영의 삶을 죽음을 향하
여 살고 있다 하면 과연 이를 믿겠는
가?
20 그리고 너희들이 스스로 죽고자 하는
그 죽음을 위하여 지금 살아간다 하면
너희들은 이 얼마나 통탄할 일인가를
깨우쳐야 될 것이니라.
21 지금 나의 피조물 만백성 너희들은 영
원히 죽는 그 죽음을 위하여 달려가
고, 그 죽음을 위하여 삶을 살아가고
있음을 알아야 될 것이니라.
22 오로지 나의 성전에 와 나의 법전을
깨우치며 내가 나의 아들을 통하여 전
하는 그 성령의 음성을 들으며, 내가
160권이라는 법전을 써서 세상 만방
에 전하니,
23 이것을 접하고 깨우쳐 하늘에 오르는
길을 아는 자는 삶을 위한 삶을 사는
것이며, 그렇지 못한 자들은 죽음을
위한 삶을 살아가고 있음을 알아야 할
것이니라.
24 너희들은 정녕 한 육신의 한평생이라
는 것을 살아가면서 죽음을 위한 그
삶을 위하여 몸부림치며 살아가는 삶
을 계속 살아가야 할 것인가, 영원히
사는 삶을 위해서 살아가야 할 것인가?
25 지금 너희들은 깨우쳐 행할 때가 왔음
을 알아야 될 것이니라.
26 나의 아들이 나로부터 선택된 자요,

내가 내려보내는 성령의 그 법전이 너
희들을 심판하며 구원의 길로 인도한
다 하여 그를 깨닫고 깨우쳐 가고자
하는 너희들은 바로 영원한 삶을 위하
여 살아가는 자들이니라.
27 그렇지 못한 자, 이를 덮는 자, 이를
시기하고 질투하고 욕하는 자, 그리고
열어 보지 아니하는 자, 사탄의 장난
이라 하는 자, 이를 핍박하는 자, 그들
은 무엇이더냐?
28 스스로 죽음을 위한 삶을 살아가며 죽
음을 위한 삶을 두 주먹을 쥐고 몸부
림치고 살아가는 그와 같은 형국이니,
그 결과가 얼마 안 남았음을 알아야
될 것이니라.
29 이제 오늘 너의 제자들에게 일깨워 주
라.
30 선택된 너희들은 삶을 위한 삶을 살아
가는 자들이니, 너희들의 그 삶을 소
중히 값지고 아름답게 나의 계명과 나
의 법전에 따라 행하며 살아가는 그와
같은 백성으로 살아가도록 그 깨우침
을 그들의 가슴에 심어 주라.
31 이것이 얼마나 크고 위대한 너희들의
영광인가를 알 날이 머지않았음을 알
라.

2,598 번째 하나님 말씀

2002년 7월 16일 11시 41분

1 사랑하는 나의 아들아!
2 "네, 아버님! 말씀하옵소서."
3 내가 너희들에게 일렀느니라.
4 너희들이 정녕 영원히 사는 삶을 위하
여 믿음의 길을 갈 것인가, 그렇지 아
니하면 죽음의 그 길을 위하여 살며
그 믿음의 길을 갈 것인가?
5 내가 너희들에게 너희들의 마음 자세
를 확실히 하며 확고히 해야만 될 때
가 왔다 일러 주었느니라.
6 나는 오늘 너희들에게 일러 말하느니
라.
7 이 세상의 모든 나의 피조물 만백성을
구하고자 하는 것이 나 여호와의 뜻이
며, 어버이의 뜻이라 내가 너희들에게
말하였으니,
8 내가 오늘 너희들을 구원하기 위하여
나의 성령을 태워 나의 아들의 가슴을
통하여 법전이라 하여 160권의 책을
세상에 내어 너희들에게 하늘에 오르
는 그 영광의 빛을 비추어 주고자 함
이니,
9 그 모든 뜻은 나의 아들의 가슴을 통
해서만 전하게 되어 있으며, 그 가슴
을 통하여 너희들이 원하는 것을 다
들어준다 하였음이니,
10 오늘 나의 성전에 와 이 뜻을 듣고 깨
달음을 얻는 너희들은 얼마나 영광되
며 축복 속에 있는 자인가를 알아야
될 것이니라.
11 너희들은 그와 같이 나로부터 선택된
백성들이며, 구원의 길을 보고 오는
자들이니라.
12 너희들은 지금 여기에서 너희들 자신
이 하나의 마음을 굳건히 할 때가 왔
음을 알아야 될 것이니라.
13 나의 아들 예수에게 등을 돌렸던 그
제자들은, 예수가 영광되고 기적을 이
루며 역사를 이룰 때, 그에게 모두를
바칠 수 있고 하나밖에 없는 생명을

바칠 수 있는 그와 같은 제자라 하여
그를 추종하고 따랐느니라.
14 그러나 그들은 어렵고 힘들 때 어떠한
길을 갔던가?
15 그들 스스로 등을 돌렸으며, 그를 팔
았으며, 그를 배신하였음이니라.
16 그런가 하면 너희들은 성서에 기록되
어 알 듯이, 욥이라 하는 자는 어떠한
길을 갔더냐?
17 그 육신이 썩어 들어가 죽음 직전에
가서도 나를 배신하지 아니하였으며,
그는 오로지 그 길을 갔음이니라.
18 그가 과연 내가 그에게 내릴 영광과
축복을 생각이나 했으며 상상이나 했
겠는가?
19 그는 그와 같은 영광과 축복이 있을
것이라는 생각을 하고 지키고 견디지
아니하였음이니라.
20 너희들은 지금 나의 아들 예수를 따르
다가 그들이 등을 돌렸듯이 그 길을
갈 것인가, 욥과 같은 그 믿음의 길을
갈 것인가? 너희들이 정하여야 될 것
이니라.
21 이제 나의 성전에 와 기도하는 자는
너희들뿐이며, 나의 아들을 따르는 자
들은 너희들뿐이니라.
22 너희들이 비록 나약하고 보잘것없으
나, 내가 너희들에게 임하여 너희들이
성령으로써 역사할 때, 이 세상 그 누
구도 너희들을 능가하며 다스리고 구
할 수 없음을 알아야 될 것이니라.
23 그와 같은 중대한 임무를 띠고 있는
것이 너희들이니, 너희들 자신이 이제
마음의 결정을 할 때가 왔음이니라.
24 욥과 같은 그 시련을 겪고 갈 수 있는
너희들의 마음 자세로 나의 아들 선지
자를 따라갈 것인가, 예수의 제자들처
럼 너희들이 필요할 때 같이 있다가
그가 어렵고 힘들 때 등을 돌릴 것인
가?
25 그 둘 중의 하나, 너희들이 어떤 길을
갈 것인가를 이제는 선택할 때가 왔음
이니라.
26 너희들 자신의 마음이 흔들리며, 생각
이 흔들리며, 너희들 자신이 높은 곳
을 보고 낮은 곳을 볼 때마다 마음이
변화되는 그와 같은 자세로써는 이 어
렵고 힘든 강을 건널 수 없으며, 너희
들이 말하는 도저히 이룰 수 없는 하
늘나라의 그 영광을 너희들은 얻을 수
없기 때문이니라.
27 이제 완벽한 알곡식이요, 봄에 씨앗을
뿌릴 수 있는 그 완벽한 곡식이 아니
라 하면 내가 그를 보관할 이유가 없
으며, 내가 거둬들일 이유가 없기 때
문이니라.
28 너희들의 마음자리를 다시 한 번 봐야
될 것이니라.
29 너희들이 높이 올라갔을 때 달라지며,
내려와 고통의 길을 갈 때 달라지는
그와 같은 마음 자세로 간다 하면 너
희들은 아무것도 나의 아들을 따라 이
룰 수가 없기 때문이니라.
30 높고 낮음이 없이 너희 마음이 한 길
로써, 한마음으로써 영원히 지탱하고
갈 때, 너희들에게 그 영광이 있을 것
이며, 내가 천 년에 걸쳐 이루고자 하
는 역사가 이루어질 것이니라.
31 너희들이 나의 성령으로써 임하여 하
나의 역사를 이룰 것인가, 아니면 나

의 성령을 저버리며 죽음의 길로 갈
것인가?
32 여기서 너희들은 너희들 가슴에 피를
쏟는 그와 같은 아픔의 상처보다도 더
진한 고통 속에서 선택하여 너희들
이름 석 자를 나의 법전에 기록하도록
그리하여야 될 것이니라.
33 이제 나의 법전에 너희들 이름을 기록
하여 둘 것이니,
34 너희들이 어떠한 자세로 갈 것인가 그
것을 너희들이 마음으로써 나의 아들
에게 밝혔을 때, 너희들의 이름을 법
전에 기록할 것이니 그리 알라.

2,599 번째 하나님 말씀

2002년 7월 16일 17시 09분

1 사랑하는 나의 아들아!
2 "네, 아버님! 말씀하옵소서."
3 멀고도 길며 험악한 이 길을 네가 가
야 함이니, 그 가는 길에 한두 가지가
부딪침이 아니요, 백 가지, 천 가지,
만 가지, 그 모두가 다 부딪침이니,
4 그 부딪치고 네 길을 막는 것들이, 작
은 것에서부터 큰 것까지 너 스스로
감내하고 감당하기 어렵고 힘든 그 엄
청난 것들이 다 네 가슴에 파도처럼
밀려올 것이니,
5 그를 다 감내하고 딛고 이기고 나가야
하는 것이 너의 운명임을 알아야 할
것이니라.
6 너희들이 말하기를, 목숨을 바치면 무
엇이 두려울 것이 있느냐 하듯이, 모
두를 다 버린 마음 자세로써 네가 가
야 하는 그 길이니라.
7 너의 제자들 또한 그와 같은 각오로써
그 길을 가지 아니한다면 정녕 이 역
사는 이루어질 수 없음이니라.
8 수십억 인구 중에, 수천 년 동안 흐른
그 속에서 너를 내가 아들이라 명하여
나의 성령을 세상에 내려보내며, 나약
하고 힘없는 너희들 몇몇의 나의 백성
을 너의 제자라 임하여 이 법전을 공
부하며 너를 따라가는 자, 그들이 과
연 어떠한 힘이 있고 어떠한 능력이
있겠는가?
9 그러나 그들을 갖고 너는 두려워하지
말라.
10 너희들이 바른 자세요, 바른 믿음으로
써 갈 때 나의 성령이 그들에게 임하
니, 그들이 천군만마보다도 더 위대한
역사를 이룰 수 있는 너의 제자들이
될 것이니,
11 네가 바로 서고 그들이 바로 서는 것
만이 중요함을 알아야 될 것이니라.
12 지금 수천 년 역사 속에서 구원을 받
으며 하늘에 오른다는 백성들이 어떠
한 믿음의 길을 가고 있더냐?
13 정녕 믿음의 그 길을 찾고자 가는 것
이 아니니라.
14 저희들의 집단의 힘에 의하여, 저희
집단의 방대함에 의하여, 나의 피조물
만백성이 많이 모이는 곳에 의하여,
그리고 너희들이 성전이라 지은 웅대
한 그곳에 의하여, 크나큰 터전 앞에
그 성전을 짓고 방대한 조직으로써 움
직이는 그곳에 가 고개 숙이며 그것이
믿음의 길이라 생각하며, 거기에 진정
한 하늘에 오를 수 있는 길과 답이 있
다 그리 생각하고 그쪽에 믿음을 맞추

고 가는 것이 지금 너희들의 형국이니
라.
15 그 집단의 방대한 것만 보고 무조건
믿음의 길이 거기 있으며 진정한 구원
의 길이 거기 있는 것처럼 그리 착각
하고 가고 있는 것이 지금 믿음을 향
하여 가는 자들의 형태이니라.
16 그리 보아서는 아니 될 것이니라.
17 그러한 마음의 자세로 가는 자는 죽을
때까지 진정한 믿음의 깨우침을 볼 수
없음이니라.
18 집단이요, 집단의 힘이요, 그들의 형
태요, 방대한 그 성전이라는 저희들의
손으로 지은 곳의 그 외형을 보고 믿
음을 찾아가는 자가 된다 하면 그것은
아님이니라.
19 너희들의 진정한 믿음의 길이라는 것
은 어렵고 힘들게 가는 그 길 속에 진
리가 있으며,
20 정녕 나 여호와를 향하여 오는 자들은
그와 같이 두루뭉술 모여 그저 아우
성치며 광란의 기도를 하며 잘못 가르
치는 자의 그 세 치의 혓바닥에서 나
오는 그 음성을 듣고 '아멘!', '할렐루
야!' 하고 찾으며 보혈로써 구원받았
다 생각하는 그와 같은 형국의 믿음으
로써는 구원을 받을 수 없음이니라.
21 그와 같이 살아가는 그들의 자세가 어
떠하던가?
22 그들이 나 여호와가 원하는 계명을 따
르며, 십계명을 지키며, 율법에 따라
살며, 그 지도자가 한 치의 어긋남이
없고 부끄러움이 없이 사는 자라면 너
희들은 두말할 것도 없을 것이니라.
23 그러나 그들은 믿음 이전에 인간 너희
들의 육의 안일과 너희들의 집단과 너
희들의 종파를 키우는 데 연연하고 있
는 것은 과연 아닌가 생각해 봐야 될
것이니라.
24 그러한 집단이요, 그와 같은 종파요,
그와 같은 성전은 필요 없다 말하였음
이니라.
25 이 지구가 곧 나 여호와가 만든 성전
이요, 내가 만들어 놓은 이 성전보다
더 위대한 성전이 어디에 있겠는가?
26 그 위대한 나의 성전에서 너희들이 아
름다운 마음으로 살아가며 나의 계명
을 지키며 너희들이 기도하는 그것으
로써 구원의 길을 볼 수 있으며 구원
을 받는다 하였음이니라.
27 너희들이 재물과 모두를 다 그들의 세
치의 혓바닥에 현혹되어 바치며, 하늘
에 쌓은 그 재물만큼 복을 받는다는
허무맹랑한 사기극에 말려들어, 그 집
단에 꿀을 본 벌 떼처럼 모여드는 그
와 같은 형국 속에는 진실한 믿음과
진실한 깨우침이 없음을 알아야 될 것
이니라.
28 정녕 진실한 믿음이요, 진실한 길을
보는 자는, 농부가 들에서 일하다 그
저 시간 날 때 나 여호와를 찾으며 '오
늘 하루도 하나님 앞에 은혜로써 삶을
감사드리며, 율법에 따라 계명을 지키
고 착하게 살겠나이다.' 그리 기도하
며,
29 나 여호와가 내려 준 모든 은혜와 은
총에 감사드린다 하며 두 무릎 꿇고
기도하는 그 모습과 그 기도하는 소리
가, 그게 바로 구원의 길이요, 하늘에
오르는 길임을 알아야 될 것이니라.

30 이제 너희들이 집단으로써 이루어졌던 그와 같은 성전에서 발길을 돌릴 때가 왔음을 알아야 될 것이니라.
31 너희들 스스로 집에서 가족 단위로 가족의 손을 잡고 나 여호와에게 감사드리면 너희들이 나의 성전에서 기도함이니, 그게 바로 구원의 길에 올 수 있음을 알아야 될 것이니라.
32 너희 스스로 가슴에 손을 얹고 너희들의 행하는 행동이 과연 나 여호와에게 부끄럽지 아니한가 그와 같이 회개하고 반성하면서 나에게 기도하는 자의 그 음성이 하늘에 들리며, 그가 구원받을 수 있음을 알아야 될 것이니라.
33 이제 나의 사랑하는 피조물 만백성 너희들은 손으로 만든 그 성전에 가 잘못 가르치는 지도자에게 내가 먹고 쓰라는 그 재물을 바치며 시간까지 바치며 지옥 불로 가는 그와 같은 믿음의 길에서 뛰쳐나와 돌아서야 될 때가 되었음이니라.
34 너희들은 이제 기도하라.
35 너희들이 하루에 살면서 '내가 남에게 불쾌한 일은 하지 아니하였는가? 남에게 가슴 아픈 일은 하지 않았는가? 내가 남에게 누를 끼치지는 아니하였는가? 내가 더 무엇인가를 소유하기 위하여 남의 것을 뺏고자 하는 마음은 없었는가?
36 하늘을 향하여 한 점의 부끄러움이 없는 생활을 했는가? 그리고 지금 이 순간에도 여호와 하나님을 향하여 한 점의 부끄러움이 있는 마음의 생각이요, 행동은 하고 있지 아니한가?' 그를 수시로 깨우치고 반성하면서 그때그때 고쳐 가는 자, 그리고 너희들 속에서 사악한 마음이 뿌리를 내리는 그 마음을 밀어붙이는 자,
37 그와 같이 하루하루, 순간순간에 회개하고 반성하면서 나의 뜻에 따라 살아가고자 하는 자, 그리고 사회의 질서를 파괴하지 아니하는 자, 인간으로서 남에게 누를 끼치지 아니하는 자,
38 십계명을 암송하며 그 십계명의 뜻에 따라 살아가고자 하는 자, 자기 자신이 과연 십계명에 위배되는 짓은 하지 아니하는가, 부끄러운 행위를 하지 않는가, 이것을 그때그때 깨우치면서 바로잡아 가고자 자신에게 매질을 하며, 자신을 다스리며,
39 자기와의 싸움에서 선한 쪽을 택하고 악한 것을 버릴 수 있는 그와 같은 마음 자세로 굳건히 서서 생활하는 그들이 바로 구원을 받을 수 있으며 나에게 올 수 있는 자며 나의 아들딸임을 너희들은 잊지 말라.
40 이제 그리 살라.
41 순간순간에 너희들이 일하면서, 너희들이 삶을 향하여 달려가면서, 너희들이 움직이면서, 남들과 대화하면서 '내가 한 점의 부끄러움이 있는 행위를 하지 아니하는가?' 그걸 반성하고 깨우쳐
42 너희들 스스로 자신과의 싸움에서 승자요, 하늘에 오르는 영광의 빛을 볼 수 있는 그 길을 택하는 것은, 추하고 더럽고 남에게 부끄러운 행위일 때 그것을 자제하며 그것을 너희 마음속에서 잘라 내며, 천사와 같은 아름다운 마음 쪽으로 모든 것을 생각하고 다스

려 하나하나, 한 발짝 한 발짝 뗄 때마
다 너희들이 그리 깨우쳐 오는 것이니,
43 그리하는 자 구원을 받는 영광을 얻게
됨을 잊지 말라.

2,600 번째 하나님 말씀

2002년 7월 16일 17시 53분

1 사랑하는 나의 아들아!
2 "네, 아버님! 말씀하옵소서."
3 너희들이 인간이기에 나의 계명을 지
킬 수 없으며 나의 율법대로 살아갈
수 없다 그리 말함이니,
4 그리하여 너희들이 죄를 짓고 용서를
빌며 구원의 길을 바라면 용서를 해
준다 그리 말하며, 너희들이 재물을
하늘에 많이 쌓으며 헌금을 많이 하면
너희들을 구원의 길로 인도할 수 있으
며 너희들이 구원받을 수 있다 그리
말하느니라.
5 그러나 내가 너희들에게 뭐라 말하였
더냐?
6 너희들이 알고 짓는 그 죄는 천 번, 만
번을 빌어도 내가 용서할 수 없다 말
하였음이니라.
7 그를 열 배로 갚으라 하였음이니라.
8 그는 상대성이 있기 때문이라 그리 가
르치지 아니하였는가?
9 너희들은 나의 계명을 들어 보라.
10 '간음하지 말라, 도둑질하지 말라, 살
인하지 말라.' 그리 기록되어 있음이
니라.
11 살인이 무엇이더냐?
12 사람의 생명을 끊게 함이니, 그게 마
지막 종말을 고하는 것이 아니던가?
13 그와 같이 무섭고 두려운 내용이 나의
십계명에 기록되어 너희들에게 지키
라 하였음이니,
14 그것을 바로 너희들이 지킬 수 없다
말하며 인간이기 때문에 그리 행할 수
없다 그리 말한다 하면, 너희들은 얼
마나 무서운 것을 거부하는 것이며 무
서운 것을 지키지 아니할 수 있다 말
하는 것인가?
15 살인하지 말라 하였거늘, 너희들은 살
인하지 아니하는 것을 지킬 수 없다
그리 말하는 것과 같으니,
16 너희들이 그 법이요, 나의 율법을 인
간이기 때문에 지킬 수 없다 말하는
것은, 인간이기 때문에 살인할 수 있
으며 인간이기 때문에 사람을 죽일 수
있다 그리 말하는 것이니,
17 지금 너희들이 그리 가르쳐 온 그 씨
앗의 죄악의 온상 때문에 지금 나의
피조물 만백성이 어떠한 형국으로 이
루어졌더냐?
18 살인을 하며, 목숨을 재물로 계산하
며, 대가를 받고 남의 목숨을 죽이는
그 엄청난 일을 저지르겠다 하는 그와
같은 것이 공공연하게 이루어지지 아
니하더냐?
19 이러고도 너희들이 그 죄의 두려움을
모르며, 나 여호와가 직접 불로 써 내
린 십계명을 지키지 아니하고 너희들
이 죄를 짓고 용서를 빌면 된다 그리
말함이니, 너희들이 어찌 그와 같이
가르치는가?
20 너희들이 남의 생명을 숨지게 하여 그
를 죽여 놓고 용서를 빈다 하면, 그는
어찌하여야 될 것인가?

21 그것을 너희들이 용서받을 수 있다 말
하는가?
22 그와 마찬가지니라.
23 너희들이 작든 크든 죄를 짓는 것은
나에게는 크고 작음이 없다 말하였음
이니라.
24 너희들이 남의 생명을 죽여 놓고 회개
하고 반성한다면 그 죽은 생명은 과연
어디서 살아나며 어찌하여 그에게 너
희들이 죄를 용서받을 수 있다 하는가?
25 그와 같은 행위를 저질러도 된다 그리
가르치는 것이 지금 잘못 가르치는 종
교 지도자들이며,
26 성서의 뜻과 그 의미와 그 추구하는
것을 전혀 모르는 무지한 자들이 가르
치는 그와 같은 형국에 이와 같은 역
사의 현장이 이루어졌음을 알아야 할
것이니라.
27 살인하지 말라는 그 말 한마디를 놓고
너희들이 생각할 때, 너희들이 감히
나의 십계명을 인간이라 지킬 수 없다
그리 가르칠 수 있겠는가?
28 너희들은 살인하지 말라, 이는 죽어도
지켜야 된다 그리 가르쳐야 될 것이니
라.
29 너희들이 나의 십계명에 있는 그 모든
계명을 지켜야 될 것이며, 거기에서
하나라도 지키지 아니하면 구원받을
수 없다 그리 가르쳤더라면 지금과 같
이 사악한 형국이 이루어지지는 않았
을 것이며,
30 그것이 너희들의 두려운 죄이며, 너희
들이 용서받을 수 없는 잘못 가르치고
있는 것이라 내가 말하였느니라.
31 그 십계명은 너희들에게 어디에 해당
된다 하였는가?
32 이 세상의 모두는 내가 이룬 나의 성
전이기 때문에, 나의 성전에 사는 모
든 백성들은 그 계명을 지키고 살면
하늘에 오를 수 있는 것이며, 그게 하
늘에 오르는 열쇠라 내가 말하였느니
라.
33 그런데 너희들은 지금 너희 손으로 지
은 그 성전 앞에서 뭐라 말하느냐?
34 내가 지키며 사는 것이 구원의 길이라
하여 불로 쓴 그 십계명을 감히 너희
들은 두꺼비집 같은 집을 지어 놓고,
그곳이 성전이라 하여 거기를 인간의
욕심대로 꾸려 놓고 그곳에 모이는 자
들에게 뭐라 가르치느냐?
35 인간이기 때문에 죄를 짓지 아니하고
살 수 없으며, 거짓 하지 아니하고 살
수 없으며, 십계명대로 살아갈 수 없
으니,
36 너희들이 되는 대로 살다가 그저 용서
를 빌며, 사랑으로써 용서를 빌며, 재
물로써 용서를 빌며, 하늘에 그득히
많은 재물을 쌓아 놓고 용서를 빌면
사랑의 하나님이니 그 모두를 다 용서
해 준다 그리 가르치느니라.
37 너희들은 내가 만든 이 성전에 너희
손으로 두꺼비집만 한 것을 지어 놓고
그 속에 나의 피조물 만백성을 모아
놓고 죄악의 온상으로써 그와 같은 형
국을 이루고 있음이니, 너희들이 지금
하고 있는 짓이 그와 같은 것이니라.
38 그 속에서 너희들이 무엇을 듣고 깨우
치며, 무엇을 보고 하늘에 오르겠는가?
39 너희들은 나의 성전인 이 지구상에서
이 아름다운 자연의 순수함을 느끼며

너희 스스로 기도하고 경배하면 되는
것이니,
40 인간이 손으로 지은 그 성전이라 하는
곳의 두꺼비집과 같은 그 옹벽에서 너
희들이 뛰쳐나와야 한다는 것을 알아
야 될 것이니라.
41 내가 만든 나의 성전이면 되는 것이
지, 내가 만든 그 성전 위에 너희들이
돌과 흙으로써 두꺼비집과 같은 것을
만들어 호화찬란하게 장식해 놓고 그
곳이 성전이요, 구원받는 곳이요, 그
곳에 오는 자, 예수의 피로써 구원을
받는다 그리 말함이니,
42 어찌 내가 그리 만백성을 구할 수 있
겠는가?
43 너희들은 여기서 나의 환상의 그림을
봐야 될 것이니라.
44 내가 만든 지구의 이 모두가 성전이
며, 그곳에 있는 나의 피조물 만백성
은 똑같은 자격과 권능을 갖고 세상에
태어났으며,
45 내가 지키라는 계명을 지키고 살다 하
늘에 오르라 하여 내가 그 답을 받고
세상에 생명으로써 너희들을 잉태하
여 나오도록 만든 나의 피조물 백성들
이니라.
46 너희들이 그리 지키고 살아오면 될 것
을, 어찌하여 너희들은 그와 같은 간
단하고 편안한 방법으로써 너희 스스
로 지켜 하늘에 오르려 하지 아니하며,
47 사악한 인간들이 손으로 지어 놓은 그
두꺼비집 같은 돌집에, 또는 시멘트
집에, 또는 흙가루 집에 웅크리고 너
희 자신을 그곳에 던져, 그곳에서 이
루어지는 사악한 행위가 하늘에 오르
는 길이라 그리 말하는가?
48 거기는 손바닥으로 하늘을 가리고자
하는 것과 같은 곳이니,
49 너희들은 자연의 광명 천지의 신선한
공기와 아름다운 자연의 위대함 속에
서 그를 느끼면서 나에게 기도하면 될
것이니,
50 이제 너희 손으로 만든 그 두꺼비집과
같은 죄의 온상인 그곳을 뛰쳐나와야
될 것이니라.
51 거기에서 뭐라 가르치느냐?
52 너희들이 살인할 수 있으며, 살인하고
도 그 죄를 용서 빌면 된다 가르치며,
53 내가 살인하지 말라 간음하지 말라 도
둑질하지 말라 그리 가르쳤거늘, 그와
같은 행위를 하고 용서를 빌면 된다고
그 속에서 그리 부르짖고 가르치는
자, 그들 앞에 재물과 시간과 모두를
바치는 어리석은 우를 범하지 말라.
54 그곳이 죄의 온상이요, 너희들이 지옥
불로 가는 그 길이니라.
55 이제 내가 너희들에게 말하니, 이 지
상이 나의 성전이니, 너희 스스로 내
가 불로 써 내린 그 계명을 지키고자
노력하며 기도하며,
56 내가 너희들을 깨우치고자 마지막으
로 나의 성령을 태워 세상에 내려보내
는 나의 법전의 이 구절을 읽어서 너
희 것으로 만들어 하늘에 오르는 길을
보는 자는 구원을 받는 영광을 얻게
됨을 잊지 말라.
57 이와 같이 나의 성령의 뜻을 법전이라
하여 기록하여 내려보내는 나의 애절
한 이 뜻을 거역하는 자, 이를 보지 못
하는 자, 이를 듣지 못하는 자, 구원받

을 수 없음을 알아야 할 것이니라.

2,601 번째 하나님 말씀

2002년 7월 16일 23시 18분

1 사랑하는 나의 아들아!

2 "네, 아버님! 말씀하옵소서."

3 내가 너에게 이르기를, 이 우주의 지구가 다 내가 만든 성전이요, 내가 너희들을 깨우쳐 하늘에 오르게 하고자 하는 그 근본이요, 기본의 바탕으로써 존재한다 하였음이니라.

4 그러하니 내가 뭐라 말하였던가?

5 자연 속에서, 삶 속에서 너희들이 나에게 기도하고 경배하며 깨우치는 그 기도를 내가 듣는다 하였음이니라.

6 그리하여 내가 너희들에게 일렀음이니, 너희들은 나 여호와가 존재함을 믿는 그 자체가 구원의 길에 들어서는 기본이요, 근본이라 한 이 구절의 뜻을 이제는 깨달았을 것이니라.

7 내가 만든 성전 속에 너희들이 존재하기에, 너희들이 내가 존재한다는 그 자체를 믿는 그것으로써 너희들이 자연스러운 그 생활 속에서 구원의 길에 들어서는 근본이요, 기본이라 한 뜻을 이제야 너희들이 알 것이니라.

8 나의 성전에서 살아가는 너희들이기에 내가 존재하는 것을 믿음으로써 구원의 빛을 보고 구원의 길에 들어서게 되는 것이니라.

9 이 지구의 모두가 다 내가 만든 성전이라는 그 의미가 거기에 있음이니라.

10 그러나 지금 몇천 년 역사가 흐르는 동안에 너희들이 하늘에 오르는 길이요, 구원의 길이라 왔던 그 믿음의 형태가 어찌되었던가?

11 이는 정녕 나와 아무런 관계도 없는 그 믿음의 세계에서 너희들이 구원을 받아 하늘에 오르겠다 그리 발버둥치는 그와 같은 형국에서 온 역사이니라.

12 그리하여 내가 그를 더 이상 볼 수 없기에 내가 너희들을 구원하고자 마지막으로 나의 모든 성령을 태워 나의 아들을 통하여 법전을 세상에 내려보내니,

13 너희들은 나의 법전이요, 나의 성령이 세상에 내려가 너희들에게 빛이 되기도 전에 이가 시탄이요, 사악한 자요, 마지막 시대에 오는 자라 그리 말하느니라.

14 그렇지 아니하면 나의 아들은 나로부터 버림받은 자요, 나로부터 모든 영의 능력이 다 떠났으니 아무것도 할 수 없는 자라 그리 핍박하고 면박을 주며 지탄하는 자들이 지금 늘어나고 있음이니, 이와 같은 형국을 너희들은 과연 어찌 봐야 되겠는가?

15 너희들의 인간사에서 너희 자식이 잘못하고 잘못 산다 하여 너희들은 그 천륜의 관계요, 인륜의 관계를 끊을 수 있으며 너희 자식이 아니라 말할 수 있는가?

16 너희들의 열 자식 중에 잘된 자식이요, 남으로부터 칭송받는 자만 너희들의 자식이며, 남으로부터 저주받고 잘못되는 자식은 너희 자식이 아니라 그리 말할 수 있는가?

17 인간사에 너희들도 자식을 마음대로 그리할 수 없음이니, 한 번 맺어진 아

비와 자식의 그 관계는 영원히 지속되
는 것이 아니던가?
18 인간 세상에도 그러하거늘, 창조주인
내가 나의 선지자를 나의 아들이라 명
했으며, 이는 진정 나의 아들로서 만
백성을 구하기 위하여 세상에 나가 법
전을 만들어 전하는 그 역사의 고통스
러운 길을 가며 만백성에게 거울로 비
춰 봐 한 점의 부끄러움이 없는 육의
삶을 살라 내가 그를 깨닫게 하고 일
깨워 가고 있건만,
19 너희들은 어찌하여 너희 인간사에 맺
어진 아비와 자식 사이도 끊지 못하는
그 인연의 고리가 있으며 인륜의 고리
가 있거늘,
20 창조주인 내가 나의 아들이라 명한 그
를 내가 버렸으며 그는 나로부터 성령
이요, 나의 뜻을 받지 못하는 자며 버
린 자라 그리 말하는가?
21 그 무서운 죄를 너희들이 어찌 다 감
내하려 그와 같은 사악한 짓을 하는가?
22 너희들은 어찌하여 나의 아들과 나 사
이를 끊으려 하며 그를 부정하려 하며
그를 내가 버린 자식이라 그리 말하는
가?
23 나의 아들은 160권의 법전을 세상에
내는 그 명을 받았으며, 천 년의 역사
에 걸쳐서 아름다운 세상을 이루며 천
사와 같은 나의 백성들이 살아가는 그
지상의 낙원을 이루기 위하여 그가 지
금 그 대명의 길을 가고 있거늘,
24 어찌하여 그를 보고 너희들은 나의 자
식이 아니며 나의 뜻에서 벗어난 자이
며 내가 버린 자라 그리 말하는가?
25 그리고 너희들은 어찌하여 선택된 자
가 다시 오며 나로부터 명받은 자가
다시 온다 그리 말하는가?
26 어찌하여 너희들은 김씨 집안에 와서
그 자식은 자식이 아니요, 박씨 성을
가진 자가 그 집의 자식이라고 머리를
디미는 그와 같은 흉악한 형국을 이루
고 있는가?
27 내가 나의 아들 외에 누구를 선택하여
쓰며 나의 아들 외에 누구에게 나의
성령을 내려 대역사를 이루고자 한다
하였는가?
28 내가 말하여 일렀느니라.
29 나의 아들 예수를 통하여 너희들을 깨
우치고자 2천 년 전에 나의 아들을 세
상에 보내 나의 뜻을 전했으나, 그를
그와 같이 처참히 죽게 한 것이 너희
들이니라.
30 그리하여 내가 긴 역사 속에 너희들이
지옥으로 가는 그것을 불쌍히 여겨,
내가 나의 아들을 다시 세상에 내보내
나의 법전이요, 나의 성령을 기록하여
만백성을 구하는 그 역사를 이루기 시
작하였거늘,
31 나의 아들이 160권의 법전을 세상에
내어 너희들로부터 심판을 받기도 전
에, 어찌하여 나의 아들이 나로부터
인연이 끝난 자며, 나의 아들이 기록
하여 나의 성령을 전하는 그 법전이
가짜며, 나의 뜻이 아니며 사악한 자
의 행위라 하며,
32 너희들이 다시 받아 나의 법전을 만들
며 나의 성령을 전한다 하는가?
33 그 사탄이요, 사악한 자식이 어찌 내
앞에 와 자식이라 말하며 나의 성령을
받는다 그리 말하는가?

34 너희들이 죽기 전에 그 죄를 면치 못
할 것이니라.
35 육으로써 너희들이 그 고통을 겪을 것
이며, 죽어 와 너희 영혼이 영의 세계
에서 받는 그 죄가 얼마나 무서운가를
알게 될 것이니라.
36 지금 내가 나의 뜻을 법전에 기록하여
전하며, 나의 아들을 버리지 아니함으
로써, 부자지간의 인연을 끊게 하며
우리의 사이를 멀게 하며 우리의 사이
를 인정하지 아니하는 그 사악한 자들
이 얼마나 무서운 죄 속에서 허덕여야
하는가를 너희들은 깨달아야 될 것이
니라.
37 나의 법전을 읽고도 깨닫지 못하는
자, 너희는 정녕 사탄의 세계에서 가
장 가혹한 형벌을 받아야 할 것을 잊
지 말라.

2,602 번째 하나님 말씀

2002년 7월 16일 23시 33분

1 사랑하는 나의 아들아!
2 "네, 아버님! 말씀하옵소서."
3 너는 지금 모든 종파들이 이끌어 가고
있는 그 형태를 한번 돌아다봐야 되지
않겠는가?
4 너희들의 집단을 이루고 있는 그 종파
들은 말하느니라.
5 하나의 새로운 종파가 생겼을 때, 그
가 힘이 없고 능력이 없을 때는 그를
이단이요, 사탄이요, 사악한 무리의
집단이라 하며 그리 그들을 핍박하고
밀어붙이느니라.
6 그리고 그들을 경원시하느니라.
7 그리고 그들을 인간으로서 상대하지
아니하며, 인간으로서 보려 하지도 아
니함이니라.
8 그저 사악한 자들이요, 사탄의 짓이라
말하느니라.
9 그러나 그 종교 집단이 서서히 뿌리를
내려 저희들이 끌고 가는 그 종교 집
단보다 더 방대해지며, 더 많은 힘과
능력을 가지며, 재물을 가지며, 손으
로 지은 성전을 더 크게 지으며, 많은
나의 백성들을 신도라 하여 거느리게
되면 그들은 뭐라 말하는가?
10 감히 그들에게 사탄이요, 이단이라 말
하지 못하며, 스스로 저희들이 고개
숙여 꼬리를 내리는 그와 같은 것이
지금의 종교 지도자들이 가는 길이 아
니던가?
11 그들이 처음에 나약하고 저희보다 못
한 능력을 가졌을 때는 이단이요, 사
탄이요, 사악한 무리라 그리 핍박하고
저주하곤 하다가,
12 그들이 저희들보다 방대한 조직이요,
더 큰 성전을 이루며 그들의 힘이 저
희들보다 더 강해졌다 생각할 때, 그
를 이단이라 사탄이라 그리 말하지 못
하며,
13 그들이 저희들과 똑같은 길을 가는 자
들이며, 그들도 하늘로부터 선택된 자
들이며, 또는 저희들보다 더 위대한
것처럼 제 스스로 꼬리를 내리는 그와
같은 종교 집단이 이 세상에 얼마나
많이 존재하고 있는가?
14 어찌하여 그것을 보고도 너희들은 모
르는가?
15 진리요, 진실이라는 것은 영원하며 영

원히 진실할 것이니라.
16 저희들만이 하늘에 오르는 진정한 길
이요, 모두는 다 사탄이요, 이단이라
말하는 자들이 그들의 힘이 방대해졌
을 때 그들에게 사탄이요, 이단이라
감히 말하지 못함이니,
17 그러면 덩어리 크기에 따라서 그 믿음
이 진리요, 사탄인 것을 너희들이 평
하고 점수를 매기는 그와 같은 형국으
로써 지금 너희들이 존재하는 것이 아
니던가?
18 진리는 변할 수 없으며, 나 여호와의
뜻은 변할 수 없는 것이니라.
19 너희들이 사탄이요, 이단이라 말한 그
종교 집단이라면,
20 그들이 아무리 방대한 힘과 너희들이
감히 감내할 수 없는 그와 같은 조직
으로써 이끌어 가는 집단이라 해도,
너희들이 처음에 그들이 성장하기 전
에 이단이요, 사탄이라 말하였으면 그
들이 성장하였어도 이단이요, 사탄이
라 그리 말하는 그와 같은 자세로 일
관하여 가는 것이 너희들이 진정 나
여호와의 뜻에 따라 행하는 자들이라
는 것을 입증할 수 있는 것이 아니던
가?
21 너희들이 나의 뜻에 따라 하늘에 오르
는 길을 가르치며 너희들만이 진정한
하늘에 오르는 길이라 부르짖으면서,
22 너희보다 약한 자 앞에서는 이단이요,
사탄이요, 너희들만이 진정한 길이라
하며,
23 그 나약한 집단이 너희들보다 몇 배의
힘을 더 가졌을 때는 너희들이 꼬리를
내리고 고개 숙여 감히 그들에게 이단
이라 말하지 못함이니,
24 그러면 정녕 너희들이 소신 있는 자
요, 나 여호와의 뜻에 따라 하늘에 오
르는 길을 위하여 만백성을 이끌어 갔
다 그리 생각하는가?
25 너희들은 여기서 하나 너희 스스로 깨
우쳐 가야 할 것이 있느니라.
26 그렇다면, 과연 너희들은 허상을 쫓아
가고 있던 것이 아니던가?
27 허상을 믿고 허상을 따라가며 진리가
아닌 길을 가기에 너희보다 더 방대한
자가 진리의 길인가 아닌가 하여 너희
들이 두려워 감히 그들에게 반박하지
못함이니, 이 얼마나 너희들이 초라한
모습이며 추한 모습인가?
28 너희들이 진정한 믿음의 길을 가지 못
하는 자들이며, 나의 뜻을 가르치지
못하는 자들이 아니던가?
29 너희들이 사탄이라 하던 그들이 아무
리 방대해졌다 하여도, 너희들의 소신
이요, 너희 뜻은 변하지 아니해야 할
것이며 오로지 하나로 일관하여 가야
할 것이거늘,
30 너희들의 근본이요, 뿌리 자체가 흔들
린다 하면 너희들은 과연 어디에 근본
을 두고 기본을 두고 있으며, 무엇을
기준으로 하여 너희들이 하늘에 오르
는 나의 피조물 만백성을 인도한다 하
는가?
31 너희들은 여기서 하나 깨우쳐야 될 것
이니라.
32 나의 아들 선지자를 통하여 내가 내리
는 성령의 이 뜻과 이 법전은 책으로
써 만들어짐이니,
33 그가 지금 혼자 기도하여 나의 열여섯

권의 법전을 만들었던 그때도 너희들
의 잘못 가는 것을 지적하였으며, 그
가 160권의 법전을 세상에 내보내 만
백성이 이를 보고 하늘에 오르는 길이
라 깨우쳤다 해도 그 내용은 변하지
아니할 것이니라.
34 너희들이 잘못 가는 것은 잘못 가는
것으로써, 너희들의 잘못된 것은 잘못
된 것으로써 그대로 너희들을 바로잡
고자 나의 법전은 세상에 전해질 것이
며, 나의 아들은 그 길을 위하여 역사
할 것이니라.
35 나의 아들이 지금 한 권의 법전을 세
상에 내면서 너희들의 추하고 더러운
모습을 깨우쳐 주어 바로잡고자 했듯
이,
36 그가 열여섯 권이 나왔든, 160권이 나
왔든, 그가 죽어 갈 때 모든 나의 성령
을 받아 세상에 전하든, 너희들의 잘
못된 것은 잘못된 것이며 너희들이 바
로 선 것은 바로 선 것이라 그리 말하
며, 나의 성령이요, 나의 법전이 하늘
에 오르는 길이라는 것은 영원한 것이
라 이리 전함이니,
37 과연 여기서 너희들은 여기서 무엇을
깨우쳐야 될 것인가?
38 나의 법전이 세상을 덮지 못하며, 나
의 아들이 기록한 법전만이 이 세상에
남는다 해도, 그는 혼자 남아 죽을 때
까지 너희들이 잘못 가는 것을 규제할
것이며, 너희들의 잘못됨을 깨우치고
자 할 것이며,
39 오늘의 너희들의 잘못 가는 것을 지적
하며 종교 지도자들이 잘못 가르치고
만백성이 잘못 가는 것을 나의 법전에
지적하여 기록했듯이, 그는 변하지 아
니할 것이며 불변할 것이니라.
40 그와 너희들이 가고 있는 그 형태를
한번 비교해 보라.
41 너희들의 힘이 강성할 때는 상대방이
사탄이요, 이단이며,
42 상대방이 너희보다 힘이 더 강성할 때
는 그가 진정한 하늘에 오르는 길이라
며 너희들이 꼬리를 내리고 고개 숙이
며, 너희 자신이 진정한 길이 무엇인
가를 부끄러워한다면 너희들은 어떠
한 길을 가고 있는 자들인가?
43 그러나 나의 아들은 한 권의 법전을
들고 있든, 열여섯 권의 법전을 들고
있든, 160권의 법전을 들고 있든, 그
가 따르는 백성이 많든 적든, 너희들
을 다스리고 지적하며 하늘에 오르는
길을 인도하는 그 길과 방법을 부르짖
는 것은 오늘이나 내일이나 천 년의
역사가 흘러간 뒤에도 변하지 아니할
것이니,
44 어떤 것이 진리이며 나 여호와에게 오
르는 길인가? 어떠한 것이 변하지 않
는 진리요, 나 여호와의 뜻이요, 하늘
에 오르는 길인가?
45 수시로 힘에 따라 변하며 바람에 따라
변하며 능력에 따라 변하며 쇠진하고
젊어짐에 따라 변하는 그와 같은 너희
들의 믿음의 가는 길이며 하늘에 오르
는 길이라 하여 나의 피조물 만백성을
이끌어 가는 지도자들의 그 형태가 과
연 어떠한 추태인가?
46 너희들은 오늘 나의 성령이요, 나의
뜻을 태워 내려보내 법전이라 기록하
여 너희들 가슴에 전하는 이 책을 읽

고 난 다음에도 눈을 뜨지 못한다 하면, 너희들은 가장 소중한 보배요, 진주를 너희 가슴에 손으로 안고 있으면서도 볼 줄 모르고 만질 줄 모르며 그저 아무런 가치도 없는 잡석보다 못한 것처럼 보는 그와 같은 우매한 백성이 되는 것을 잊지 말라.

2,603 번째 하나님 말씀

2002년 7월 17일 0시 09분

1 사랑하는 나의 아들아!
2 "네, 아버님! 말씀하옵소서."
3 너희들 인간사에 하루의 생활 속에서
무엇을 만들어 이루어 놓았는데 그게
잘못되었다 하여 다시 만들며 그를 부
수어 다시 또 만든다 할 때,
4 너희들이 열과 성의를 다하여 머리를
쓰고 또 써서 무엇인가를 만들어 놓았
을 때, 윗사람이나 상사로부터, 또 주
변 사람으로부터 그게 잘못되었다 하
여 다시 만드는 그와 같은 일을 반복
하게 된다 하면,
5 심혈을 기울여 만든 그 사람의 마음은
어떠하겠는가?
6 지금 나의 피조물 만백성 너희들이 살
아가면서 하루에 너희들이 무엇인가
이룬 것이 잘못되어 다시 만든다 할
때도 너희 마음이 아프며, 기쁨이 없
음이니,
7 너희들이 한평생, 또는 10년, 20년 동
안 이루어 놓은 그 삶의 역사가 잘못
되었다 하여 그를 되돌려 다시 산다
하면, 너희들은 과연 그를 인정하며
수긍하며 따르고자 하겠는가?
8 거기에 대한 너희들의 반발과 너희 마
음의 불편함은 얼마나 크겠는가?
9 더구나 너희들이 20년, 30년 동안 너
희 모든 정열을 다 바쳐 이루어 놓은
너희 인생들이 잘못되었으며 잘못 살
아왔다 하며 너희가 이루어 놓은 그것
을 하루아침에 다시 바꿔야 한다 하
면, 과연 너희들은 그와 같이 지시하
는 자를 따르며, 거기에 순응하고 복
종하며 다시 시작할 수 있겠는가?
10 그 엄청난 사실 앞에 너희들은 그를
순응하지 않으며 인정하지 않으려 하
며, 또한 그리한다면 그 고통이 말할
수 없이 클 것이니라.
11 더욱이 너희들이 육신의 삶에 있어서
몇십 년 동안 살아온 것이 잘못되어
그를 고친다는 것도 고칠 수 없으며
그리 어렵고 힘듦이니,
12 나로부터 구원을 받으며 너희들이 가
장 소망하는 천국에 오르는 그 길을
몇천 년 동안 나의 피조물 만백성이
그 길이 구원을 받는 길이요, 하늘에
오르는 길이요, 또 역사를 이루는 길
이라 생각하여 그리 믿고 왔으며, 너
희들 조상 또한 그리 왔으며, 너희 조
상들의 종교 지도자들이 그리 가르쳤
으며 그와 같은 행사를 이루면서 지금
까지 살아왔음이니라.
13 그리하여 그 역사가 몇천 년의 세월이
흘러왔음이니, 그리하여 너희 조상이
그랬고 지금 너희들이 그랬고 또 너희
들 후손이 그리 깨우쳐 가야 하는 그
방법은 얼마나 소중하며, 너희들의 모
든 생명을 다 바쳐서 그보다 더 귀하
고 소중한 것이 없는 듯이 그리 너희

들의 삶을 다 바쳐 살아왔음이니,
14 몇천 년의 삶이 그리 흘러온 것을 어
느 날 갑자기 한 사람의 인간인 네가
나 여호와 하나님으로부터 명령을 받
은 자요, 나 여호와로부터 나의 성령
을 받아 기록하여 만백성을 고치라 하
며,
15 그리고 너희들이 살아온 그 형태의 삶
이 다 잘못되었다 하여 그를 하나하나
지적하여 너희들이 살아왔던 그 길을
우로 가던 자를 좌로 보내고 좌로 가
는 자를 우로 보내며, 또한 앞으로 가
는 자를 뒤로 돌려서 가도록 한다면,
과연 너희들이 그를 인정할 수 있겠는
가?
16 너희들이 지금의 믿음의 형국이 바른
길이며 하늘에 오르는 길이라 따라온
너희들에게,
17 과연 하루아침에 나 여호와로부터 성
령을 받았으며 이는 나 여호와의 뜻이
며 마지막 시대에 너희들을 심판하는
나의 법전이요, 책이라 하여, 이를 읽
고 깨우치는 자만이 하늘에 오를 수
있으며, 이것이 하늘에 오르는 빛을
볼 수 있는 길이며,
18 지금까지 너희들이 왔던 그 믿음이 잘
못되었으니, 이 법전이요, 내가 내리
는 성령을 듣고 깨우쳐 그대로 변화하
는 삶을 사는 자만이 하늘에 오를 수
있다 그리 지금 네가 부르짖고 외치고
있음이니,
19 몇천 년 동안 저희들의 선배로부터,
조상으로부터 내려왔던 변할 수 없는
그와 같은 믿음을 하루아침에 너희들
시대에 와서 바꾸어야 되며, 그를 고
쳐야 되며, 그를 다 버리고 바른길이
여기에 있음이니 나의 법전을 읽고 너
희들이 깨우쳐 심판을 받고 구원을 받
는 길을 가라 그리 외칠 때, 과연 그들
은 그를 어찌 받아들일 것인가?
20 그들은 받아들일 수 없음이니라.
21 그들이 곧 죽어 지옥으로 간다 하여도
그들은 그들의 마음에 받아들일 준비
가 되지 않으며 받아들일 수가 없는
것이니라.
22 이것이 지금 이루어지고 있는 형국이
니라.
23 인간 개인의 삶을 사는 것도 그를 고
치라 할 때 너희들이 고칠 수 없으며,
되돌아갈 때 되돌아보는 삶을 살 수
없는 것과 마찬가지로,
24 영원히 구원을 받아 천국에 오르는 그
길이라 하여 수천 년 동안에 흘러온
전통이요, 그 역사를 뒤집는 그와 같
은 혁명을 이루는 것이 그리 쉬운 것
은 아니니라.
25 보통의 인간들로서는 그를 이룰 수 없
는 것이니라.
26 그리고 나에게 선택되지 아니한 백성
은 그를 이룰 수 없음이니라.
27 그러니 나의 아들 선지자 네가 가는
길이 얼마나 힘들고 어려운 길이며,
차라리 바위를 계란으로 뚫는다 하면
뚫을 수 있으나, 그들의 마음을 돌리
는 것은 그보다 더 어려운 역경과 난
관에 부닥치고 있으며, 네가 가는 길
을 막고 있음이니라.
28 너의 제자들과 나의 법전을 읽고 깨우
치는 백성 너희들은 힘을 합쳐 철벽보
다도 더 단단한 그 벽을 뚫고 나가 그

를 무너트리며 무산시키는 그 임무를
맡은 자들이며 그를 수행하는 자들이
니라.
29 그러니 그것이 얼마나 어렵고 고통스
러운 길인가?
30 아무나 그를 이룰 수 없느니라.
31 그와 같이 나의 법전을 읽고 깨우친
너의 제자들과 나의 백성들을 하나로
모아 그 힘으로써, 회오리보다도 무서
운 강력한 바람과 힘으로써 그 모두를
무너트리는 것은 아무나 이룰 수 있
는 역사가 아님이니라.
32 나의 성전에 와 등 돌리고 가는 자, 너
의 제자라 하여 왔다가 등 돌리고 가
는 자, 제가 나로부터 선택된 자요, 나
로부터 기도를 받는다 말하는 자들,
33 내가 이루고자 하는 뜻이요, 그 기본
이요, 근본도 모르는 자들이 지껄여
댐이니라.
34 정녕 허황된 빛을 보며 자기도취에 빠
져 저희들이 지껄이고 있음이니라.
35 지금 수천 년 동안 왔던 그들의 버릇
이요, 살아온 습관이요, 생명을 바쳐
천국에 가고자, 구원을 받고자 하는
그들을 깨우는 그것을 아무나 이룰 수
있다 생각하는가?
36 나 여호와가 수십 년 동안 훈련을 시
키며 다듬어 온 나의 아들 너만이 나
의 성령을 받아 나의 법전을 기록하
며, 나의 성령으로 만백성을 깨우치는
오로지 한 사람, 너만이 그를 수행할
수 있거늘,
37 네가 수행하고 가는 길이 얼마나 힘들
고 어렵고 강한 벽을 뚫고 가야 하는
지, 바위보다도 더 단단한 벽을 뚫기
위해서는 그 바위보다도 더 단단한 힘
을 가진 것이 아니면 뚫을 수 없는 것
이니, 아무나 그 바위보다 더 강한 힘
을 가질 수 있다 생각하느냐?
38 그 어리석음을 그들은 깨우쳐야 될 것
이니라.
39 이는 나의 아들이 오로지 나로부터 선
택된 나의 선지자요, 나의 아들이 나
의 성령을 받아 그가 깨우치고 내가
훈련시켜 다스려 가며 그가 세상의 이
치를 깨닫는 경지에 올랐을 때, 그 제
자들이 나의 법전을 읽고 깨우친 그
강렬한 힘이 아니면 이를 뚫을 수가
없음이니라.
40 너희들이 아무리 그 바위를 뚫겠다며
찔러 대도 너희들은 그 바위의 모래
한 알도 뗄 수 없는 것이거늘,
41 너희들은 그 오만하고 방자한 행위를
버리지 못하며 너희들이 죽어 와 그
벌을 받을 때 얼마나 무서운 것인가를
모르고 있음이니,
42 오로지 그 바위보다도 더 단단한, 너
희들이 수천 년 동안 믿어 왔던 그 믿
음의 벽을 깨는 것은 그들보다 더 강
렬하고 강한 빛을 가진 나의 아들만이
이룰 수 있는 역사임을 알아야 될 것
이니라.
43 너의 제자들에게 일러 말하라.
44 그와 같이 단단한 벽을 깰 수 있는 자
는 나 여호와가 선택한 나의 아들이
요, 나의 선지자 한 사람뿐이니,
45 나의 성령을 가슴에 받아 법전으로 세
상에 만들어 내며 오로지 하늘의 뜻에
따라 깨우치는 나의 아들만이 그 회오
리보다도 무섭고 강력한 힘으로써 바

위보다도 더 단단한 그 벽을 무너트
릴 수 있으니,
46 거기에 너희들이 회오리바람이 되며
힘이 되어 같이 그 바위를 뚫는 길에
가는 자, 영원히 구원을 받을 것이며,
47 제가 나로부터 선택되었다 하여 그 뚫
지도 못하는 바위를 찔러 대는 그와
같은 흉악하고 사악한 짓을 하는 자,
그 추한 모습으로써는 그 벽을 뚫을
수가 없음이며, 너희들은 백지 한 장
도 뚫을 힘이 없고 능력이 없는 것을
알아야 될 것이니라.
48 너희들이 그 바위를 뚫을 것이라 말하
나, 너희들은 그 바위에 붙어 있는 모
래 한 알도 떼지 못하는 사악한 자들
이며, 나로부터 버림받은 자들이니,
49 너희들이 내 앞에 왔을 때 오늘의 방
자함을 알 것이며, 오만함을 알 것이
며, 그 죄의 무서움을 알게 될 것이나,
50 너희들이 죽기 전에 그를 확인하게 될
것이며 볼 것이니라. 이를 잊지 말라.

2,604 번째 하나님 말씀

2002년 7월 17일 0시 32분

1 사랑하는 나의 아들아!
2 "네, 아버님! 말씀하옵소서."
3 내가 간곡히 너에게 전함이니, 너의
제자들에게 나의 뜻을 전하도록 그리
하라.
4 나의 아들 예수는 성령으로 세상에 나
가 30년 동안 육의 생활 속에서 성령
으로 다져져 그가 30이라는 나이에
세상에 나가니,
5 30년이라는 그 세월 동안 성령의 깨
달음과 성령이 임하여 그가 완벽히 다
져져 3년이라는 역사 동안에 모든 것
을 전하고자 했으며, 그리하여 그가 3
년 동안에 많은 기적과 역사를 이루었
음이니라.
6 지금 나의 아들 너는 어찌 가는가?
7 너는 육으로 세상에 태어나 너희들 인
간의 세속에서 60년에 가까운 그 세
월을 살아왔음이니, 그 속에서는 육의
삶의 경험이 있었을 뿐, 영혼의 삶의
깨달음이 없었음이니라.
8 그리하여 60이라는 나이에 가까운 네
가 이제 나의 성령을 받아, 육으로 살
아왔던 그 습성 속에 성령을 받아 그
모두를 버리며 새로 태어나는 역사의
장을 열어 가고자 하고 있으며, 그를
열어 가고 있음이니라.
9 네가 과연 60이라는 육의 세상의 삶
속에서 나의 성령을 받아 변화된 삶이
얼마나 되던가?
10 너는 그리하여 33년 동안 네가 변하
는 과정 속에서 만백성에게 바른 빛을
보여 주며,
11 네가 본보기로서 남에게 부끄러움이
없고 하늘을 향하여 한 점의 부끄러움
이 없는 삶을 살아가면서 그와 같은
모습으로써 네가 나의 법전을 기록하
여 만백성을 구하여 천 년의 역사에
걸쳐 이루고자 하는 그 대업을 시작함
이니, 네가 서서히 변해 가는 것이니
라.
12 60년 동안의 인간의 삶을 살아온 너
에게 하루아침에 나의 아들 예수처럼
변하기를 원하며, 예수의 행적과 같이
하기를 바라며, 그와 같이 행동하며

그와 같이 역사와 기적을 이루기를 원
하는 너희들의 심성이 무엇이던가?
13 이는 형용할 수 없는 너희들의 욕심임
이니라. 그리고 너희들이 사랑이 없음
이니라. 그리고 인자함이 없음이니라.
그리고 덕이 없는 것이니라.
14 이 세상에 익어 가는 모든 식물들의
그 열매가 어찌 되던가?
15 그들이 꽃을 피워 씨앗을 맺어 그가
영글고 익었을 때 만백성이 즐기는 음
식으로 또는 과일로 변화되며, 그들의
맛과 그가 가지고 있는 특성의 참맛을
만백성이 느끼고 그를 즐겨 먹을 수
있으니, 그 과일 자체도 그리 익어 가
는 것이니라.
16 그와 같이 하나의 과일도 그 익어 가
는 과정을 거쳐 그 특성을 만백성이
맛볼 수 있으며 나의 백성들이 그를
즐겨 먹을 수 있으며 기쁨을 얻는 그
와 같은 익은 과일로 변해 가는 것이
니라.
17 그러나 나의 아들이 60이라는 인간
세속에 살아 영의 깨달음의 나의 성령
을 받은 그 기간이 얼마나 되던가?
18 그는 겨우 꽃이 펴 이제 작은 열매가
열리기 시작하였음이니,
19 그 열매가 성장하여 익었을 때 너희들
은 그 맛을 알며 그 특성을 알게 되거
늘, 어찌하여 이제 막 꽃이 피고 열매
가 열리는 그것을 먹으려 하며, 그에
게서 너희들은 그게 익었을 때의 그
향긋한 맛과 그가 지니고 있는 그 특
성을 맛보고자 하며 그를 너희들이 원
하고 있음이니,
20 그 또한 무엇이던가?
21 너희들이 성급한 마음에 기다리지 못
함이요, 더불어 너희들의 욕심이니라.
너희들의 당대에 너희들의 생활에서
빠른 시간에 나의 아들로부터 어떤 기
적을 이루며 역사를 이루기를 바라며
무엇인가를 보고자 하는 것은 다 너희
들의 욕심이니라.
22 오늘 제자 너희들은 나의 아들을 통하
여 내리는 나의 뜻을 깨우쳐야 될 것
이니라.
23 나의 아들 예수는 태어날 때 성령으로
태어나 그 성령으로 다져졌으며, 30년
이라는 그 세월 속에 굳고 굳어져, 그
가 세상에 나왔을 때는 모두 다 경지
에 올라 나의 뜻을 행할 수 있는 그와
같은 위치에서 3년 동안 역사하여 기
적을 이루었음이니라.
24 그러나 지금의 나의 아들은 인간 세속
의 삶에서 60년이라는 그 세월을 지
나 그 후에 그가 모두를 다 저버리며
새로 태어나는 그 역사를 이루며,
25 나의 성령으로써 나의 법전을 만들어
전하는 나의 아들로서 손색이 없는 그
시간이 세월이 흐름으로써 그 역사를
이루는, 예수와는 정 반대로 그 임무
를 띄고 세상에 왔음이니,
26 너희들은 어찌하여 익지 않은 과일에
서 익은 과일의 그 맛을 얻고자 하는
조급함과 욕심을 버리지 못하는가?
27 너희들은 예수의 시대에 예수가 역사
하여 이루었던 그 기적과, 그가 살아
왔던 삶의 과정과, 그가 태어난 그 모
두를 하나하나 깨우쳐야 될 것이며,
28 그리하여 나의 아들이 지금 이루는,
그리고 이루고자 하는 그 역사의 순간

을 걸어가는 나의 아들의 태어난 삶과
그가 살아온 것과 그가 앞으로 행하여
야 될 그 역사를 견주어 보라.
29 나의 아들 예수가 이루었던 역사보다,
60에 다시 태어난 지금의 나의 아들
이 더 방대하고 위대한 역사의 결실을
맺는 그 임무를 하나하나 그가 이루어
쌓아 가고 있음이니, 너희들은 그를
봐야 될 것이니라.
30 그를 보지 못하고 익지 않은 과일을
먹고자 하며 그 속에서 익은 과일의
맛을 찾고자 하는 그와 같은 너희들의
성급함의 욕심을 버리고 나의 아들을
보는 자만이 진정 나의 아들의 제자가
될 수 있으며, 나로부터 선택된 백성
이 되어, 썩어 가는 지금의 이 지구 모
두를 초과하는 그 힘의 원동력이요,
원천이 될 것이며,
31 이 사악한 시대의 구름을 거두고 맑고
깨끗한 구름이 세상을 덮는 역사를 이
루는 데 너희들이 한 몫을 이룰 것이
라는 것을 알아야 할 것이니라.
32 지금의 너희들이 바라는 그 마음의 자
세를 돌이켜 깨우치는 현명함을 얻어
야 될 것이니, 그를 기억하라.

2,605 번째 하나님 말씀

2002년 7월 17일 01시 06분

1 사랑하는 나의 아들아!
2 "네, 아버님! 말씀하옵소서."
3 정녕 나의 피조물 만백성을 구하는 종
교 지도자요, 또는 나의 피조물 만백
성을 하늘로 인도하는 자들이요,
4 그 모두가 살아가는 모습에서 하늘을
향하여 한 점의 부끄러움이 없는 삶을
사는 자만이 나로부터 선택된 자이며
나의 명에 따라 움직이는 자임을 알아
야 할 것이니라.
5 너희들이 거울로 비춰 봐 부끄러운 자
세나 부끄러운 행위요, 스스로 부끄러
운 삶을 살아가는 자는 나로부터 대명
을 받았다 말할 수 없음을 알아야 할
것이니라.
6 사랑하는 나의 아들아!
7 "네, 아버님! 말씀하옵소서."
8 내가 천 년에 걸쳐 새로운 역사를 이
루어 이 지상에 아름다운 낙원을 이루
고사 하는 나의 애절한 소망과 이 뜻
이 얼마나 나 여호와로서 모두를 다
바치고자 하는 마음인가를 너는 알아
야 할 것이니라.
9 구약의 시대에 내가 모세를 통하여 그
백성들을 구원하여 이 지상에 천사와
같은, 나에게 선택된 백성만이 존재하
도록 하려 하였으나, 그 많은 역사를
보고도 그들은 천국의 문을 닫게 하였
으며, 그 역사가 이루어지지 못하였음
이니라.
10 그러하니 너희들 인간의 마음이 얼마
나 사악하고, 사악한 쪽에 집착하는
그 마음의 동요됨이 얼마나 무섭고 깊
은가를 알아야 할 것이니라.
11 신약의 시대에 나의 아들을 통하여 또
그와 같은 역사를 이루려 하였으나,
그 또한 가까운 자들서부터 나의 아들
을 배신하며 흔들림이니, 그 시대의
많은 백성들이 그에게 돌팔매질하며
그를 죽게 하는 것은 당연지사였느니
라.

12 그 또한 실패의 시대가 되었음이니라.
13 그리하여 제3의 시대에 내가 너를 통
하여 나의 성령을 법전이라 하여 기록
하여 만백성을 구하고자 함이니, 네
마음의 행동함이 얼마나 소중한가를
알아야 될 것이니라.
14 네가 행동으로써 하는 것은 육을 가지
고 있는 그 위치에서의 잘잘못으로써
인간의 법이라는 그 심판대 위에 올려
놓고 만백성이 너를 갈기갈기 헤쳐 놓
음이니, 네가 거기에서 벗어날 수 없
으며, 거기에서 용서받을 수 없으며,
거기에서 헤어날 수 없음이니라.
15 그는 곧, 나의 법전이 이 세상에서 빛
을 보지 못하며 그 모두가 허무하게
무너져 감이니, 내가 이루고자 하는
뜻이 또 너의 육의 생각에 의해서 무
너짐이니라.
16 오늘 너와 너의 제자들은 너희들의 육
의 행동과 육의 삶이 잘못되어 이 모
두가 무너지는 것만을 생각해서는 아
니 될 것이니라.
17 너희가 마음으로 생각하는 것, 나의
아들 네가 마음으로 생각하며 네 머릿
속에 기억되는 것이 남들로 하여금 부
끄러운 것을 기억하며 그와 같은 마음
의 생각이 잠시라도 네 머리를 스쳐
가는 일이 있다 하면, 이 또한 너 스스
로 법전이 세상에 나가 그 빛을 보지
못하게 함이니라.
18 육의 행동으로써는 너희가 인간들의
법이라는 그 테두리 앞에 헤쳐져 모두
를 밝혀 네가 쓰러지고 존재하지 못함
을 알 수 있으나,
19 너는 그 차원을 떠나서 네 마음속에서
네가 생각하는 모든 것들이 남들이 유
리로 비추어 볼 때 한 점의 부끄러움
이 있어서는 아니 됨이니,
20 그와 같이 네 마음의 자세를 다스려
나가는 것이 네가 가야 할 길이며, 만
백성을 구하는 나의 성령을 전하는 나
의 아들로서 손색이 없을 것이니라.
21 사랑하는 아들아, 이 길을 너는 가야
하는 것이니라. 그리고 이 길을 너는
넘어야 하는 것이니라.
22 육의 행동이요, 생각이요, 네가 남들
과 부딪치며 이루어지는 모든 삶의 생
활에서 변화되는 것은 물론이요,
23 아무도 보지 않는 곳에서 네가 부끄러
운 행위를 하는 것이 아니라, 남들이
들여다볼 수 없는 네 마음의 그 생각
자체가 추하거나 남에게 부끄러운 것
을 잠시라도 생각해서는 아니 됨을 알
아야 할 것이니라.
24 이것이 네가 가야 할 길이며 네가 행
하여야 할 길이니라.
25 모든 종교 지도자요, 만백성은 너희들
의 법이라는 그 테두리 안에 심판받지
아니하며 그에 부끄럽지 않은 자세로
살아가는 것으로써 육을 가진 인간으
로서 삶의 직분을 다했으며 나에게 부
끄러움이 없는 삶을 살아왔다 그리 말
할 수 있으며, 그들은 그것으로써 심
판을 받는 데 하나의 부족함이 없을
것이니라.
26 그러나 수십억 인구를 구원하는 나의
아들이요, 나의 성령을 받아 기록하며
법전이라 하여 이 책을 읽고 만백성이
새로운 역사를 이루는 변화를 이루고
자 하는 너는, 마음이요, 생각 자체도

남들에게 부끄러운 씨앗을 갖게 된다
하면 이는 있을 수 없으며, 용서받을
수 없으며, 나의 법전이 만백성을 구
하는 그 역사를 이룰 수 없음이니라,
사랑하는 나의 아들아!
27 이것이 네가 가야 할 길이며, 너의 제
자들이 가야 할 길이며, 너희들이 행
하여야 할 길임을 가슴 깊이 깨우쳐,
28 나 여호와의 이 불안한 마음과 나 여
호와의 이 조급한 마음에, 나 여호와
가 너를 내려다 봄에 있어서 당당하고
편안한 마음을 어버이로서 가질 수 있
도록 그 길을 가는 것이 네가 가야 할
길임을 명심하여 행하도록 그리하라,
사랑하는 나의 아들아!

2,606 번째 하나님 말씀

2002년 7월 17일 09시 03분

1 사랑하는 나의 아들아!
2 "네, 아버님! 말씀하옵소서."
3 내가 너에게 일찍이 가르쳐 깨우쳐
주기를, 단 1분, 단 10분, 단 한 시간
도 소홀히 써서는 아니 된다 하였음이
니라.
4 너희는 죽음의 문턱에 와 있는 자와
같은 마음으로 살라 그리 내가 너희들
에게 알려 주었음이니라.
5 죽음 직전에 있는 사람과 같이 시간을
쓰라 하였거늘, 과연 너와 너의 제자
들은 하루의 시간을 씀에 있어서 어찌
생활하는가?
6 그 생활 속의 모든 값진 보배와 너희
들의 은혜와 영광과 은총이 다 시간
속에 들어 있음이니라.
7 내가 세상에 너희들의 생명을 내보내
60점이라는 그 점수 아래에서 육이
살 수 있는 모든 것을 다 주었음이니,
그것이 바로 무엇이더냐?
8 너희들이 살아가는 그 시간을 어찌 쓰
느냐에 따라서 너희들이 보배요, 진주
를 찾으며, 너희들이 모두를 다 얻을
수 있는 것이 그 시간 속에 있음이니
라.
9 하물며 너희들의 육이 사는 속에서 시
간이 그와 같이 소중하거늘, 나로부터
구원을 받으며 믿음의 길을 가며 나에
게 기도하고 경배하며 나의 음성을 들
어 만백성을 구하는 나의 법전을 만드
는 나의 아들 너는 하루의 시간을 어
찌 써야 되겠는가?
10 사랑하는 아들아, 내가 그리하여 너에
게 이르지 아니하였던가?
11 작은 나의 말 한마디도 깊이 깨우치고
깨달아서 뼈와 살을 붙여 너희 것으로
만들어 쓰라 하였으며 그리 깨우치라
하였음이니라.
12 이제는 나의 법전의 3부가 넘어가며
160권의 그 법전을 10년이라는 긴 세
월 속에 세상에 내어 만백성을 구하
며, 또한 죽을 때까지 나의 음성을 들
어 기록하여 만백성을 깨우치는 그 역
사를 이룰 나의 아들인 네가 과연 하
루의 시간을 어찌 보내는가?
13 오늘부터 네가 그 시간의 쓰임을 한번
계산해 봐야 할 것이니라.
14 네가 만백성을 구하는 지도자로서, 그
리고 천 년의 역사를 이루는 기초를
다지는 자로서, 네가 하루의 생활 속
에서, 네가 인간 세속에서 그 시간을

쓰면서 나의 성령이요, 나의 뜻을 듣
는 데 네가 과연 시간을 얼마나 쓰며,
그리고 너 자신을 다스리며 기도하고
경배하는 데 그 시간을 얼마나 쓰는가?
15 이제는 네가 그 시간을 되돌아볼 수
있는 위치에 와 있지 아니한가?
16 지금서부터는 네가 하루의 스물네 시
간이라 정해진 그 시간을 육의 삶을
위한 그 혼탁한 생활 속에 젖어서 얼
마나 보내며, 정녕 나를 위하여 한 점
의 부끄러움이 없는 삶 속에서 그 시
간을 나의 성령을 받아 법전을 만드는
그 대역사의 소중함에 과연 어찌 쓰는
가를 이제 점검해 봐야 될 것이며, 네
가 바르고 옳은 길을 선택하여야 될
것이니라.
17 그리고 너의 제자들에게 또한 일러 줘
야 될 것이니라.
18 너희들이 육의 삶 속에서 쓰는 시간
과, 나를 위하여 경배하고 기도하는
시간과, 그리고 너희들이 회개하고 반
성하며 바로 서고자 하는 그 시간의
활용을 과연 어찌하는가?
19 아들아, 이 속에 모든 답이 들어 있음
이니라.
20 네가 시간을 잘못 씀으로써 너의 육이
무너지며, 너의 믿음의 생각이 무너지
며, 나로부터 성령을 받아, 나의 뜻을
가슴에 받아 법전을 만드는 그 역사
또한 흔들려 네가 쓰러짐이니라.
21 사랑하는 나의 아들아!
22 "네, 아버님! 말씀하옵소서."
23 네가 시간을 어찌 쓰느냐 하는 이 이
치 하나를 깨닫는다면, 네가 너의 모
든 시간을 나에게 경배하고 기도하며
법전을 만드는 데 써야 할 것이며,
24 네가 사악한 생각과 인간의 욕심이요,
보통 인간들이 생각하는 부귀와 영화
요, 그 속에서 네 육신의 편안함과 잘
못된 것을 생각하고 산다 하면 이는
있을 수 없음이니라.
25 이제 네가 바로 서야 할 것이니, 네가
시간을 씀을 한번 되돌아보고 점검하
여 한 점의 부끄러움이 없는 시간 속
에서 살아야 할 것이니라.
26 그 소중한 시간 속에서 너희들이 남을
시기하고 질투하며 남을 욕하고 음해
하며 세상의 더럽고 추한 것을 논할
시간이 어디 있는가?
27 시간을 소중히 쓰는 것을 너의 제자들
에게 반드시 그리 가르쳐 주라.

2,607 번째 하나님 말씀

2002년 7월 17일 09시 40분

1 사랑하는 나의 아들아!
2 "네, 아버님! 말씀하옵소서."
3 인간 너희들이 살아가면서 잘못 든 버
릇은 훈계로써, 또는 매로써 다스릴
수 있으며, 잘못 살아가는 너희들의
생활 형태나 생활 방법 또한 남으로부
터 지적을 받아 고치며, 윗사람으로부
터 혼나면서 때로는 남으로부터 욕을
먹어 가며 그와 같은 방법으로 바로잡
고 고쳐 나갈 수 있는 것이 너희들의
육의 세상의 삶이니라.
4 육의 너희들의 삶을 잘못 살았을 때
그것을 바로잡을 수 있으며, 형제와
부모와 이웃의 가르침에 의하여 너희
들이 바로 설 수 있고, 잘못된 것을 버

리고 고쳐 갈 수 있는 것이 인간 사회
의 너희들의 삶이라 그리 말할 수 있
느니라.
5 그리고 또 그와 같은 변화 속에서 너
희들이 성장하며, 살아가는 모습에 따
라 또 변해 가는 것이 너희들의 육의
삶이니라.
6 그러나 여기서 너희들은 하나 알아야
될 것이 있음이니라.
7 믿음이라는 것을 잘못 믿어 병든 자,
잘못된 믿음의 광란의 길을 가는 자,
그리고 자기만이 구원을 받은 자며 자
기만이 나 여호와의 뜻을 따른다 말하
는 자, 그리고 제가 가는 그 길만이 영
원히 구원을 받는 길이라 생각하는
자, 그리고 허상을 보고 달려가는 자,
자기도취에 빠져 그 모두를 다 나의
뜻이라 생각하는 자, 그리고 알면서
거짓 하는 자, 알면서 사기하는 자, 믿
음의 세계에서 믿음을 가지고 알면서
거짓 하고 알면서 사기하는 자, 이와
같이 병든 자들은 고칠 수가 없음이니
라.
8 그들의 마음 자세에 믿음으로써 잘못
병든 자들은 바로잡을 수 없는 것이
너희들의 형태이니라.
9 그러니 수천 년 동안 지금까지 잘못
믿어 온 그들의 종파와 잘못 깨우쳐
가는 종파들, 그리고 대대손손 그들의
머릿속에 굳어진 그 믿음의 방법과 믿
음의 한계, 이것은 정녕 바로잡을 수
없는 것이며, 믿음을 잘못 믿어 가는
자들, 믿음에 자기 스스로 도취되어
무서우리만큼 믿음에 미쳐 있는 자,
광란으로써 믿음의 길을 가는 자, 믿
음으로 인하여 사리 분별을 하지 못하
는 자, 믿음으로써 남을 욕하고 시기
하는 자, 그리고 육의 욕심이요, 육에
서 미워하고 시기하는 그와 같은 마음
자세가 아니라 믿음이라는 것을 앞세
워 나 여호와의 뜻이라 말하며 나의
이름을 팔아 남을 시기하고 질투하고
멸시하며 짓밟고 저주하고자 하는 자
는 총칼로써 전쟁하여 상대방을 죽이
는 것보다도 더 가혹하고 더 끈질기며
더 무서우리만큼 물고 늘어지니, 그것
이 잘못된 믿음의 길을 가는 자들의
형태이니라.
10 그와 같은 자들을 바로 세워 하늘에
오르는 길을 보도록 하며 진정한 믿음
의 길로 인도한다는 것은 정말 너희들
에게 어렵고 힘든 길이니라.
11 그리고 너희들의 보통의 노력과 보통
의 깨우침과 보통의 정성으로써는 도
저히 그들을 바로잡을 수 없음이니라.
12 그와 같이 한번 그 길에 미친 자, 제가
가는 그 믿음의 틀에서 벗어나지 못하
는 자, 그리고 저만이 믿고 가는 그와
같은 광란의 믿음을 가는 자에게 아무
리 기적을 보이며 역사를 보인다 하여
도 그들은 그를 버리고 나의 뜻을 따
라 하늘에 오르는 길을 보려 하지 아
니함이니라.
13 그러니 육신이 아픈 자는 인간으로서
수술하며, 의술을 가진 자가 고쳐 새
로운 살이 나오도록 할 수 있으며 고
쳐 줄 수도 있으나, 믿음의 세계에 미
쳐 병든 자는 무엇으로써도 고칠 수
없느니라.
14 이와 같은 이치를 너희들은 깨달아야

할 것이니, 그리하여 너희들이 나의
법전을 전하여 돌이킬 수 있는 자와
돌이키지 못할 자, 돌아올 수 있는 자
와 영원히 돌아오지 못할 자를 구분하
여 그들을 깨우쳐 인도하여야 될 것이
니라.
15 돌아오지 못할 자를 너희들이 돌아올
것으로 깨우쳐 노력한다면, 잠시나마
그들은 너희들의 정성에 의해 귀를 기
울이나, 언젠가는 그들의 본색이 드러
날 때가 있음이니, 그들을 다 바로잡
고 다스리기에는 너무나도 벅차고 힘
든 것이니라.
16 믿음을 잘못 믿어 거기에 미쳐 가는
자, 그들의 손을 너희들이 잡고 가려
하다가는 너희 모두가 다 부서지며,
너희 모두가 다 파도에 부딪치는 물방
울처럼 너희 스스로 무너지게 하고자
하는 것이 그들의 형태이니라.
17 이를 잘 구분하여야 될 것이며 이를
잘 깨우쳐 행하여야 될 것이니,
18 너의 제자들에게 그와 같은 이치를 깨
우쳐 주도록 그리하라.

2,608 번째 하나님 말씀

2002년 7월 17일 11시 36분

1 사랑하는 나의 아들아!
2 "네, 아버님! 말씀하옵소서."
3 나의 성전에 와 나의 법전을 공부하고
깨우치는 너의 제자들에게 이르라.
4 너희들이 마음을 비우며 아름답게 살
아가고자 천 가지, 만 가지 생각을 하
나, 너희들이 나의 성전에 와 나의 아
들이 암송하는 십계명의 그 구절을 들
을 때만큼이라도 너희 마음이 평온하
고 아름다우며 깨끗해지는 것을 너희
스스로 느끼지 아니하는가?
5 이것이 바로 무엇이더냐?
6 축복과 영광의 은혜인 것을 알아야 될
것이니라.
7 너희들의 마음을 깨끗이 하며, 너희들
의 귀를 맑게 하며, 나의 아들을 통하
여 너희들에게 전하는 나의 십계명의
이 간곡한 음성을 듣는 그 순간만큼은
너희들이 아무런 생각이 없이 조용히
이를 경청하는 그것만으로써 너희들
은 이 세상 나의 피조물 만백성보다
더 영광과 은혜와 축복을 받으며 선택
된 자임을 오늘 알아야 할 것이니라.
8 나의 아들이 너희들에게 나의 성령을
전하기 위하여 암송하는 이 십계명이
하늘에 오르는 길의 열쇠요, 하늘에
오르는 양식이요, 그 기본이요, 근본
이니라.
9 이를 저버리는 자는 누구도 하늘에 오
를 수 없는 것을 너희들은 오늘 알아
야 될 것이니라.
10 사랑하는 나의 아들아!
11 "네, 아버님! 말씀하옵소서."
12 너희들이 살아가는 삶 속에서 이러한
역사가 이루어지지 아니하던가?
13 너희들은 많이 가진 자가 베풀지 아니
한다고 욕하고 시기하고 질투하며 그
사람을 경원시하며 그리 살아가는 마
음이 있지 아니한가?
14 그러나 너희들은 너희 스스로 깨달음
을 얻고 너희 마음을 다스림을 알아야
할 것이니라.
15 천 원이라는 돈을 가진 자는 백 원 때

문에 걱정을 하게 되어 있으며, 만 원을 가진 자는 천 원 때문에 고민을 하게 되어 있음이니라.
16 십억 원을 가진 사람은 천만 원 때문에 고생을 하며 일억 원 때문에 고민하고 고통스러운 역사를 이룬다는 사실을 너희들은 알아야 될 것이니라.
17 그 뜻을 안다 하면 너희들은 남을 원망하고 비평할 수가 없음이니라.
18 그리하여 크나큰 기업들이 하루아침에 문을 닫으며 무너지는 것은 그 나름대로 또한 큰 고통이 있는 것이니, 그것이 인간사에 살아가는 너희들의 생활 방식이니라.
19 믿음이라는 것이 무엇이더냐?
20 곧고 바르고 크고 높은 그 믿음의 길을 향할 때마다 고통이 많으며, 그를 쓰러트리고자 하는 적이 많음이니라.
21 그저 너희들이 사악한 시대에 사악한 속에서 그 사악한 믿음을 갖는다 하면 사탄끼리 같은 사탄이기 때문에 그들은 너희들을 공격하지 아니하며, 큰 천사와 같은 아름다운 세상이 이루어지는 것을 방어하는 그 힘을 키우기 위하여 작은 사탄을 저희들이 육성함이니라.
22 그러나 나의 뜻을 전하여 이 지상이 썩어 있으며, 사악한 이 시대를 바로 세우고자 하는 천사와 같은 자를 세상에 내려보내 나의 뜻을 전하며, 나의 아들을 통하여 만백성을 구하고자 하는 나의 성령의 뜻을 전한다 하면, 그를 공격함이 얼마나 무섭겠는가?
23 그들은 감히 그를 볼 수도 없으며, 그 세상에 올 수도 없으며,
24 그와 같은 세상이 이 지상에 이루어졌을 때, 그들의 종족이 다 뿌리를 내리지 못하게 됨이니, 그들이 얼마나 악을 쓰고 무섭게 그를 공격하여 무너트리고자 하겠는가?
25 사랑하는 나의 딸 '고재순', 너는 여기서 들어야 할 것이니라.
26 마음으로 열과 성의를 다하여 나의 법전을 세상에 내보내며 선지자를 도와 하늘의 뜻을 이루고자 하는 너의 동료요, 나의 아들의 제자들이 있다 하나, 그들의 능력이 한계가 있으며, 그들의 가진 역량이 한계가 있음이니,
27 능력이 없는 자에게 아무리 어떠한 임무를 주고 그들이 발버둥친다 하여도 무엇을 이룰 수 있겠는가?
28 열 개밖에 들 수 없는 자에게 백 개를 들으라 한들 그가 들 수 있겠느냐?
29 네가 발버둥쳐 발 벗고 160권의 법전을 만드는 데 모든 역량을 발휘하여 모두를 이끌어 갈 수 있는 네가 갖춘 그 조건을, 지금 나의 아들을 따르는 제자들 중에 아무도 그를 따를 수 없음이니,
30 그들 열 명이 합쳐도 너 한 사람을 따를 수 없기 때문에, 네가 160권의 법전을 만드는 대임을 맡은 자라 내가 너에게 말하였음이니라. 너는 이 뜻을 깊이 깨우쳐야 할 것이니라.
31 네 마음이 흔들리며, 네가 자리를 잡지 못하며, 네가 의혹한다 하면, 내가 나의 160권의 법전을 만들 자가 너라 명한 뜻을 네가 받아들이지 못하고 있음이니라.
32 지금 나의 아들의 제자들이 모든 힘을

다 합친다 하여도 너와 견주어 그와
같이 갈 능력이 있는 자가 없음이니라.
33 그러하니 네가 네 마음을 굳건히 하
여, 네가 나의 법전 160권을 만들 자
라 내가 명하였으니, 이는 내가 너에
게 직접 내린 명이니라.
34 이를 네 가슴속에 깊이 새겨, 네 모두
를 다 바쳐 나의 법전을 만드는 데 심
혈을 기울일 때, 그 모든 영광이 같이
할 것이니라.
35 내가 너에게 일깨워 주지 아니하였더
냐?
36 천 원을 가진 자는 백 원 때문에 고민
을 한다 하였음이니라.
37 능력이 없는 자가 아무리 발버둥치고
애타게 노력한다 하여도, 그가 그 한
계를 벗어나지 못하는 것이 너희들의
인간 세상의 관계이니라.
38 네가 준비해 있는 그 그릇 위에 네가
하고자 노력할 때, 나의 성령이 그리
임하여 그 길을 비춰 줄 것이니,
39 이는 네가 한 시간 노력하는 것이 나
의 아들의 모든 제자들이 1년을 노력
하는 것보다도 빠른 역사를 이루기에
내가 너에게 명하였으니,
40 나의 이 깊은 뜻을 관철하여 우선 네
마음을 굳건히 바로 세우는 데 네가
모든 정성을 다하여야 할 것이니 그리
알라.

2,609 번째 하나님 말씀

2002년 7월 17일 22시 48분

1 사랑하는 나의 아들아!
2 "네, 아버님! 말씀하옵소서."
3 나의 아들 예수가 세상에 나가 만백성
을 구하고자 하여 그가 성령으로 잉태
하여 세상에 나갔음이니, 너희들은 그
를 특별한 사람이요, 별난 사람이요,
너희들과는 거리가 먼 사람이라는 그
와 같은 생각을 갖지 말라 내가 너희
들에게 말하여 일렀음이니라.
4 그렇다면 나의 뜻에 따라 순종하며 생
명을 바쳐 그 고통 속에 죽어 간 나의
아들 예수를 너희들이 똑같은 형제로
보며, 특별한 사람으로 보지 말라 하
였음이니, 이는 곧 무엇을 말하는가?
5 너희들 자신이 예수처럼 순종하고 따
를 때 너희들 또한 그와 똑같이 나에
게 소중한 자식이라 하였으며, 만백성
을 구하고자 나의 뜻을 안고 세상에
나간 예수의 삶도 특별한 삶으로 보지
말라 하였음이니,
6 내가 불로 쓴 십계명은 과연 무엇이던
가?
7 너희들은 나의 그 십계명 자체를 두려
워하고 무서워하지 말며, 너희들이 지
킬 수 없다 그리 생각하지 말라.
8 나의 십계명 또한 평범한 것임을 알아
야 될 것이니라.
9 다만, 나의 십계명은 하늘에 오르는
길이요, 영혼의 양식이요, 하늘의 문
을 여는 열쇠이니라.
10 그 열쇠가 특별하며 어렵고 힘들다면
너희들이 과연 하늘에 오르는 길을 오
를 수 있겠는가?
11 십계명 또한 특별한 것이 아니며 너희
들이 두려워할 것이 아니며, 너희들
말대로 지키고 살지 못할 만한 그러한
나의 계명이 아님을 너희들이 알아야

할 것이니라.
12 십계명은 무엇이더냐?
13 사람답게 살아가는 자에게는 아무것
도 아님이니라.
14 사람이 사람답게 바로 살라 하는 것이
며, 너희들이 사람답게 사는 것을 바
로 지키고 살라 하는 것이 나의 십계
명이며, 그 뜻이 거기에 있음이니라.
15 너희들은 두려워하며, 아무나 지킬 수
없는 그와 같은 것으로, 너희들로서는
차별화되며 인간으로서는 지킬 수 없
다 그리 생각하나,
16 내가 너희들에게 내린 십계명의 그 뜻
은 누구나 다 지킬 수 있는 것이며, 사
람답게 바르게 살아가는 자에게는 아
무것도 아닌 것을 알아야 될 것이니라.
17 그리하여 나의 십계명이 바르게 살고
자 하는 자에게는 아무것도 아니거늘,
18 이것이 특별한 것이며 아무나 지킬 수
없으며 두려운 것이며 인간으로서는
행할 수 없는 것을 나 여호와가 너희
들에게 내렸다 그와 같이 가르치는 자
들이 얼마나 사악한 자들인가를 알아
야 할 것이니라.
19 사랑하는 나의 아들아!
20 "네, 아버님! 말씀하옵소서."
21 나의 십계명이 사람답게 사는 사람에
게는 아무것도 아니며, 사람답게 살라
하여 명한 것이라 하였으니,
22 그러면 너희들이 하늘의 구원을 받는
것과 나의 나라에 와 내 옆에 오는 것
과 구원의 그 영광의 축복을 받는 것
은 과연 무엇이던가?
23 그 또한 그리 어렵고 특별한 삶의 길
에서 특별한 훈련과 특별한 고통 속에
서 너희들이 하늘에 오르는 길을 보도
록 그리 어렵고 힘들게 내가 세상에
만들어 내리며 너희들에게 요구하는
것이 아님을 알아야 할 것이니라.
24 바로 나의 아들이 너희들에게 특별한
사람이 아니요, 너희들과 똑같은 자식
이며, 다만 순종하는 자식이라 말하였
으며,
25 내가 너희들에게 그리 두렵고 무서워
인간으로서는 지킬 수 없다는 그 십계
명이 바르게 살고자 하는 사람에게는
아무것도 아니며, 너희들이 바르게 살
라 가르치는 그 교훈의 뜻 외에는 두
려운 것이 없다 말하였음이니라.
26 그러니 너희들이 하늘에 오르는 그 이
치 또한 그와 같이 평범한 것이며, 너
희들에게 힘들고 어려운 길이 아님을
알아야 할 것이니라.
27 하늘에 오르는 길이 정녕 어렵고 힘들
며 너희들이 지킬 수 없다 하면 어찌
너희들이 하늘에 오를 수 있겠는가?
28 하늘에 오르는 길이란 무엇이더냐?
29 너희들이 살아가면서 너희 주변에 부
딪히며 너희들이 이름 석 자를 기억
하며 너희들과 더불어 아는 사람을 사
랑하며 살아가는 것이 곧 하늘에 오르
는 것이거늘, 너희들은 어찌하여 그
이치를 모르는가?
30 너희들이 아는 사람, 너희들이 만나는
사람, 그리고 너희들과 피부로 부딪치
며 그 이름 석 자를 기억할 수 있는 사
람들을 너희들이 사랑해 주는 것이 바
로 하늘에 오르는 것이며, 그 뜻이 거
기에 있음이니라.
31 그러하니 너희들이 하늘에 오르는 그

길이 얼마나 간단하며 지키기 쉬운 것
인가?
32 정녕 하늘에 오르는 그 길은 아무것도
아님이니라.
33 바르게 사는 자에게는 너희들이 두려
워하는 그 십계명이 아무것도 아니듯
이, 하늘에 오르는 길 또한 아무것도
아님이니라.
34 너희들이 아는 그 사람을 사랑해 주고
아껴 주는 것, 그것만이 너희들이 하
늘에 오를 수 있는 것이거늘, 어찌하
여 너희들은 그 이치 하나도 깨우치지
못하고 사는가?
35 세상에 살아가면서 남이 싫어하지 않
으며, 남으로부터 존경받으며, 저주받
지 않는 사람의 삶이 무엇이더냐?
36 너희들 자신보다도 남을 먼저 유익하
게 하며, 남을 편안하게 하며, 남이 다
그리 편안하도록 하며, 남이 좋다 하
는 것을 해 준다 하면 누구도 너희들
을 싫어할 사람이 없으며, 너희들을
욕할 사람이 없음이니라.
37 남들이 좋아하는 것을 해 줄 수 있는
그 마음이 바로 무엇이더냐?
38 너희들이 하늘에 오를 수 있는 길이며
기초인 것이니라.
39 남이 좋아하는 것을 해 줄 수 있는 그
마음을 가져야 할 것이거늘, 너희들은
남이 좋아하는 것을 해 줄 수 있는 그
와 같은 사랑의 마음이 아니라, 남이
싫어하는 것만을 골라서 하는 그와 같
은 삶을 살아간다면, 너희들이 과연
구원을 받을 수 있는 것인가?
40 너희들은 남이 싫어하는 짓을 골라서
하고 사느니라. 그리고 그를 더 즐겨
하고 있음이니라. 그리고 그를 더 기
뻐하며 행하고 있는 것이 너희들이니
라.
41 바로 너희들이 하늘에 오르는 길은,
너희들이 알고 지내는 모든 사람을 사
랑하는 것이며, 너희들이 알고 지내는
사람들이 좋아하는 것을 해 주는 것이
며, 그와 같이 그들이 좋아하는 것에
너희들이 맞춰 줄 수 있는 마음이면
되는 것이니,
42 너희들은 서로 싫어하는 것만을 골라
서 하는 그와 같은 심성을 버린다면
하늘에 오르는 길을 알 수 있음이니,
그것이 무엇이 그리 어렵고 힘든 것이
던가?
43 내가 나의 선지자요, 나의 아들을 통
하여 너희들이 두렵고 힘들게 생각하
는 그 모두의 지키는 것이 간단하며,
정도를 가는 자에게는 편안하며, 또한
하늘에 오르는 길이 얼마나 편안하고
단순한 길인가를 일깨워 줌이니,
44 오늘의 내가 내리는 성령의 메시지를
보고 나의 법전을 읽는 백성 너희들은
바로 이와 같이 간단하고 편안한 마음
으로써 하늘에 오르는 그 구원의 길을
받도록 하여야 할 것이니 그리 알라.

2,610 번째 하나님 말씀

2002년 7월 17일 23시 06분

1 사랑하는 나의 아들아!
2 "네, 아버님! 말씀하옵소서."
3 너희들이 수천 년 동안 너희 조상서부
터 내려오면서 하늘에 오르는 길을 가
르치는 종교 지도자들과 그곳에서 배

우는 백성들이 무엇을 배웠던가?
4 사랑을 베풀며 사랑을 행함을 너희들
은 배우고 깨달아 왔음이니라.
5 그리고 사랑을 실천하는 것만이 하늘
에 오르는 영광된 길이라는 것을 너희
들은 알고 있음이니라.
6 그러나 사랑을 베푸는 그 집단 속에서
살아온 너희들은 지금 어떠한 형태로
살아가는 형국이 이루어졌는가?
7 나의 평범한 백성들은 살아가면서 서
로 양보하고 이해하며 타협으로써 모
든 타협점을 찾아갈 수 있는 그와 같
은 양보하는 미덕을 갖고 살아가느니
라.
8 그러나 수천 년 동안 사랑을 베풀며
사랑을 실천하는 것만이 구원을 받는
길이요, 하늘에 오르는 길이며, 그리
하여 나의 아들 예수의 보혈로써 구원
을 받으며 천국에 올 수 있는 자들이
며 선택된 자들이라 그리 말하는 너희
들은 과연 사랑을 어찌 베풀고 살아가
는가?
9 나의 피조물 만백성은 서로 이해하고
양보하며 살아가며, 저희들의 이해관
계에 있어서 목숨을 내걸고 투쟁하고
자 하는 그와 같은 형국으로써 원수를
짓지 아니하고 살아감이니라.
10 그러나 사랑을 베푼다 하여 수천 년
동안 너희 조상 대대로 내려왔으며 지
금에 와 있는 너희들은 과연 어찌하는
가?
11 너희들과 믿음이 다르며 너희들과 가
는 길이 다르며 너희들과 행하는 것이
다르며, 너희들과 같은 집단 속에 행
하지 아니하는 자들을 어찌 말하는가?
12 종교적이라 하여 믿음의 세계에서 있
는 너희들은 정녕 상대방을 이단이요,
사탄이라 하며, 그들을 쓰러트리기 위
하여 너희들의 하나밖에 없는 생명을
내걸고 그 생명을 내던지듯이 그와 같
이 강렬하고 사악한 방법으로써 너희
들과 뜻이 같지 아니하며 같은 믿음의
길을 가지 않는 자들을 공격하며 그리
들이받음이니라.
13 믿음이라는 것을 모르는 나의 백성들
도 서로 양보하고 이해하며, 저희들이
공격적인 것으로써 생명을 내걸고 투
쟁하거나 갑론을박하지 아니하거늘,
14 어찌하여 사랑이라는 것을 실천하며
사랑 속에 살아왔다 하는 너희들이,
대대손손 내려와 지금에 와 있는 너희
들이, 종교적인 생각과 이념이 다르다
하여 그들을 생명을 내걸고 모두를 다
내던지듯이 그와 같이 무서운 방법으
로써 공격하고 대드는가?
15 과연 이것이 사랑을 베풀고 살아가는
자들의 형태며 작태인가?
16 그 하나를 보더라도 얼마나 너희들의
믿음이 잘못되었는가?
17 말로는 사랑을 실천하며 하나님의 뜻
에 따라 사랑을 실천하여 예수의 보혈
로써 구원을 받은 자들이며 천당이요,
하늘나라에 온다는 너희들이 과연 어
떠한 행태를 부리고 있는가?
18 그것 하나만 보더라도 너희들이 정녕
잘못 가고 있는 자들이며 나 여호와와
는 아무런 관계도 없는 그 길을 가고
있다는 것을 깨우쳐야 될 것이니라.
19 나를 믿지 아니하며, 사랑을 베풀고
남을 위해 살아가며 예수의 보혈로써

구원을 받는다 하는 그것도 모르는 나
의 백성들은 서로 이해관계에서 저희
들의 그 생명을 내걸고 투쟁하고자 아
니 함이니라.
20 그러나 너희들은 단순히 생각이 다르
고 믿음이 다르다 하여 그들을 이단이
라 생각하며 목숨을 내걸고 투쟁하는
그와 같은 너희들의 공격적인 자세는
과연 어떠한 것이던가?
21 이를 하나 너희들이 비추어 본다 해도
너희들이 정녕 잘못 믿음을 믿어 가고
있으며, 너희들이 지금 하늘을 향하여
구원의 길을 가고 있다는 것이 지옥의
길로 가고 있는 것임을 알아야 될 것
이니라.
22 사랑하는 나의 아들아!
23 **"네, 아버님! 말씀하옵소서."**
24 어찌하여 그들은 사랑이라는 것을 베
풀지 못하고 사는가?
25 과연 그들이 그와 같은 형태로 살아갔
을 때 나의 피조물 만백성은 그들을
존경하겠는가?
26 그리고 그들이 죽어 갔을 때 그들의
죽어 감을 아쉬워하며 눈물을 흘릴 나
의 백성들이 얼마나 있겠는가?
27 믿음을 실천하며 구원의 길을 봤으며
예수의 보혈로써 구원을 받았다 하는
자들이 사랑을 실천하지 아니하며, 아
무것도 모르는 나의 백성만도 못하게
살아가는 그 행태가 얼마나 나쁜 모습
이던가?
28 너희들은 아름답게 살아가는 모습과
잘못 살아가는 그 모습에 있어서 잘못
살아가는 자가 항상 득을 보는 것같이
생각하나,
29 저희들이 손해 보는 듯이 아름답게 살
아가는 자가 결국은 손해 보지 아니함
을 알아야 될 것이니라.
30 하물며 인간사에도 그러하거늘, 구원
을 받았다 하는 너희들이 자기와 생각
이 다르다 하여 무서우리만큼 생명을
내걸고 공격적인 행동을 하는 너희들
의 살아가는 모습을 보고 나의 피조물
만백성이 어찌 생각하겠는가?
31 그와 같이 살아가는 너희들이 죽어 갔
을 때, 너희들의 죽음을 슬퍼하며 눈
물을 흘려 주는 자 없을 것이며 너희
들을 그리워하는 자 없을 것이니라.
32 그러나 믿지 아니하는 자라 할지라도,
사랑을 베풀며, 이념이 다르고 생각이
다른 자를 그저 죽이고자 하는 너희들
과 같은 사악한 마음을 갖지 아니하고
사는 그 백성이 스스로 아름답게 살다
죽었을 때, 많은 사람들은 그의 죽음
을 슬퍼하여 눈물을 흘릴 것이며 그를
그리워할 것이니라.
33 이것이 바로 어떠한 차이점이 있는가
를, 그리고 너희들은 지금 어느 시점
에 서서 행하며 가고 있는가를 알아야
할 것이니라.
34 너희들에게 나의 율법이 무엇이라 했
더냐?
35 나의 율법은 사랑이니라. 사랑을 베풀
며 살라 그리 너희들에게 가르쳤음이
니라.
36 그러나 너희들은 지금 어찌 나의 율법
을 다스리며 깨우쳐 가는가?
37 정녕 사랑으로써 사랑을 베풀며, 구원
을 받으며, 그리고 나의 율법을 공부
하며 깨우쳤다 하는 너희들이 어찌 살

아가는가?
38 너희들은 율법의 그 모두를 자신의 육
신에 유리한 쪽으로 생각하며 유리한
쪽으로 이용하여 써먹고 있음이니라.
39 심지어는 율법의 그 어떠한 약점이나
잘못된 부분들까지도 너희들 것으로,
너희들이 유리하도록, 너희 자신에게
편리한 쪽으로 그리 이용하며 살아가
는 것이 지금 믿음의 길을 가고 있는
너희들이 아니던가?
40 너희들은 여기서 알아야 될 것이니라.
41 하늘에 오르는 길이요, 믿음이나 나의
율법은 그 약점과 율법을 너희들에게
유리한 쪽으로 만들어 편안하게 살아
가는 것이 아님이니라.
42 너희들은 나의 율법을 오로지 너희 육
신의 영화를 위하여 이용하고 그를 활
용하며 너희들이 기만하고 있음을 알
아야 될 것이니라.
43 너희들은 자신의 행복과 자신의 고통
을 면하는 데 모든 나의 율법을 사용
하고 있음이니라.
44 곧, 너희들의 육신이 썩어 가거늘, 죽
어 썩어 가는 그 육신을 위하여 나의
율법을 너희 자신들에게 유리한 쪽으
로 활용하고 가는 것이 지금 종교 지
도자들의 형태이니라.
45 그러나 너희들은 알아야 될 것이니라.
46 율법은 영의 법이니라.
47 영원히 구원을 받는 그 길을 가는 것
은 너희들이 자신의 고통과 자신의 시
련과 자신의 어려움 속에서 율법의 이
치를 깨닫는 것이며, 영으로 가는 그
율법의 어렵고 힘든 그 이치를 깨달아
어렵고 힘든 길을 너희들이 선택하여
가야만 하거늘,
48 너희들은 구원을 받는 나의 율법을 너
희 육신에 유리한 쪽으로만 이용하는
그 사악한 죄를 짓고 있음을 알아야
될 것이니라.
49 나의 율법은 모든 사람의 육신에 유의
하게 설명되어 그리 깨닫도록 하는 것
이 아님이니라.
50 너희들의 영의 구원을 위하여 어렵고
힘들고 지키기 어려운 그 길을 지키며
그를 시행하고 인내하며 남들이 도저
히 넘을 수 없는 그 길을 넘는 것이며,
51 그리하여 많은 사람들에게 하늘의 빛
이 무엇이며 하늘에 오르는 길이 무엇
인가를 깨우쳐 주며 같이 가는 것이
나의 율법의 이치이니라.
52 이것 하나도 알지 못하며 이것 하나도
시행하지 못하는 너희들이 어찌 지금
구원의 길을 가는 자들인가?
53 너희들은 다시 한 번 생각해 봐야 될
것이니라.
54 너희들은 모두를 다 너희 육의 유리한
쪽으로 이용하여 너희들이 지옥 불로
가고 있음을 알아야 될 것이니라.

2,611 번째 하나님 말씀

2002년 7월 17일 23시 28분

1 사랑하는 나의 아들아!
2 "네, 아버님! 말씀하옵소서."
3 내가 너에게 뭐라 말하였느냐?
4 내가 너희들에게 원하는 것은 사랑이
라 하였으며, 너희들의 그 사랑은 무
엇이라 말하였더냐?
5 너희들이 이름 석 자를 기억하는 자,

알고 지내는 자, 그들을 사랑함이며,
그들의 마음에 상처를 주지 아니하는
행위를 하고 사는 것이 너희들이 바로
구원의 길에 들어서는 길이라 말하였
음이니라.
6 그러나 수천 년 동안 사랑 속에, 믿음
속에 살아왔다는 지금의 종교 속에서
구원의 길을 향하여 사랑을 베풀며 살
아간다 말하는 너희들은 과연 얼마나
사랑을 베푸는가?
7 그런가 하면 아무것도 모르는, 나 여
호와가 존재함을 모르며 나의 계명을
모르며 부활이라는 것도 모르고 살아
가는 나의 피조물 만백성 중에 그 이
름 석 자를 알며 저희들이 알고 지내
는 사람들에게 사랑을 베풀며 그의 마
음을 상하지 아니하게 하는 그와 같은
행위를 하면서 살아가는 나의 백성이
있다 하면 누가 나에게 오르는 그 길
에 오고 있다 너희들은 생각하는가?
8 너희 손으로 지은 성전이라는 곳에 가
광란의 기도를 하며, 눈물로써 나에게
기도를 하며, 예수의 보혈로써 구원을
받았다 소리 지르는 너희들, 그리고
천국에 올라갈 수 있도록 명 받았다
하는 너희들,
9 너희들이 과연 너희들의 이름을 알고
지내는 그들과 얼마만큼 사랑을 나누
고 살아가는가?
10 너희들은 그들의 마음에 상처를 주지
아니하는 행위를 과연 얼마나 하고 살
아가는가?
11 너희들 자신을 한번 돌아다봐야 될 것
이니라.
12 정녕 아무것도 모르는 나의 백성들이
더 아름답고 사랑을 실천하며 남에게
상처를 주지 아니하며 살아간다 하면
너희들은 바로 무엇하는 자들인가?
13 너희들은 말로써 구원을 받은 자며 말
로써 사랑을 베푼다 하는 자들이니,
14 말로써는 세상 것을 다 줄 것같이 하
나 행동을 그리하지 못하는 너희야말
로 무엇이던가?
15 너희들은 스스로 지옥 불로 가는 그
삶을 살아가고 있다는 것을 알아야 할
것이니라.
16 이제 내가 너희들에게 하늘에 오르는
길이 사랑을 베푸는 길이며, 너희들이
아는 자를 사랑하며 살아가는 것이 너
희들이 나에게 오르는 기틀이라 하였
음이니라.
17 그러니 너희들은 또한 남의 심정을 이
해하는 그와 같은 삶을 살아가는 자가
되어야 될 것을 제자들에게 일깨워 주
어야 될 것이니라.
18 남의 심정을 이해하고 살아가는 너희
들이 되어야 함을 잊지 말라.
19 서로 시시비비를 할 때 이 사람의 말
도 맞으며 저 사람의 말도 맞음이니,
이와 같이 너희들은 서로 옳고 그르다
는 그 시시비비를 하고 살아가니,
20 과연 그들이 말하며 주장하는 것을 이
사람이 들을 때는 이 사람의 뜻이 맞
으며 저 사람이 말할 때는 저 사람의
뜻이 맞으니 너희들은 그와 같은 말의
시시비비를, 또 행동의 시시비비를 하
고 살아감이니,
21 그러한 자들이 남의 심정을 어찌 이해
할 수 있는 자라 생각하는가?
22 이제 너희들은 남의 심정을 이해하는

그와 같은 삶을 살아가는 자들이 되어
야 함을 잊지 말아야 할 것이니라.
23 지금 너희들의 종교 지도자이요, 그곳
에 와 구원을 받는다는 나의 피조물
만백성이요, 제가 몇십 년 전부터 믿
음의 길을 왔으며, 제가 모태 신앙으
로 태어나기 전부터 믿음 속에 살아온
사람이라 그리 말하는 자, 너희들이
지금 이 세상을 혼탁하게 만든 자들임
이니라.
24 바로 이 세상을 혼탁하게 만든 너희들
이 무엇이더냐?
25 너희들이 남보다도 욕심을 더 가지고
있는 자들이며, 욕심이 충만되어 있는
자들이며, 너희들의 사심이 가슴에 그
득히 차 있기 때문이니라.
26 그리하여 믿음의 길을 가는 자들의 마
음속에 욕심이요, 사심이 그득히 차
있으니, 너희들이 정녕 분별을 하지
못하는 그와 같은 삶을 살아가고 있는
형국이 되어 있음을 알라.
27 이는 즉, 나를 모르며 나의 믿음을 모
를지라도 저희들이 아는 자를 사랑하
며 더불어 살아가는 그 분별을 하며
살아가는 그들보다도 지금 너희들이
잘못 가고 있으며 잘못 살아가고 있음
을 알아야 될 것이니라.
28 믿음을 가지고 가는 자들의 그 마음이
얼마나 사악하고 간악한지 너희들은
아는가?
29 아무것도 모르는 나의 백성들은 스스
로 저희들이 한 만큼 거둬들이며, 저
희들이 노력한 만큼 얻으며, 저희들이
남을 시기하고 희생시키고자 하지 아
니함이니라.
30 그러나 사랑을 베푼다며 살아가는 너
희들은 남의 심정도 이해 못 하는 자
들인가 하면, 남의 희생에 의하여 자
기 자신의 안일과 구원의 길을 받고자
하는 것이 지금 너희들이니라.
31 자기 자신을 희생시키는 것이 아니고
자기 자신을 희생하여 구원을 받고자
하는 것이 아니라, 남을 희생시켜 구
원을 받고자 하는 그 욕심에 의해서
살아가는 것이 지금 종교의 믿음에 매
진하고 있는 너희들임을 알아야 될 것
이니라.
32 바로 이와 같이 너희들이 무서운 죄악
을 저지르고 있다는 것을 알아야 될
것이니라.
33 나를 모르는 백성들은 감히 남의 희생
을 딛고 일어서서 자신이 구원을 받고
자 하는 생각을 하지 아니함이니라.
34 그러나 너희들은 남을 희생시키며 남
을 버리고 남을 짓밟으며 그 속에서
너희들이 구원을 받고자 하는 그 욕구
에 차 있는 삶을 살아가고 있음을 알
아야 될 것이니라.
35 이는 즉, 너희들이 무엇이더냐?
36 말로써는 사랑하나, 사랑을 실천하지
못하며, 이웃 사람들의 마음과 심정을
이해하지 못하기 때문이니라.
37 아무것도 모르는 나의 피조물 만백성
은 만나는 자, 저희들과 이해관계를
가지고 서로 어울리는 그 사람들을 사
랑하고 용서하며 살아가고자 하느니
라.
38 그러나 너희들은 너희들과 믿음이 다
르면 너희 형제와 부모도 적대시하며,
39 너희들에게 내가 말하기를 이름을 기

억하며 얼굴을 알고 지내는 자를 사랑
하는 마음과 그 사람을 사랑하는 것이
하늘에 오르는 길이며 나의 뜻이라 말
하였거늘,
40 너희들은 부모 형제지간에도 너희들
의 믿음이요, 너희들의 단체에 속하지
아니하였거나 너희들 소속에 들어오
지 아니하며 너희들이 말하는 그 전도
의 소리를 듣지 아니한다 하여 형제와
부모와 이웃의 모든 사람을 적대시하
고 살아감이니,
41 그와 같은 형국을 이루는 것이 바로
지금 믿음을 가지고 가고 있는 너희들
이니, 너희들의 그 마음이 그와 같이
사악함을 알아야 될 것이니라.
42 창조주인 나 여호와가 말하기를, 너희
들이 알고 지내는 자, 이름 석 자를 아
는 자, 너희 주변에서 더불어 살아가
는 자, 그 사람을 사랑하며,
43 그들에게 불쾌한 일을 하지 아니하며,
그가 음성을 높이는 일을 하지 아니하
며, 그가 즐거워하는 일을 행하며 살
아가는 것이 너희들이 하늘에 오르는
길이라 하였음이니,
44 믿지 않는 자는 그리 살아가나,
45 믿는다는 너희들은 너희들과 믿음이
요, 소속이 다르다 하여 그들을 공격
적으로 대하고 그들을 무시하며 그들
을 인간으로서 취급하지 아니하며, 너
희들만이 위대한 존재들이요, 그들은
인간 이하의 사람으로 생각하며 그리
살아가는 것이 지금 너희들의 형태이
니,
46 너희들이 얼마나 지옥 불로 향하여 가
고 있는가를 깨우쳐야 할 것이니 그리
알라.

2,612 번째 하나님 말씀

2002년 7월 17일 23시 38분

1 사랑하는 나의 아들아!
2 "네, 아버님! 말씀하옵소서."
3 하늘에 오르는 길이요, 나의 율법을
보며 나의 법전을 읽고 깨우치는 백성
이 바로 무엇이더냐?
4 너희들 스스로 너희 자신을 버리면 너
희들 자신이 그 모두를 지키게 됨이니
라.
5 너희들 자신, '나'를 버리는 그 삶을
사는 자만이 자신을 지키는 것이며,
자신을 버리는 자만이 영원히 사는 그
길을 볼 수 있는 것이라 내가 너희들
에게 일깨워 주었느니라.
6 '나'를 버리지 아니하는 자는 자신을
지키지 못하며, '나'를 버리지 아니하
는 자는 산 자가 아니라 죽음의 길로
가는 자라 말하였느니라.
7 그러나 지금 종교의 그 믿음을 가지고
가는 자들은 어찌 가는가?
8 저희들만이 구원을 받은 자들이요, 저
희들만이 천국에 오를 수 있다 말하며,
9 저희들과 뜻이 같지 않은 자, 저희 종
파에 속하지 않은 자를 사람으로 취급
하지 아니하며 살아가는 그 욕심 덩어
리의 그들이 과연 '나'를 버린 자들이
라 생각하는가?
10 그와 같이 오만에 차 있는 자들, 자만
에 차 있는 자들, 저희들만이 위대하
며 저희들만이 구원을 받았다 말하는
그 백성들, 그들이 과연 저희 자신을

버린 자들이라 말할 수 있는가?
11 정녕 저희 자신을 버렸다 하며 사랑을
베풀며 자신을 묻어 버리고 사는 자라
하는 그 믿음을 가지고 가고 있는 자
들이 정녕 저 자신을 버리지 못하고
있음이니, 그들이 바로 무엇이더냐?
12 자신들을 버리지 못하였으니 그들은
삶이 아니라 죽음의 길을 가고 있음을
알아야 될 것이니라.
13 '나'를 버리지 못하는 자는 땅에서 사
는 것만이 저희들에게 모든 영광이 있
는 줄 아는 자이니라.
14 너희들은 지금 육이 사는 이 땅에서
육을 위한 삶을 살아가야 할 것인가,
아니면 하늘에 의한 삶을 살아가야 할
것인가를 깨우쳐야 할 것이니라.
15 그러나 나의 피조물 만백성 너희들은
지금 어찌 살아가는가?
16 너희들은 하늘에 오르는 그 하늘에 의
한 삶을 살아가는 것이 아니라, 땅에
서 살아가는 그 삶을 위하여 살아가고
있음이니라.
17 육은 죽어 썩어져 가니 그 썩어져 가
는 육을 위해 땅의 삶에 너희들이 연
연하고 있으며, 하늘의 삶을 바라보지
못하며 하늘의 뜻을 바라보지 못하고
사는 것이 지금의 너희들인 것이니라.
18 더욱이 지금 나를 위하여 나에게 오며
나를 경배하며 하늘의 뜻에 따라 구원
을 받았다 소리 지르는 수천 년 역사
가 흘러오는 동안 그 조상서부터 지금
너희들에 이르기까지 스스로 자기 자
신을 버리지도 못하였으며 사랑이 무
엇인가를 실천하지 못하였으며 나의
뜻이 무엇인가 알지도 못하는 너희들
이 바로 땅에서 사는 자들이며,
19 땅에서 죽어 가는 육신의 그 삶을 위
하여 지금 너희들이 살아가고 있다 하
면 너희들은 나의 가르침을 듣겠는가?
20 이제 나의 법전을 보고 깨우치는 만백
성 너희들은 그 믿음의 세계에서 반대
의 현상을 봐야 될 것이며,
21 너희들이 믿고 구원을 받았으며 예수
의 보혈로써 천국에 올라갈 수 있다는
너희들의 그 삶을 다 팽개치고 되돌아
봐야 될 것이니라.
22 지금의 너희들의 삶을 반대로 살았을
때 너희들이 정녕 나 여호와의 하늘의
뜻을 알 것이며, 예수의 그 보혈의 권
능으로써 구원을 받는 영광을 얻는 것
을 알게 될 것이니라.
23 지금의 삶에서, 지금의 믿음에서 반대
의 형국으로 돌아가지 아니한다면 너
희들은 지옥 불로 갈 것이며, 구원의
길과 너희들과는 무관함을 알아야 될
것이니라.
24 사랑하는 나의 아들아, 모든 너의 제
자들에게 이르라.
25 너희들은 육이 썩어져 가는 땅에서 사
는 육의 삶에 연연하지 말고, 하늘에
서 사는 영의 삶을 위해서 살아가는
백성이 되도록 하라 그리 가르쳐 주라.

부 록

【하나님께서 가르쳐 주신 운동】

천재지변이 일어날 때, 동물이나 미물들은 미리 알고 대피하지만, 인간은 알지 못하고 큰 화를 당합니다. 하나님께서 인간에게 가장 높은 지혜를 주시고 완벽하게 창조해 주셨기에 동물들보다 더 잘 알 수 있지만, 욕심으로 마음이 혼탁해져서 한 치 앞을 보지 못하는 것입니다.

마찬가지로, 인간은 누구나 스스로 필요한 운동을 해서 건강을 지킬 수 있도록 하나님께서 만들어 주셨습니다. 우리의 머리에서 우리 몸에 필요한 동작을 해 달라고 끊임없이 신호를 보내지만, 인간이 혼탁하게 살아서 그 신호를 알아채지 못합니다. 그러니 자연스럽게 자기 몸이 원하는 그 신호를 따라서 운동하는 것이 하나님께서 가르쳐 주신 운동 방법입니다. 바로, 우리의 영이 육을 이끄는 운동입니다.

▶ 하나님 운동법

1. 눈을 감고, 발을 어깨너비로 벌리고 바르게 선다.
2. 몸에 힘을 풀고, 허리를 숙이면서 손과 머리를 아래로 내린다.
3. 허리를 펴고 싶을 때, 천천히 펴면서 하고 싶은 동작을 하면 운동이 시작된다. (사람마다 다르다.)
4. 멈추지 말고, 어떤 동작이든지 자기 몸의 느낌대로 계속 이어서 한다.

▶ 참고 사항

① 눈을 감은 상태로 아무 생각 하지 않고, 자기 몸의 느낌대로 움직입니다.

② 마음을 비우고, 욕심을 버리고, 지난날의 잘못을 반성하면서 몇 차례 시도하다 보면, 자기도 모르게 하고 싶은 동작이 끊임없이 생깁니다.

③ 운동 장소는 방 안이든 운동장이든 관계없으며, 걷거나 달리고 싶을 때는 눈을 떠도 됩니다.

④ 매일 40분 이상, 주 4회 이상, 3개월 이상 하면 음식 조절에 들어갑니다.
- 음식으로 생긴 병은 음식으로 치료하게 되며, 어떤 음식을 먹어야 하는지 스스로 알게 됩니다.
(자기 몸에 필요한 음식만 먹고 싶어집니다.)

⑤ 사랑하는 사람과 함께 운동하면 서로 치료해 주기도 합니다.

⑥ 운동을 하다가 몸의 어느 한 부분을 계속 손으로 자극한다면 그쪽에 이상이 있는 것이니, 의사에게 상담을 받고 적절한 치료를 받으면 됩니다.

⑦ 다이어트 및 기타 건강관리에 효과적입니다.

⑧ 꾸준히 운동하여 영이 맑아지면, 자신의 과거와 미래를 스스로 보게 됩니다.

누구나 스스로 하실 수 있습니다.

간 행 사

《새로운 성경》은:

· 새로운 성경은, 하나님께서 선량하고 선한 자를 선택하여 십계명을 암송하도록 하시고, 십계명을 암송한 다음에 음성으로써 들려주시는 말씀을 듣고 그대로 카세트테이프에 녹음해서 받아쓴 책입니다.

· 90분짜리 녹음테이프 700여 개에 달하는 말씀으로, 1999년 8월부터 2004년 7월까지 총 160권(권당 288쪽)을 완성하였으며, 그 이후에도 현재까지 계속 말씀을 내려 주고 계십니다.

· 새로운 성경은 "하늘을 두루마리 삼고 바닷물을 먹물 삼아 쓰고 써도 다 못 쓴다"는, 끝없이 방대한 하나님의 말씀이 두루마리로 직접 내려오는 것입니다. 이러한 새로운 성경은 구약과 신약을 폐하려는 것이 아니라 "인봉된 성서의 비유의 뜻"을 상세히 설명하여 완성하고자 하나님께서 직접 내려 주신 말씀입니다.

《새로운 성경》의 구성:

· 제 목: 2013년, 160권 모음집을 발간하면서, 본 도서의 제목을 "하나님! 말씀하옵소서"에서 《새로운 성경》 으로 명해 주셨습니다.

· 단행본: 각 권당 288쪽(신국판) 책이 160권까지 시리즈로 출판됩니다.
(모음집은 단행본을 16권씩 묶어서, 총 10부로 구성됩니다.)

《새로운 성경》의 성경적 근거:

· 신약 성경 [요한복음] 16장 13절에 "진리의 성령이 오시면 그가 너희를 모든 진리 가운데로 인도하시리니 그가 자의로 말하지 않고, 오직 듣는 것만을 말하며" 하신 말씀처럼 하나님의 음성을 들은 것만 기록하였으며,

· "장래 일을 너희에게 알리시리라" 하신 말씀과 같이 개인, 나라, 인류의 "장래"일을 하나님께서 알려 주시는 것만 기록하여 책으로 만들었습니다.

《새로운 성경》의 기록 방법:

· 1999년 8월부터 하나님께서 저에게 들려주시는 음성을 기록하였습니다. 처음에는 제가 들은 말씀을 불러 주면 저의 아내가 기록하여, 2000년 1월 29일에 1권 초판이 세상에 나왔습니다. 2000년 4월부터는 주시는 말씀을 받아 녹음기에 기록하여 시리즈로 출간하기 시작하였습니다.

· 녹음을 시작하면서 하나님의 말씀을 받는 데 가속도가 붙었고, 2001년 5월 3일에 1부(1~16권까지)를 인쇄하여 출판하였으며, 2004년 7월까지 총160권 분량의 말씀을 받아 기록하였습니다.

하나님께서 저에게 주신 것은:

· 첫째, 만백성을 상대로 내려 주시는 "기도", 둘째, 수시로 내려 주시는 "묵상", 셋째, 개인의 과거, 현재, 미래를 알려 주시는 "개인 기도", 넷째, 개인의 건강을 위해서 내려 주시는 "음식 처방", 다섯째, 하나님께서 가르쳐 주신 "운동"등이 있습니다. 이 중에 첫 번째, "기도"를 책으로 편찬하였습니다. 사람의 생사, 개인의 미래에 관한 천기는 수록하지 말라 하셨습니다.

강론 안내:

· 하나님께서는 지금도 매일 저에게 새로운 하늘의 비밀의 말씀을 내려 주고 계십니다. 수시로 내려 주시는 말씀을 정리해서 제자를 육성하라는 말씀에 따라 매주 강론을 하고 있습니다. 누구나 무료로 들으실 수 있습니다. (book160.com)

《새로운 성경》을 읽는 분들에게 드리는 선물:

· 개인 기도: 개인의 과거, 현재, 미래에 관하여 말씀을 내려 주십니다.

· 음식 처방: 사람은 음식을 먹고살다가 건강을 잃으니, 음식과 운동으로 건강을 되찾는 방법을 알려 드립니다. 단, 하나님이 계심을 믿고, 십계명을 지키겠다고 진실로 서약하는 분들께 알려드립니다.

《새로운 성경》의 은혜와 기적:

· 새로운 성경 전160권은 16권씩 묶어서 총 10부의 모음집으로 구성됩니다. 모음집 한 부를 읽고 깨우치는 자에게 하나님께서 다음과 같은 기적이 있다고 하셨습니다.

· "첫째, 그가 죽어 하늘에 갔을 때 그의 죄를 묻지 아니하며, 구원을 받는 위대한 은혜가 있으며, 둘째, 그의 소원과 소망이 이루어지고, 셋째, 죽은 자(부모, 형제, 자식, 사랑하고 은혜 입은 분)의 이름으로 구입한 책을 읽고 누군가 한 사람이 깨우칠 때, 그 죽은 자가 지옥에서 천국으로 구원을 받게 되며, 넷째, 유산, 중절 수술 등으로 태어나지 못한 아이를 위하여 구입한 책을 보고 한 명이 깨우쳤을 때, 그 아이가 사람으로 다시 한 번 태어나는 은혜를 받는다."

· "새로운 성경"을 3회 이상 정성을 다해 정독하는 자, 성서의 비밀을 알게 되고, 세상의 이치를 알게 되며, 세상을 지배하고 통제할 수 있는 지혜를 다 얻게 된다고 하셨습니다. 이 책은 만백성이 정독하고 이웃에게 전하여, 평생 가슴에 묻은 슬픔과 고통의 짐을 벗고 미래를 위한 힘찬 삶을 살아가도록 하는 책입니다.

끝으로

· 하나님께서는 흰 눈이 세상을 덮듯이 새로운 성경을 온 세상에 전하라고 하셨습니다. 《새로운 성경》 을 각국어로 번역해서 온 인류에게 구원의 길을 깨우쳐 주고, 그 수익으로 가난하고 어려운 백성을 구제하여, 만백성의 영과 육을 함께 구원하는 선지자의 임무를 수행하라고 저에게 명하셨습니다.

· 하늘에서 내려 주신 말씀의 보화를 만백성에게 나누어 주는 것이 선지자의 임무라고 하셨습니다. 새로운 성경을 통해서 얻는 재물을 사용할 곳도 하나님께서 일일이 명해 주십니다. 모든 재물은 저의 자의로 쓸 수 없고, 하나님께서 명하시는 대로만 쓰여집니다.

· 어떤 명분으로든 십일조나 각종 헌금을 거두어들이지 말라 하셨으며, 국내뿐 아니라 각국에 성전과 단독 서점을 운영하며, 한국의 많은 젊은이들을 전 세계에 지도자로 내보내라고 하셨습니다.

· 우리는 세계적으로 새로운 성경을 보급하며 어려운 이들을 돕는 역사를 해 나갈 것입니다. 지금까지 비록 몇 명 안 되는 제자들과 함께 이러한 일을 역사했지만, 앞으로도 계속 하나님께서 기뻐하시는 일들을 해 나갈 것입니다. 부족한 저희에게 여러분들의 지혜와 성원을 보내 주시기를 바랍니다. 많은 분들의 참여와 도움을 간절히 기다립니다. 감사합니다.

한국어로 내려온 《새로운 성경》 단행본을 출간하며
2016년 4월 10일

발행인 **김 용 철**

한국어로 내려온

새로운 **성 경** · 3부 · 제34권

지은이 하나님 말씀
대역자 김용철

초판인쇄 1쇄 2009년 11월 21일
재판인쇄 1쇄 2017년 4월 3일

펴낸 곳 도서출판 하얀마음
등록번호 제 10-2107호 (2001년 2월 14일)
주소 서울시 노원구 덕릉로86길5, 2층
전화번호 02) 313-1114
팩스 02) 393-5554
전자우편 book160@hanmail.net
편집위원 조나영 김미향 이석교
제작지원 김철종 조현숙 김영환 이계숙

도서상담 1600-7527
ISBN 978-89-5875-134-2 (04230)
978-89-5875-100-7 (세 트)

값 10,000원
잘못된 책은 구입하신 곳에서 바꾸어 드립니다.

※이 책은 10부로 제작되며, 각 부 16권씩 총160권으로 구성됩니다.※

1부	2부	**3부**	4부	5부	6부	7부	8부	9부	10부
1권	17권	33권	49권	65권	81권	97권	113권	129권	145권
2권	18권	34권	50권	66권	82권	98권	114권	130권	146권
3권	19권	35권	51권	67권	83권	99권	115권	131권	147권
4권	20권	36권	52권	68권	84권	100권	116권	132권	148권
5권	21권	37권	53권	69권	85권	101권	117권	133권	149권
6권	22권	38권	54권	70권	86권	102권	118권	134권	150권
7권	23권	39권	55권	71권	87권	103권	119권	135권	151권
8권	24권	40권	56권	72권	88권	104권	120권	136권	152권
9권	25권	41권	57권	73권	89권	105권	121권	137권	153권
10권	26권	42권	58권	74권	90권	106권	122권	138권	154권
11권	27권	43권	59권	75권	91권	107권	123권	139권	155권
12권	28권	44권	60권	76권	92권	108권	124권	140권	156권
13권	29권	45권	61권	77권	93권	109권	125권	141권	157권
14권	30권	46권	62권	78권	94권	110권	126권	142권	158권
15권	31권	47권	63권	79권	95권	111권	127권	143권	159권
16권	32권	48권	64권	80권	96권	112권	128권	144권	160권